INNOVACIÓN
EN LA ENSEÑANZA
DEL DERECHO ROMANO CON LAS TIC
DEL SIGLO XXI

JOSÉ LUIS ZAMORA MANZANO
TEWISE ORTEGA GONZÁLEZ

INNOVACIÓN EN LA ENSEÑANZA DEL DERECHO ROMANO CON LAS TIC DEL SIGLO XXI

Dykinson, S.L.

Colección "Monografías de Derecho Romano" y Cultura Clásica
Dirección del Prof. Dr. D. Antonio Fernández de Buján

Algunas de las actividades desarrolladas en el ámbito de la innovación educativa de la presente monografía se han realizado dentro del marco de los Fondos Europeos Next Generation EU (NGEU) bajo el Real Decreto 641/2021 de 27 de julio, por el que se regula la concesión directa de subvenciones a Universidades públicas españolas para la modernización y digitalización del sistema universitario español en el marco del plan de recuperación, transformación y resiliencia UNIDIGITAL-Proyectos de Innovación Educativa para la Formación Interdisciplinar (PIEFI)- Línea 3. Contenidos y programas de formación en el seno del Proyecto de innovación educativa "*Liquidthinker y mejora del aprendizaje a través del podcasting y Kialo Edu como herramientas comunicativas multicanal de debate*" (PIE2021-11) en la Universidad de las Palmas de Gran Canaria.

Este libro ha sido sometido a evaluación por parte de nuestro Consejo Editorial
Para mayor información, véase *www.dykinson.com/quienes_somos*

Editorial DYKINSON, S.L.
Meléndez Valdés, 61 - 28015 Madrid
Teléfono (+34) 915442846 - (+34) 915442869
e-mail: info@dykinson.com
http://www.dykinson.es
http://www.dykinson.com

ISBN: 978-84-1122-749-0

Depósito Legal: M-28481-2022

Preimpresión:
Besing Servicios Gráficos, S.L.

besingsg@gmail.com

Labor omnia improba vincit

A nuestro querido y admirado Maestro:
Antonio Fernández de Buján y Fernández

ÍNDICE

TABULA GRATULATORIA

Quisiéramos agradecer a nuestro insigne Maestro el Profesor Antonio Fernández de Buján y Fernández que como siempre, nos ha inspirado y ayudado a dar lo mejor de nosotros para poder realizar la presente monografía sobre metodologías, así como brindarnos la oportunidad de publicarla en la Colección de Monografías de Derecho romano, en la sección Metodología docentes y TIC, que de forma magistral y atinada dirige.

Igualmente, manifestamos nuestro más sincero agradecimiento al profesor, mentor, compañero y amigo, el profesor Silvestre Amado Bello Rodríguez con quien compartimos nuestros quehaceres diarios y quién nos inculcó la pasión en la enseñanza del Derecho romano a lo largo de nuestra trayectoria académica, convirtiéndose en el ariete y refugio de los que iniciábamos el camino en esta asignatura.

Junto a él, quiero destacar la figura del profesor Alfredo Obarrio, que desde un primer momento nos animó a realizar la presente publicación, por su apoyo incondicional y por la realización del Prólogo de este libro.

Creemos que el arte de enseñar es el arte de descubrir, y con este libro pretendemos realizar nuestra pequeña aportación e ilustrar a todos aquellos que comparten la pasión por la enseñanza.

José Luis Zamora Manzano
Catedrático de Derecho romano de la ULPGC

Tewise Ortega González
Profesora Ayudante doctor de la ULPGC

PRÓLOGO

Para quien escribe estas líneas, prologar un libro siempre es motivo de satisfacción. Lo es, aún más, en este caso. La razón se me antoja fácil de exponer. Cuando su autor me lo sugirió, su gesto, un testimonio de afecto y de sincera amistad, me conmovió profundamente, máxime cuando José Luis Zamora Manzano es la primera autoridad en materia de innovación docente. Todo un ejemplo en el que nos miramos.

Como se puede adivinar, el reto que me ofrecía era tan notable como enriquecedor. Digo bien, enriquecedor, porque, a diferencia de mi entrañable colega, me considero un neófito en la materia, de ahí que su lectura ha constituido una grata aventura: la del saber. Leerlo en silencio –una y otra vez–, subrayarlo con delicadeza y apreciar todos sus matices me han permitido comprender que en cada palabra, frase, giro o adjetivo estaba la voz callada de una vida dedicada a la investigación y a la enseñanza. No cabe mayor honradez profesional. No para un docente que nunca se ha resignado a vivir en la equidistancia académica. El implacable espejo de su *Curriculum Vitae* lo evidencia. Su merecida Cátedra, también.

Prologar constituye una noble tarea. El prologuista tiene ante sí la ardua labor de resumir y de exponer, en apenas dos o tres páginas, las líneas centrales de la obra, así como sus virtudes, y, si los hubiera, sus defectos. En cualquier caso, el objetivo no puede ser otro que el de ayudar a situar al futuro lector ante una obra que ahora se abre ante sus ojos. ¿Es la única función? Diría que no. Se me antoja otra menos conocida: señalar los pequeños matices que a menudo se escapan a quien se acerca a sus páginas. Entre ellos cabe destacar la dedicatoria.

Sé muy bien que ninguna dedicatoria es baladí. No lo es en este caso. No puede serlo. Se la dedica a un Maestro –con Mayúsculas– de la romanística, al profesor Antonio Fernández de Buján. Lo es no solo porque aconseja y orienta la vida académica de sus discípulos, entre los que nos encontramos el profesor Zamora, la profesora Ortega y quien escribe este prólogo, sino porque ha imprimido un código ético al que nos acogemos como guía para sostenernos en el proceloso mundo de la Universidad. De ahí su reconocimiento y gratitud. Un reconocimiento que le honra como persona y como aventajado discípulo.

La obra de los profesores Zamora Manzano y Ortega González trasciende del estricto marco teórico –del que no renuncian–, para plasmar una experiencia de vida docente, en la que las nuevas técnicas son una parte recurrente en su quehacer diario. Seguramente esta constituye la mayor virtud de esta recomendable monografía. Pero no la única.

Permítame el lector una digresión histórica. Leyendo sus esclarecedoras páginas, así como las novedosas metodologías que ambos autores emplean en sus clases, me ha venido a la mente la vieja polémica entre *Antiguos y Modernos*, de la que tanto se ha escrito y hablado, y de la que, incluso, se hizo eco Jonathan Switf, en su obra *La batalla entre los libros antiguos y modernos*, fechada en 1697. Con notable ironía, el escritor irlandés narraba la larga, cruda y venerable pugna entre los Antiguos y Modernos, de la que dieron buena cuenta, entre otros, Fontenelle, Perrault o Burnet. Leyendo con la calma que requiere una obra de esta naturaleza, podemos asumir que en sus jocosas páginas no se abordaba tanto la disputa sobre la compleja jerarquía de saberes como de intentar dejar constancia de la confianza que unos sintieron por los modelos clásicos que la Historia ha dejado –el marco intemporal que la tradición aporta– o la aceptación, por otros, de un cambio de paradigma: el que se iniciaba con el siglo de las luces, el cientificismo y el utilitarismo.

Como tantas veces nos ocurre, la pregunta se asoma al alfeizar de nuestra ventana académica: ¿estamos ante la presencia de la sempiterna disputa por el poder, ya sea universitario, político o social? No lo creemos así. El combate por los libros va más allá, mucho más allá. Hace referencia a cómo nos posicionamos ante las ideas que han quedado grabadas en el tiempo o ante las nuevas tecnologías que invaden todos los resquicios de nuestra vida. En definitiva, nos habla sobre cómo nos situamos ante la Historia y la novedad, ante la Lección Magistral o las TICS.

Los autores, haciendo gala de una notable autoridad docente, no evitan pronunciarse. No va con sus talantes. Su posicionamiento les lleva a comprender que ninguna controversia, como ningún planteamiento, alteran la noble paz de las aulas y de las bibliotecas. Todo lo contrario. Son conscientes de que se puede habitar las cumbres más altas del Parnaso universitario ya sea con una explicación tradicional –la tan denostada, por muchos, Lección Magistral– como a través de las nuevas tecnologías con las que, así me consta, consiguen el compromiso y el reconocimiento de sus entregados alumnos.

Sé bien, porque lo padezco, que la Lección Magistral viene sufriendo las injurias de la fortuna o del tiempo, de ahí que agradezca que mis queridos colegas no la repudien, todo lo contrario, se hacen debido eco, y reconocen su valía y su complementariedad con las nuevas tecnologías, de las que ellos son reputados especialistas, como también lo son de aquellas lecturas que se han conservado en los anales del tiempo; un Derecho romano del que son dignos custodios.

Esta obra, tan necesaria como novedosa, tan precisa como clarificadora, viene a reafirmar, por una parte, la conveniencia del estudio de ese espíritu noble que representa el Derecho romano, y, por extensión, el estudio de la Antigüedad –un espíritu que algunos, por inopia, llaman *Brutum hominis*–, por otra, la necesidad de no anclarnos en una única visión de la docencia. Necesaria y conveniente, sí; pero ni la única ni la que más puede acercar su conocimiento a unos estudiantes que básicamente visualizan y digitalizan todo lo que tocan y lo que ven. En ellos la batalla nunca tuvo lugar. La Tablet, Instagram y una multitud de nuevas tecnologías siempre estuvieron en sus vidas. Los autores lo saben, de ahí su loable inquietud no solo por comprenderlos, sino por ponerles a su alcance una visión de la enseñanza con todos los medios que usan en su vida ordinaria. Se llama empatía. Se llama lógica docente. Se llama compromiso académico. Se llama lucidez y entrega. Un ejemplo para todos sus compañeros. Un espejo en el que mirarme.

No es este un libro para la controversia. Las disensiones académicas no forman parte de su bien hilvanado hilo argumental. Su intención es bien otra: servir de herramienta para la difusión de un mundo tecnológico que muchos docentes o no conocemos o utilizamos con precariedad, cuando no con notable indiferencia. Los autores lo saben, y lejos de un ego mal entendido, tan propio de la vida académica, aportan todo un saber, largamente atesorado durante años de denodado aprendizaje, para que nos acerquemos a él con el ánimo de emplearlo en nuestras avejentadas clases.

El cómo importa siempre. Más aún en la vida académica. Los autores lo saben y realizan un ejercicio didáctico digno de encomio. La visión, así como las ventajas de utilizar los mapas virtuales, los workshops, las webinars, la clase invertida, el aprendizaje basado en proyectos y el portafolio, el aprendizaje colaborativo, la Gamificación, los entornos visuales de aprendizaje y *el e-learning*, el ecosistema digital, la Inteligencia Artificial o Metaversos en aprendizaje inmersivo, entre otros, no es meramente ilustrativa. Los autores no recogen un catálogo, siempre necesario, de metodologías activas. Si así fuera, la obra no pasaría de ser un ejercicio amable de escritura académica. Lo novedoso, lo verdaderamente trascendental es que los autores exponen los resultados que han obtenido con la aplicación de cada uno de los modelos expuestos. Recogen una experiencia de vida docente, en la que el lector puede comprobar cómo los alumnos se enriquecen cuando se sienten parte activa de la enseñanza.

Como acertadamente señalan los autores, sus experiencias en las aulas les ha hecho ver que "La introducción de las TIC en la Universidad no es una moda, es una apuesta por la innovación", por una innovación que capacita al estudiante para inmiscuirse en el devenir de una clase en la que puede alcanzar un mayor espíritu crítico gracias a un ambiente de trabajo más participativo.

El docente se caracteriza por un defecto bien conocido: cuando escribe e intenta hilvanar sus ideas en un orden lógico le cuesta ser breve. Es un defecto que acuso con relativa frecuencia. No quisiera que esta vez me sucediera. Por lo que no me extenderé mucho más. Pero no quisiera finalizar este prólogo sin reseñar que estamos ante una monografía exigente y profunda. Una monografía que nace de la vivencia y no del mero estudio. Años de investigación se aúnan con un tiempo prolongado de estudio y aplicación de las nuevas tecnologías en el ámbito docente. Su finalidad: acercar al estudiante a una realidad que desconocen, como es la cultura jurídica.

Leído el libro, una certeza se asoma a mi mente, la de saber que las clases de ambos autores ni estarán desiertas ni serán espacios fúnebres en los que se acomoda el insomnio y la desesperanza, todo lo contrario, las imagino con un paisaje en el que la interrelación entre el profesor y el alumno será continua, estimulante y atrayente. Sin duda, estamos ante una obra para aprender a aprender, de ahí nuestra gratitud hacia unos colegas que nos enseñan un camino abierto a la verdad de la enseñanza, aquella que nace del diálogo y la participación.

Ahora le cabe al lector iniciarse en su atrayente lectura. Si la emprende, no le defraudará.

Juan Alfredo Obarrio Moreno
Catedrático de Universidad

INTRODUCCIÓN

En esta obra, tratamos de exponer la importancia del uso de las nuevas tecnologías en la docencia del Derecho romano en la Universidad del siglo XXI, a partir de una serie de experiencias llevadas a cabo en los últimos años. La reformulación de la Educación Superior Europea supuso asumir en su día la existencia de unos objetivos de aprendizaje comunes en los distintos niveles educativos que implicó la redefinición de los planes de estudio y del diseño de actividades de aprendizaje. De esta forma, se pasó de enseñar unos contenidos que constituían el centro de la formación técnica a "enseñar a aprender" donde el alumno ocupa el centro de la formación integral, no sólo con el conocimiento de la materia en cuestión, sino también de la adquisición de competencias y destrezas que exigen nuevas claves en la docencia y que el estudiantado aprenda haciendo "*learning by doing*".

Como docentes de una disciplina histórica, es menester dejar bien patente la importancia del Derecho romano en la formación del jurista del presente siglo, su entidad es crucial para poder conocer el Derecho vigente.

A partir del Plan de Estudios del 53, el número de horas de docencia de la asignatura ha ido reduciéndose progresivamente hasta alcanzar con el plan Bolonia y las directrices el Espacio Europeo de Educación Superior, 6 créditos ECTS como asignatura de formación básica, y la optatividad, en su caso, que se haya alcanzado con asignaturas, normalmente de 3 créditos. Ello implica, sin ningún género de dudas, una simplificación y reduccionismo que pone en riesgo el estudio de nuestra disciplina en la actualidad, que, en el siglo XXI, ha ido superando los embates de aquellos que critican su utilidad y los que tratan de denostar los saberes que aportan las Humanidades. Sin ánimo de hacer elegía por las mismas, lo cierto es que no podemos olvidarnos de la importancia del Derecho romano en la formación del jurista. Sin entrar en un debate, que siempre está abierto y más hoy en día con los tiempos convulsos en los que se agudiza la mercantilización de la Universidad, creemos que el Derecho romano nos permite conocer el pasado para comprender el presente e imaginar el futuro de las instituciones jurídicas.

Ahora bien, junto a las formas tradicionales de enseñanza, como tendremos ocasión de analizar, un buen profesor universitario en Derecho romano, y en cualquier otra disciplina, debe dominar la materia, innovar sobre el método pedagógico que va a utilizar, dominar las herramientas TIC con el fin de planificar, diseñar y evaluar los resultados de aprendizaje. En este sentido, el rápido cambio experimentado por las tecnologías digitales y la aceleración en la extensión de su uso a consecuencia de la pandemia generada por el SARS-CoV-2 han hecho necesario la implementación y el uso intensivo de las mismas como veremos más adelante. Es obvio que la Universidad se ve condicionada por los grandes desafíos que actualmente impone la llamada sociedad de la información, caracterizada por la infoxicación y la apabullante información que circula por la red. Frente a ello, no se puede desconocer que las TIC se han convertido en recursos prácticamente indispensables para la docencia. Al mismo tiempo, se han constituido en recursos que han demandado a los ciudadanos la generación de nuevos tipos de aprendizajes y nuevas formas de aprender, necesarios tanto para participar activamente dentro de los diversos contextos de interacción que se han ido generando, como para dar respuesta a las demandas laborales y de productividad que van surgiendo hoy en día dentro de la sociedad. Por ello, en la presente obra queremos realizar una revisión y una reflexión sobre las TIC que hemos ido utilizando a lo largo de los años y las nuevas claves que implican que el profesorado trabaje en primera persona en el desarrollo de sus competencias, sobre todo las digitales, para su aplicación y despliegue en la formación del alumnado universitario.

Asimismo, nos centramos en las metodologías activas relevantes para los dicentes que deben construir su conocimiento a partir de las pautas, escenarios y actividades diseñadas por el profesorado y que están dirigidas a lograr el autoaprendizaje, a "reflexionar sobre lo que hace, cómo (herramientas) y qué resultados logrará, obviamente, con las mejoras pertinentes. Todo ello es de enorme calado ya que se desarrolla su autonomía, el pensamiento crítico, las destrezas profesionales y las actitudes colaborativas.

Si bien el libro trata de abordar las metodologías más sobresalientes, no sólo nos centramos en los aspectos teóricos, sino también en algunas de las experiencias que han sido llevadas a cabo en los últimos años en nuestra Universidad; y con las que pretendemos ilustrar en el uso de las herramientas TIC. Siguiendo a Séneca, es cierto que la enseñanza y la educación tienen un fin práctico, hasta el punto de considerar que largo era el camino de los preceptos, pero breve y eficaz en el de los ejemplos. Por ello, queremos aportar nuestro grano de arena con una pequeña guía donde se puedan sintetizar las claves del ecosistema digital para que el docente pueda solventar los retos que se presentan en la docencia del siglo XXI.

De igual modo, aunque nos centramos en los aspectos docentes, hemos incorporado una pequeña adenda que se centra en algunas estrategias sobre la labor que como docentes debemos desempeñar en la dirección de Trabajos de Fin de Grado.

Capítulo I

TUNNING
DERECHO ROMANO
EEES
EMPLEABILIDAD
EMPLEABILIDAD
TUNNING
REFLEX
REFLEX
DERECHO ROMANO
TUNNING
COMPETENCIAS
ECTS
TIC
TIC
TUNNING
COMPETENCIAS
Long life learning
COMPETENCIAS
EEES
ESG
ESG
Long life learning
ESG
European Higher Education
DERECHO ROMANO
DERECHO ROMANO
REFLEX
COMPETENCIAS
TUNNING
ECTS
REFLEX
ECTS
TIC
ESG
ECTS
COMPETENCIAS
DERECHO ROMANO
EMPLEABILIDAD
Long life learning
EEES
TIC
ESG
TIC
EEES
European Higher Education
COMPETENCIAS
EEES
EMPLEABILIDAD
REFLEX
ECTS
DERECHO ROMANO
ECTS
Long life learning
ESG
European Higher Education
REFLEX
EMPLEABILIDAD
TUNNING
TIC
Long life learning
EEES
Long life learning

Capítulo I
CONTEXTO: UNIVERSIDAD DEL SIGLO XXI EVOLUCIÓN DEL ESPACIO EUROPEO DE EDUCACIÓN SUPERIOR (EEES) Y ALGUNOS ASPECTOS DE LA REFORMA DE LA LEGISLACIÓN UNIVERSITARIA ESPAÑOLA

1.1. ESPACIO EUROPEO DE EDUCACIÓN SUPERIOR: EVOLUCIÓN Y ADAPTACIÓN A LA SOCIEDAD DIGITAL

La Universidad del siglo XXI está experimentando un proceso de construcción o reconstrucción de su identidad a partir de cambios internos y externos, buscando transformarse y adaptarse a las necesidades de la sociedad actual. Esta búsqueda de identidad[1], de prestigio y consideración social, es una constante que está presente en las reformas universitarias, en las directrices de la Unesco y en los Objetivos de Desarrollo Sostenible (ODS), de forma particular, cabe subrayar el 4º donde se habla de «*Garantizar una educación inclusiva, equitativa y de calidad y promover oportunidades de aprendizaje durante toda la vida para todos*[2]».

---

1 La búsqueda de la identidad es algo que se reitera en el tiempo desde la época de la antigüedad clásica Atenas, Roma, Berito, Constantinopla, al igual que las reformas de los planes de estudio, como la llevada a cabo por Justiniano vid. AGUDO RUÍZ A., *La enseñanza del derecho en Roma*, Universidad de la Rioja, 1999, p.122 ss. En igual sentido SALAZAR REVUELTA M., "De la enseñanza superior a la enseñanza del Derecho romano en el marco de la sociedad romana (S. III a.C. - S. VI d.C.)", en REJIE, 22 nº extraordinario-febrero 2020, p.10-37. Donde la a. señala en relación a las escuelas occidentales que en este tipo de escuelas se vislumbra un tipo de enseñanza institucionalizada, con intervención del Estado fijando un plan de estudios, además de una política de retribución salarial del profesorado. Anteriormente, el pago a los profesores era a través de honorarios concertados con el alumno, no pudiendo ser reclamados judicialmente (D. 50,13,1,5). Incluso la gratuidad permaneció en el *Edictum de pretiis*, donde no se asignaba ninguna cantidad máxima a lo que debían percibir los profesores. Sí tenemos constancia de que los profesores cobraban un salario público equiparable a los demás funcionarios estatales.

2 La educación permite la movilidad socioeconómica ascendente y es clave para salir de la pobreza. Durante la última década, se consiguieron grandes avances a la hora de ampliar el acceso a la educación y las tasas de matriculación en las escuelas en todos los niveles, vid. *https://www.un.org/sustainabledevelopment/es/education/* [consulta.29.12.2021]

Hay que tener en cuenta que la misión de la universidad ha ido transformándose en un proceso de cambio que está influenciado y condicionado por las vicisitudes políticas, sociales, económicos y del mundo del trabajo. Como señala Ortega y Gasset[3] "*la raíz de la reforma universitaria está en acertar plenamente con su misión. Todo cambio, adobo, retoque de esta nuestra casa que no parta de haber revisado previamente con enérgica claridad, con decisión y veracidad, el problema de su misión, serán penas de amor perdidas*".

Esta transformación es necesaria si no quiere convertirse en anacrónica o sobrevivir de espaldas a la sociedad, que es quien le da sentido. Aunque hay que advertir que, a menudo, se confunde sociedad con poderes fácticos, políticos y económicos, que sólo en parte la representan. En todo caso compartimos la propuesta del prof. Antonio Fernández de Buján[4] al señalar *que la Universidad debe responder a la combinación del modelo científico que considera que la ciencia esta siempre haciéndose en un proceso evolutivo continuado, que propugna al mismo tiempo el respeto y la veneración por la ciencia y la posibilidad de cuestionar el valor absoluto de los conocimientos recibidos, por un lado con el modelo educativo, que implica procurar que el universitario que asimile e integre en su personalidad, unas formas y un estilo de vida, que hagan compatible los ideales de la ciencia y del humanismo.* Por ello, toda enseñanza supone una orientación al estudiante, al que debe facilitarse el desarrollo de valores positivos, tales como: *la lealtad, tolerancia, solidaridad social e intelectual, espíritu crítico, esfuerzo personal, cumplimento del deber…*".

Aunque la Universidad debería ser el «templo» de la cultura y de la ciencia, de la reflexión intelectual y de la formación humana en su plenitud; en los últimos años se ha ido transformando hacia la profesionalización, lo que implica el que se pueda acceder a profesiones y puestos de trabajo al terminar los estudios. A ello debemos sumar el fortalecimiento de la docencia y la investigación, como dos caras indisolubles de un perfecto binomio; y la preparación para el ejercicio de actividades profesionales, todo ello constituye las principales funciones de la universidad actual, que deben desarrollarse en un marco democrático, participativo y de plena comunicación y compromiso de los miembros de la comunidad universitaria[5].

El EEES, *European Higher Education Area (EHEA*), que surgió tras la iniciativa de 4 miembros de la UE, Francia, Reino Unido, Italia y Alemania en 1998 con la Declaración de la Sorbona en la que ya se mencionaba el sistema de créditos ECTS[6], ha

---

[3] ORTEGA y GASSET, J., *Misión de la Universidad.* En Obras Completas[6], Tomo IV (1929-1933), Revista de Occidente, Madrid, 1966, p. 314.

[4] FERNÁNDEZ DE BUJÁN A., "Ser universitario", *El Cronista* del Estado Social y Democrático de Derecho, diciembre 2020, Iustel, Madrid, 2020, p.72-73.

[5] GOÑI ZABALA J.Mª., *El espacio europeo de educación superior, un reto para la Universidad, Competencias, tareas y evaluación, los ejes del currículum universitario*, Octaedro, Barcelona, 2005, p.9-10.

[6] *Une grande part de l'originalité et de la souplesse d'un tel système passeront. dans une large mesure, par l'utilisation de "crédits" (comme dans le schéma ECTS) et de semestres. Cela permettra la*

ido sufriendo cambios paulatinos después de su acuerdo embrionario de la Declaración de Bolonia de 1999, que fue firmada por treinta países, y en la que los ministros participantes se comprometieron a tratar de armonizar las políticas acerca de sus sistemas de educación universitaria por medio de los siguientes seis elementos:

- Un sistema basado en la facilitación, la legibilidad y la comparabilidad entre las titulaciones, que incluye el Suplemento al Título de Educación Superior, que permitiría la descripción y definición detallada de cada uno de los títulos que facilite la homologación, y proporcione y promueva la empleabilidad de los egresados en el mercado de la U.E. y también a nivel internacional.
- La adopción de un sistema basado esencialmente en dos ciclos fundamentales, diplomatura (pregrado) y licenciatura (grado). El acceso al segundo ciclo requerirá que los estudios de primer ciclo se hayan completado, con éxito, en un periodo mínimo de tres años. El diploma obtenido después del primer ciclo, será también considerado en el mercado laboral europeo como nivel adecuado de cualificación. El segundo ciclo conducirá al grado de maestría y/o doctorado, al igual que en muchos países europeos.
- El fomento y la promoción de la movilidad de estudiantes y profesores de educación superior.
- Un Sistema Europeo de Transferencia de Créditos ECTS, que permita un sistema de créditos académicos comparable entre distintos países e instituciones de educación superior, y que facilite la movilidad.
- Titulaciones conjuntas adaptadas y con la sinergia entre las distintas instituciones de Educación Superior con un sistema de aseguramiento de la calidad de la educación en los estados participantes.
- Una mayor promoción de la dimensión europea en todo el ámbito de la educación. Ello implica reforzar más las dimensiones importantes de la Europa de la educación superior, y de la posibilidad de los licenciados de conseguir trabajo.

Este primer acuerdo no tuvo un carácter estático sino dinámico, ya que con posterioridad se han ido celebrando encuentros de los ministros y de todos los agentes implicados en el proceso de Convergencia Europea con reuniones periódicas al objeto de determinar las estrategias y las nuevas líneas de actuación, produciéndose otro tipo de acuerdos como la publicación en 2001, en Praga, del comunicado «Fomentando el Proceso de Bolonia». Así, en el documento los Ministros reafirmaron que los esfuerzos para promover la movilidad deben continuar para posibilitar a los estudiantes, profesores, investigadores y personal administrativo, beneficiarse de la riqueza del Área de Educación Superior de Europa incluyendo sus valores democráticos, diversidad de culturas y lenguas y la diversidad de los sistemas de educación superior.

---

validation des crédits acquis par ceux qui choisiraient de conduire leur éducation, initiale ou continue, dans différentes universtés européennes et souhaiteraient acquérir leur diplômes à leur rythme, tout au long de leur vie. En fait, les étidiants devraient pouvoir avoir accès au monde universitaire à n'importe quel moment de leur vie professionnelle, en venant des milieux les plus divers.

Mapa que muestra los 32 signatarios de 2001

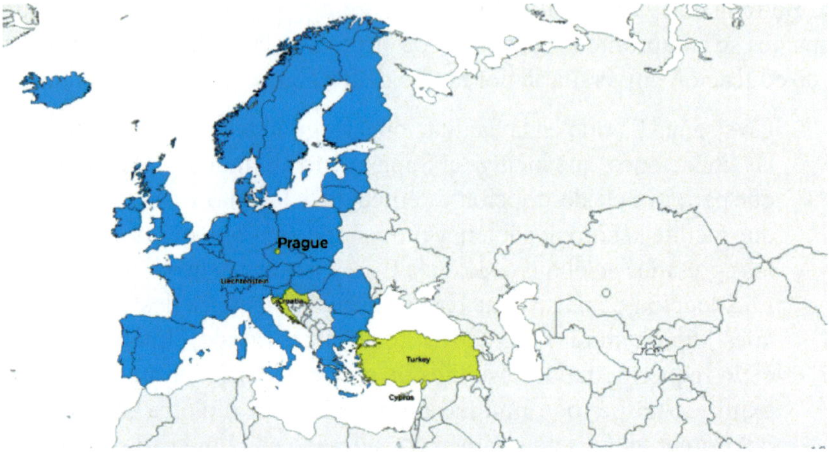

Fuente: *http://www.ehea.info/page-ministerial-conference-prague-2001* [consulta 02.01.2022]

Igualmente, se destaca al margen de la consecución de los objetivos ya definidos con la Declaración de Bolonia, se establecen otros parámetros de convergencia:

— En primer lugar, el llamado aprendizaje de toda la vida o *Long life learning*[7], (LLL) como elemento crucial para la Europa futura, construida sobre una sociedad y economía basadas en el conocimiento. Las estrategias del aprendizaje de toda la vida son necesarias para encarar los desafíos de la competitividad y el uso de nuevas tecnologías, y para mejorar la cohesión social, la igualdad de oportunidades y la calidad de vida.
— Por otro lado, se establece la participación de las universidades y de otras instituciones de educación superior y de los estudiantes, como socios constructivos, activos y competentes en el establecimiento y conformación de un Área de Educación Superior Europea, junto al fomento de programas de estudio en evolución que combinen calidad académica con la relevancia hacia la duradera capacidad de obtención de empleo que implique un papel proactivo continuado de las instituciones de educación superior.
— Educación transnacional que lleve consigo la legibilidad y comparabilidad de las titulaciones en la educación superior europea a nivel mundial, mediante el desarrollo de un marco de trabajo común de calificaciones, así como mediante la garantía de la calidad coherente y los mecanismos de acreditación/certificación y mediante redoblados esfuerzos de información.
— Seguimiento continuado que supone una cooperación basada en los objetivos establecidos en la Declaración de Bolonia, agregando las similitudes y beneficiándose de las diferencias entre culturas, lenguas y sistemas nacionales, y haciendo uso de todas las posibilidades de la cooperación in-

[7] *http://ehea.info/pid34427/lifelong-learning.html* [consulta 02.01.2022]

tergubernamental y del diálogo en curso con las universidades europeas y otras instituciones de educación superior y organizaciones de estudiantes, así como de los programas de la Comunidad.

Cabe subrayar que en la Declaración de Praga[8], los ministros instaron a las universidades y a otras instituciones de educación superior, a agencias estatales y a la Red Europea de Garantía de Calidad en la Educación Superior[9] (ENQA), en cooperación con las instituciones correspondientes de otros países, los cuales no son miembros de ENQA, a colaborar en el establecimiento de un marco de trabajo común de referencia, y a difundir la mejor práctica.

Un nuevo avance en el proceso se produjo en septiembre de 2003 con el Comunicado de Berlín[10], donde se incorporan Albania, Andorra, Bosnia-Herzegovina, Ciudad del Vaticano, Rusia, Serbia y Montenegro, y la antigua República Yugoslava de Macedonia, ampliando así el proceso a 40 países europeos. En el encuentro se reafirma la importancia de la dimensión social del Proceso de Bolonia y de buscar un equilibrio entre la necesidad de hacerse más competitivos, y el objetivo de mejorar las características sociales del Espacio Europeo de Educación Superior para poder así fortalecer la cohesión social y reducir las desigualdades sociales y de género, tanto a nivel nacional como europeo. En este contexto, se habla de educación superior como un bien público y una responsabilidad pública, haciendo hincapié en que los valores académicos deberían prevalecer en intercambios y proyectos de cooperación académica internacionales.

Declaración de Berlín de 2003 (40 miembros)

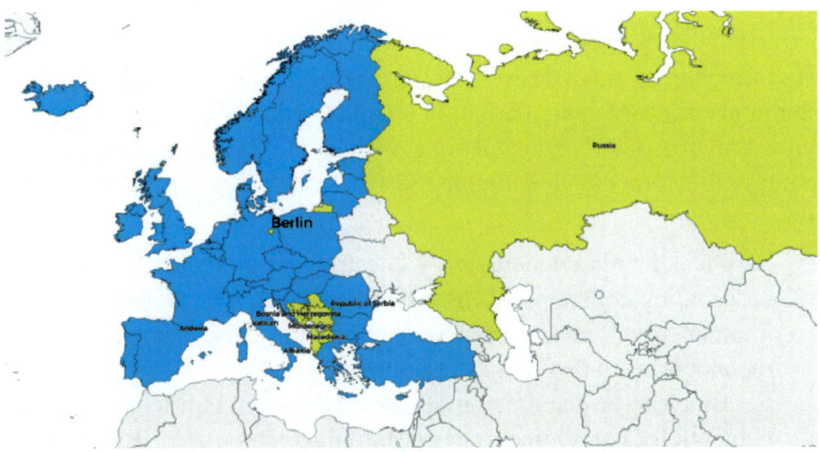

Fuente: *http://www.ehea.info/page-ministerial-conference-berlin-2003* [consulta 02.01.2022]

8 *http://www.ehea.info/Upload/document/ministerial_declarations/2001_Prague_Communique_English_553442.pdf*[consulta 02.01.2022]

9 The European Association for Quality Assurance in Higher Education vid. *https://www.enqa.eu/* [consulta 02.01.2022]

10 *http://www.ehea.info/Upload/document/ministerial_declarations/2003_Berlin_Communique_English_577284.pdf*[consulta 02.01.2022]

En dicho Comunicado se establecieron una serie de directrices y objetivos a cumplir para el año 2005 entre los que se destacan:

— Una definición de las competencias de los órganos e instituciones participantes.
— Una evaluación de los programas o instituciones, que cubra la evaluación interna y externa, la participación de estudiantes y la publicación de los resultados.
— Un sistema de acreditación o certificación o, en su defecto, algún procedimiento comparable.
— Participación, colaboración y redes de contacto internacionales.
— La implantación de dos ciclos en los estudios universitarios: grado y postgrado.
— La elaboración de un marco europeo de cualificaciones compatibles y comparables
— La aplicación en el entorno del EEES del Currículum internacional por medio del sistema de ECTS.
— Finalmente, que cada estudiante que se gradúe a partir del 2005 reciba de manera automática el Suplemento Europeo al Título. El cual debe redactarse en un idioma europeo de uso extendido.

Para la consecución de los objetivos se creó un Grupo de seguimiento, ***Bologna Follow-up Group*** **(BFUG),** formado de representantes de todos los países participantes en el Proceso de Bolonia y la Comisión Europea; el Consejo Europeo, la *EUA* (*European University Association), EURASHE (European Association of Institutions in Higher Education*), *ESIB* (*National Unions of Students in Europe*) y *UNESCO/CEPES* (*Centre Européen pour l'Enseignement Supérieur*) como miembros asesores.

Posteriormente, en mayo de 2005 en Bergen[11] (Noruega 19-20 de Mayo de 2005) se reunieron los ministros para dar continuidad al proceso de Convergencia y se incorporaron Armenia, Azerbaiyán, Georgia, Moldavia y Ucrania como nuevos países participantes en el Proceso de Bolonia. Se observan progresos sustanciales en los siguientes aspectos:

— Se intensifica la cooperación y la estructura en ciclos que se materializa en estudios concretos, y los sistemas de garantía de calidad comienzan a tomar forma, creando trabajo en red entre países, se ha avanzado en el reconocimiento de títulos y periodos de estudios.
— Se establece la elaboración de los marcos de cualificaciones nacionales compatibles con el marco general establecido en el EEES cuyos descriptores generales estarían basados en resultados del aprendizaje y competencias, para cada ciclo.
— Se asegura que el marco general de cualificaciones del EEES a lo largo de la vida, sea complementario también, incluyendo la educación general y

---

11 *http://www.ehea.info/Upload/document/ministerial_declarations/2005_Bergen_Communique_english_580520.pdf* [consulta 02.01.2022]

la formación profesional, tal y como se está desarrollando dentro la Unión Europea.

— Se insta a las instituciones de Educación Superior a proseguir con los esfuerzos para incrementar la calidad de sus actividades, a través de la introducción sistemática de mecanismos internos y su correlación directa con la garantía de calidad externa.
— Se subraya la importancia de la educación superior en la mejora de la investigación y la importancia de la misma en el apoyo de la educación superior para el desarrollo económico y cultural de nuestras sociedades, así como para la cohesión social. Para ello es necesario que las cualificaciones del nivel doctoral se correspondan perfectamente con el marco global de las establecidas para el EEES, utilizando el enfoque basado en los resultados. El componente fundamental de la formación doctoral es el avance en el conocimiento a través de la investigación original, considerando imprescindibles programas de doctorado bien estructurados y supervisados, y sometidos a una evaluación transparente.
— Finalmente, se destaca la necesidad de la dimensión social del EEES con el acceso a todos los estudiantes para que puedan desarrollar sus estudios sin obstáculos, reforzándose también la movilidad, por ello se apoya el reconocimiento pleno de períodos de estudio en el extranjero dentro de los mencionados programas.

En el Comunicado también se encargó al grupo de seguimiento de Bolonia ***Bologna Follow-up Group*** **(BFUG)**, invitando asimismo a la *European University Association*, así como a cualquier socio que esté interesado, a elaborar un informe, bajo la responsabilidad del grupo de seguimiento, sobre el futuro desarrollo de los principios básicos de los estudios de doctorado.

En 2007 se celebra un nuevo encuentro de Ministros de Educación en torno al EEES, esta vez en Londres[12]. El trabajo del mismo sigue avanzando en la misma senda que los anteriores, incorporándose al Proceso de Bolonia, Montenegro, sumando un total de 46 países. En la Declaración de Londres podemos subrayar dos aspectos[13]: por un lado, la dimensión social que debe tener todo el proceso, fomentando la igualdad de oportunidades en el acceso y la permanencia de todos a los sistemas de Educación Superior, evitando que el Proceso de Bolonia implique la marginación de los sistemas de educación superior de los menos favorecidos. Igualmente, se destaca la globalización del Proceso de Bolonia con el reconocimiento de los esfuerzos de países de otras áreas del planeta, por acercarse a las ideas de dicho proceso.

---

[12] *http://www.ehea.info/Upload/document/ministerial_declarations/2007_London_Communique_English_588697.pdf*[consulta 02.01.2022]

[13] M. VALLE J., "La Armonización de la Educación Superior Europea.En el Espacio Europeo de Educación Superior", en *Revista de la Asociación de Inspectores de Educación de España* nº 10- mayo, 2009, p. 4-5.

En todo caso se fomentan como líneas de actuación:

- La movilidad de estudiantes e investigadores, creando oportunidades para el crecimiento personal, estimulando la cooperación internacional entre individuos e instituciones, aumentando la calidad de la educación superior y la investigación, y dando solidez a la dimensión europea.
- Reconocer el valor del desarrollo y mantenimiento de una amplia variedad de programas de doctorado ligados al modelo global del marco de cualificaciones del EEES.
- Trabajar desde las Instituciones de educación superior desde un punto de vista del aprendizaje a lo largo de la vida (LLL).
- Continuar las líneas de trabajo en materia de calidad educativa. Se destaca la importancia del Registro Europeo de Agencias Certificadoras de Calidad de la Enseñanza Superior lo cual es un gran avance.
- Reformar los planes de estudio enfocados a cualificaciones más apropiadas tanto para las necesidades del mercado laboral como para estudios posteriores y promover itinerarios flexibles de aprendizaje y seguir trabajando en el reconocimiento, los cuales tendrán como marco el modelo global del Marco de Cualificaciones del EEES.
- Mejorar la información pública disponible del EEES para dar a conocer de manera global la estrategia llevada a cabo.

En todo caso, el Comunicado de Londres, subraya el papel que juega la educación superior en la promoción de la cohesión social, en la reducción de las desigualdades, en la elevación del nivel del conocimiento, y en la adquisición de destrezas y competencias en el seno de la sociedad.

Evolución del mapa de EEES con la Conferencia de Louvain

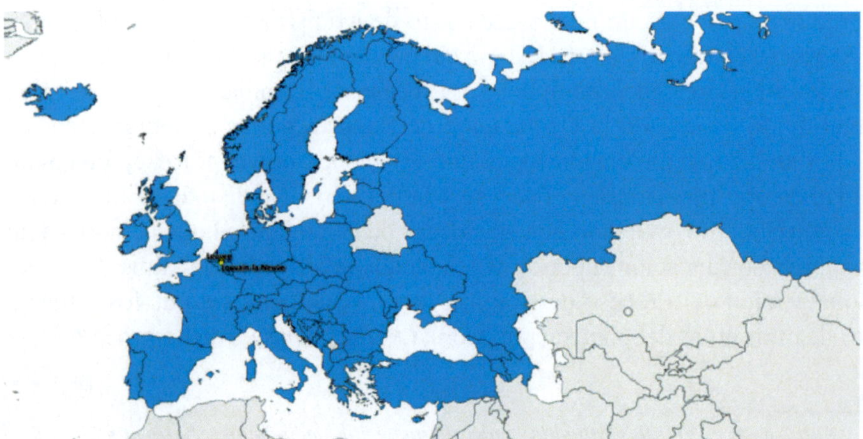

Fuente: *http://www.ehea.info/page-ministerial-conference-Leuven-Louvain-la-Neuve-2009* [consulta 02.01.2022]

En el año 2009, entre el 28 y 29 de abril de 2009, tuvo lugar el Comunicado de la Conferencia de Ministros europeos responsables de educación superior en Lovaina[14].En la misma se revisan los objetivos alcanzados y los retos pendientes a los que se deberán hacer frente ya, en la nueva década, entre otros:

— Eliminar las barreras, para lo cual se establece que el acceso a la educación superior debe ampliarse fomentando el potencial de los alumnos de grupos infrarrepresentados, proporcionándoles las condiciones adecuadas para que puedan terminar sus estudios. Esto conlleva, mejorar el entorno de aprendizaje, eliminar todas las barreras al estudio y crear las condiciones económicas apropiadas.
— El aprendizaje permanente deberá estar sujeto al principio de responsabilidad pública. Se garantizará la accesibilidad, la calidad de la oferta y la transparencia de la información. El aprendizaje a lo largo de la vida implica la obtención de cualificaciones, la ampliación de conocimientos y un mejor entendimiento de la realidad, la adquisición de nuevas habilidades y competencias y el enriquecimiento del desarrollo personal.
— Empleabilidad: la educación superior deberá dotar a los alumnos de las necesarias habilidades y competencias y de conocimientos avanzados a lo largo de toda su vida profesional. La empleabilidad faculta al individuo para aprovechar plenamente las oportunidades del cambiante mercado laboral.
— Aprendizaje centrado en el estudiante: requiere el reforzamiento del discente en su individualidad, nuevos enfoques de la enseñanza y del aprendizaje, estructuras eficaces de apoyo y orientación, y un plan de estudios centrado más claramente en el alumno a lo largo de los tres ciclos.
— El fomento de la educación, la investigación y la innovación.
— Accesibilidad internacional: las Universidades deberán internacionalizar sus actividades y participar en la colaboración internacional para el desarrollo sostenible. Se promocionará el atractivo y la receptividad de la enseñanza superior europea a través de actuaciones europeas coordinadas, fomentándose a su vez la movilidad.
— Recogida de datos, es importante el *big data* de las instituciones para poder avanzar en el EEES.
— Finalmente, se acuerda el uso de herramientas de transparencia multidimensional, con el fin de garantizar la calidad y el reconocimiento con indicadores adecuados; así como la financiación adecuada.

La siguiente Conferencia tuvo lugar en Budapest y Viena del 11 y 12 de marzo de 2010, si bien, como señala Matarranz García[15], "*La década comienza con dificultades en la implantación de los cambios, pero de esta primera reunión ministerial*

[14] *http://www.ehea.info/Upload/document/ministerial_declarations/Leuven_Louvain_la_Neuve_Communique_April_2009_595061.pdf* [consulta 06.01.2022]

[15] MATARRANZ GARCÍA M., "El Espacio Europeo de Educación Superior y su sello de calidad" en *Revista Española de Educación Comparada*, núm. 37 (enero-junio 2021), pp. 153-173; p.161. doi: 10.5944/reec.37.2021.27728.

podemos rescatar el llamamiento, que se lanza a los países involucrados, a seguir trabajando por el buen funcionamiento del EEES. El impulso del proceso de Bolonia sigue adelante, y se solicita al Grupo de Seguimiento de Bolonia que proponga medidas que contribuyan a la correcta implantación tanto de los principios como de las líneas de acción acordadas para el EEES en los sistemas nacionales de educación superior y en sus instituciones. Algunas de las propuestas son: desarrollar métodos de trabajo complementarios que apoyen la puesta en marcha del proceso, realizar visitas de estudio u otro tipo de actividades que fomenten el intercambio de información". En esta Conferencia, se adhiere Kazajistán y se recogen "las voces críticas del personal y de los estudiantes"; de ahí el compromiso de aplicar plena y adecuadamente los objetivos acordados, y la agenda para la próxima década establecida por el Comunicado de Lovaina/ Louvain-laNeuve, en estrecha colaboración con las instituciones de enseñanza superior, el personal, los estudiantes y otras partes interesadas, para llevar a cabo las reformas que permitan la movilidad de los estudiantes y del personal; para mejorar la enseñanza y el aprendizaje en los centros de enseñanza superior, aumentar la empleabilidad de los titulados y ofrecer una educación superior de calidad para todos. Con el compromiso de garantizar la libertad académica, así como la autonomía y la responsabilidad de las instituciones de enseñanza superior.

En el año 2012, el 26 y 27 de abril, los ministros de educación se congregaron en Bucarest[16], un periodo marcado por la crisis económica que atraviesa Europa y que, obviamente, afecta al EEES, por eso en la declaración se alude a: "*la crisis está afectando a la disponibilidad de una financiación adecuada y hace que las perspectivas de trabajo de los graduados sean más inciertas*", por ello se tratan de potenciar como líneas de actuación:

— En relación al estudiantado: se han de combinar habilidades y competencias transversales, multidisciplinares y de innovación, con conocimientos específicos actualizados para poder contribuir a las necesidades más amplias de la sociedad y del mercado laboral.
— Las instituciones de educación superior deben contribuir de forma innovadora al desarrollo sostenible y, por lo tanto, la educación superior debe garantizar un vínculo más fuerte entre la investigación, la enseñanza y el aprendizaje a todos los niveles.
— Fomentar la investigación, ya que ésta debe sustentar la enseñanza y el aprendizaje, para lo cual se establece la necesidad de diseñar una diversidad de programas de doctorado
— Desarrollar marcos de cualificación que mejoren la transparencia y permitan sistemas de enseñanza superior que sean más abiertos y flexibles.
— Reforzar la movilidad en el aprendizaje, ya que es esencial para garantizar la calidad de la educación superior, mejorando la empleabilidad de los estudiantes y ampliando la colaboración transfronteriza dentro y fuera del EEES.

[16] *http://www.ehea.info/Upload/document/ministerial_declarations/Bucharest_Communique_2012_610673.pdf* [consulta 06.01.2022]

— Perfeccionar la recogida de datos de datos y referencias con respecto a indicadores comunes, en particular sobre la empleabilidad, la dimensión social, el aprendizaje permanente, la internacionalización, la portabilidad de becas y los estudiantes.

En la misma, se acuerda también trabajar para garantizar que la Guía del usuario del ECTS refleje plenamente el estado de los trabajos en curso sobre los resultados del aprendizaje y el reconocimiento de la formación previa.

Los Ministros se volvieron a reunir en la siguiente cumbre que fue en Yerevan[17], 14-15 de mayo, Armenia en 2015; en la misma se produce la adhesión de Bielorrusia, en el documento se subraya, entre otras cuestiones la idea de: "*para 2020 estamos decididos a lograr un EEES en el que nuestros objetivos comunes se apliquen en todos los países miembros para garantizar la confianza en los sistemas de educación superior de los demás; donde el reconocimiento automático de las cualificaciones sea una realidad para que los estudiantes, graduados y titulados, puedan circular fácilmente por él; en el que la educación superior contribuya eficazmente a construir sociedades inclusivas, basadas en valores democráticos y derechos humanos*", y se fijan como objetivos principales:

— Mejorar la calidad y la pertinencia del aprendizaje y la enseñanza, mediante la promoción de la innovación pedagógica en entornos de aprendizaje centrados en el estudiante, aprovechando plenamente los beneficios potenciales de las tecnologías digitales para el aprendizaje y la enseñanza.
— Acrecentar la empleabilidad de los titulados a lo largo de su vida laboral en mercados de trabajo en rápida evolución, caracterizados por los avances tecnológicos y la aparición de nuevos perfiles laborales. Para ello se propone la adecuación de las competencias adecuadas por parte de los graduados para entrar en el mercado laboral.
— Hacer que nuestros sistemas sean más inclusivos es un objetivo esencial para el EEES, ya que nuestra población se diversifica cada vez más, también debido a la inmigración y a los cambios demográficos.
— Se insiste en el aprendizaje permanente y en el LLL (*long life learning*).
— Una estructura de titulaciones y un sistema de créditos comunes de créditos, normas y directrices comunes de garantía de calidad, cooperación para la movilidad, y programas y titulaciones conjuntas son los cimientos del EEES.

La siguiente Cumbre, se celebró en Paris el 24 y 25 de mayo de 2018[18], en la misma se revisa el proceso de desarrollo de Bolonia apreciándose desigualdades, tanto en áreas de política, como entre países. En concreto la declaración señala: "*nos*

---

17 *http://www.ehea.info/Upload/document/ministerial_declarations/YerevanCommuniqueFinal_613707.pdf* [consulta 06.01.2022]

18 *http://www.ehea.info/Upload/document/ministerial_declarations/EHEAParis2018_Communique_final_952771.pdf* [consulta 06.01.2022]

comprometemos a desarrollar políticas que alienten y apoyen a las instituciones de educación superior a cumplir con su responsabilidad social y contribuir a una sociedad más cohesionada e inclusiva mediante la mejora del entendimiento intercultural, el compromiso cívico y la conciencia ética, así como la garantía de un acceso equitativo a la educación superior"

En aras a garantizar la calidad, se establece la necesidad de desarrollar la confianza mutua, así como para aumentar la movilidad y el reconocimiento justo de las cualificaciones y los períodos de estudio en todo el EEES. Reconociéndose los progresos realizados en la aplicación de las "Normas y Directrices para la Garantía de la Calidad en el Espacio Europeo de Educación Superior- *Standards and Guidelines for Quality Assurance in the European Higher Education Area*" (ESG) en la práctica nacional e institucional en la mayoría de países, para lo cual se pretenden eliminar los obstáculos que aún existen para su aplicación en legislaciones y reglamentos nacionales.

Otros aspectos que se desarrollan en el Comunicado son:

— La promoción del uso del "*European Approach for Quality Assurance of Joint Programmes* -Enfoque europeo para la garantía de calidad de las titulaciones conjuntas" en el Sistema de Enseñanza Superior.
— El desarrollo de la Base de Datos de Resultados de Calidad Externa (DEQAR[19]-*Database of External Quality Assurance Results*).
— Se centran a su vez en conseguir 3 compromisos claves para el periodo 2018-2020:
  - o un sistema de tres ciclos compatible con el marco general de cualificaciones del EEES, y las titulaciones de primer y segundo ciclo escaladas por el ECTS
  - o el cumplimiento del Convenio de Reconocimiento de Lisboa[20]
  - o la garantía de calidad de acuerdo con las Normas y Directrices, para la Garantía de Calidad de Calidad en el Espacio Europeo de Educación Superior.
— Desarrollar enfoques inclusivos y de innovación docente, para la mejora continua del aprendizaje y la enseñanza en todo el EEES. Para ello, se pretende estimular una amplia gama de prácticas innovadoras de aprendizaje y enseñanza, aprovechando las buenas prácticas existentes en nuestros países y fuera de ellos.
— Mejorar las sinergias entre la educación, la investigación y la innovación.

[19] Acceso en link: *https://www.eqar.eu/qa-results/search/by-institution/* [consulta 03.02.2022]

[20] Convenio de Reconocimiento de Lisboa el Comité del Convenio supervisa su cumplimiento y orienta a las autoridades competentes en la aplicación del Convenio y en el examen de las solicitudes de reconocimiento de cualificaciones extranjeras.

https://www.enic-naric.net/fileusers/2375_LRC_Monitoring_Report_Spanish.pdf [consulta 03.01. 2022]

— Otro objetivo, a nuestro juicio crucial, es la digitalización relacionadas con el ecosistema que proporcionan las TIC, de ahí que como objetivo en la declaración se haga referencia a: "*nuestros sistemas educativos hagan un mejor uso de la educación digital y semipresencial, con una garantía de calidad adecuada, a fin de mejorar el aprendizaje permanente y flexible, fomentar las habilidades y competencias digitales, mejorar el análisis de datos, la investigación de datos, la investigación educativa y la prospectiva, y eliminar los obstáculos normativos que impiden la impartición de una educación abierta y digital*".

— Relacionado con lo anterior, evidentemente, se establece la promoción y apoyo de las iniciativas institucionales, nacionales y europeas para la formación pedagógica; el desarrollo profesional continuo de los profesores de enseñanza superior, junto al reconocimiento de la enseñanza de alta calidad e innovadora en su carrera.

Después de 21 años desde la firma de la Declaración de Bolonia, se celebró de forma on line[21], el 19 de noviembre de 2020, la cumbre de Roma[22], marcada por la situación de la Covid-19. En la misma se reafirmó el compromiso de seguir desarrollando un Espacio Europeo de Educación Superior (EEES) más inclusivo, innovador, interconectado y resistente.

La cumbre de Roma se celebró on line,
La pertenencia al BFUG se basa en la pertenencia al Espacio Europeo de Educación Superior (EEES).
El EEES tiene actualmente tres categorías: miembro, miembro consultivo y socio

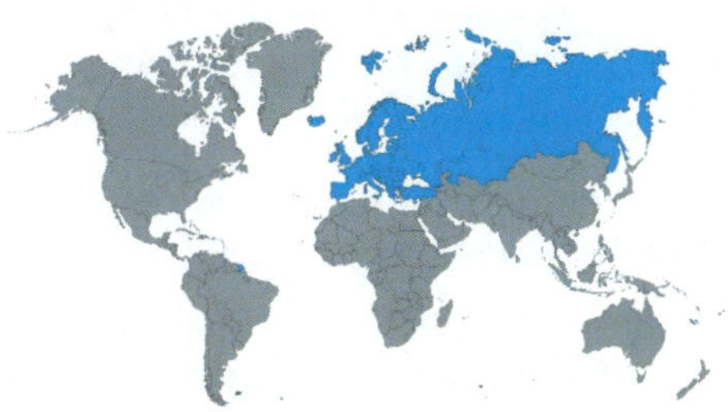

Fuente: *http://www.ehea.info/page-members*[consulta 03.01.2022]

[21] El acceso a los videos de la cumbre y documentación se obtiene del siguiente enlace: *https://ehea2020rome.it/* [consulta 03.01.2022]. Asimismo los resultados se encuentran en *http://www.ehea.info/Upload/Rome_Ministerial_Communique.pdf* [consulta 03.01.2022]

[22] *http://www.ehea.info/Upload/Rome_Ministerial_Communique.pdf* [consulta 03.01.2022]

En la cumbre de Roma se plantean como compromisos y líneas de actuación:

— Fomentar la creatividad, el pensamiento crítico, la libre circulación del conocimiento y ampliar las oportunidades que ofrece el desarrollo tecnológico para el aprendizaje y la enseñanza basados en la investigación.
— Garantizar que nuestros sistemas de educación superior ofrezcan a todos los estudiantes oportunidades equitativas de acuerdo con su potencial y aspiraciones.
— Promover políticas económicas, financieras y sociales que redunden en el EEES.

Para ello se mantienen tres ejes necesarios en el EEES:

o *Inclusivo*, porque todos los alumnos tendrán un acceso equitativo a la educación superior y recibirán el apoyo necesario para completar sus estudios y su formación.
o *Innovador*, porque introducirá métodos y prácticas de aprendizaje, enseñanza y evaluación nuevos, y mejor adaptados, estrechamente vinculados a la investigación.
o *Interconectado*, porque nuestros marcos e instrumentos compartidos seguirán facilitando y mejorando la cooperación y la reforma internacional, y el intercambio de conocimientos y la movilidad del personal y los estudiantes.

Por todo ello, se insiste en que las instituciones de educación superior tienen el potencial de impulsar un cambio importante: mejorar los conocimientos, las habilidades y las competencias de los estudiantes y la sociedad, para contribuir a la sostenibilidad, la protección del medio ambiente y otros objetivos cruciales. Debemos preparar a los estudiantes para que se conviertan en ciudadanos activos, críticos y responsables y ofrecerles oportunidades de aprendizaje permanente para apoyarles en su papel social.

Igualmente, no debemos olvidar que la educación superior será un actor clave en el cumplimiento de los Objetivos de Desarrollo Sostenible (ODS) de las Naciones Unidas para 2030, aspecto que ya hemos subrayado con anterioridad. Por ello en el EEES las instituciones de educación superior deben actuar de forma proactiva aportando sus capacidades educativas, de investigación e innovación a estos objetivos mundiales fundamentales, y a desplegar recursos para garantizar que nuestros sistemas de educación superior contribuyan a la consecución de dichos objetivos. Las oportunidades de cambio con las TIC, y la necesidad de avanzar hacia la neutralidad climática, implica que nuestro estudiantado deba estar preparado para los nuevos empleos, por ello hay que trabajar para ofrecerles nuevas oportunidades de perfeccionamiento y recualificación en una perspectiva de aprendizaje permanente, y permitirles desarrollar y aplicar nuevas tecnologías y enfoques.

En la Comunicación de la Comisión al Parlamento Europeo, al Consejo, al Comité Económico y Social Europeo y al Comité de las Regiones relativas a la consecución del Espacio Europeo de Educación de aquí a 2025[23] se propone consolidar las iniciativas en curso y seguir desarrollando *el Espacio Europeo de Educación en seis dimensiones*.

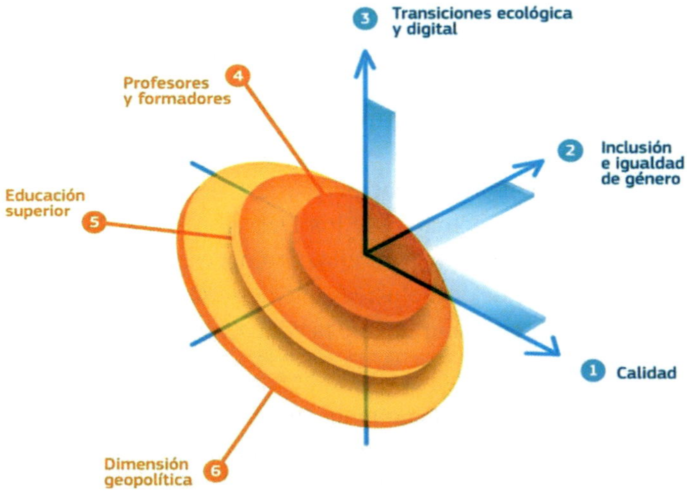

Fuente: *https://eur-lex.europa.eu/legal-content/ES/TXT/PDF/?uri=CELEX:52020DC0625&from=EN* Consulta [07.01.2022]

El documento reúne las seis dimensiones recogiendo los aspectos esenciales de cada una de las mismas con el fin de lograr la consecución de los objetivos:

1. **Calidad:** necesaria para hacer frente a los nuevos retos, y donde se habla de forma explícita: *del dominio de las competencias digitales, que son una condición previa para prosperar en la vida, encontrar empleos gratificantes y convertirse en ciudadanos comprometidos.* También con el fin de lograr esta dimensión se señala la necesidad de dominar capacidades transversales como el pensamiento crítico, el espíritu empresarial, la creatividad y la participación ciudadana, a través de enfoques multidisciplinarios, centrados en el alumnado y basados en desafíos; para lo que es necesario la promoción de la movilidad de profesores y estudiantes, el aprendizaje de idiomas y el multilingüismo. A ello coopera la necesidad de mantener los centros

[23] *https://eur-lex.europa.eu/legal-content/ES/TXT/PDF/?uri=CELEX:52020DC0625&from=EN [consulta* 07.01.2022] documento fechado [Bruselas, 30.9.2020 COM(2020)]. La pandemia del SARS-CoV 2 ha repercutido en los sistemas de educación y formación de Europa, ya que ha expuesto a más de cien millones de europeos que forman parte de la comunidad educativa y formativa, a unas realidades, formas de aprendizaje, formación y comunicación que son novesodas y difíciles. Los Estados miembros persiguen la cooperación a escala de la UE en sus respuestas para construir unos sistemas educativos resilientes y con miras al futuro, y sentar las bases de un Espacio Europeo de Educación. En esta Comunicación se presenta un enfoque reforzado para garantizar el logro de un Espacio Europeo de Educación de aquí a 2025. El Espacio Europeo de Educación está en consonancia con el programa *Next Generation EU* y el presupuesto a largo plazo de la Unión Europea para el período 2021-2027.

de enseñanza y formación como entornos seguros, libres de violencia, intimidación, lenguaje hiriente, lo que conecta con la siguiente dimensión.

2. **Inclusión e igualdad de género:** La pandemia del COVID19 ha puesto de manifiesto, de forma aún más patente, la importancia de la inclusión y la equidad en la educación, y ha demostrado la importancia de la ubicación geográfica de los estudiantes y sus familias. Para invertir la tendencia, en el Espacio Europeo de Educación, es necesario aprendizajes inclusivos, desvinculados del nivel educativo, rendimiento escolar de la situación social, económica y cultural, al objeto de garantizar que los sistemas de educación y formación promuevan las habilidades de todos los individuos; cumplir la Convención sobre los Derechos de las Personas con Discapacidad de las Naciones Unidas; y para ello, son necesarias también estrategias de aprendizaje permanente sólidas e inclusivas que permitan o favorezcan el retorno de aquellos que abandonaron prematuramente la educación.

En relación a la igualdad de género, se subraya la importancia de eliminar los estereotipos de género, en especial de aquellos que limitan las elecciones de los niños y las niñas por lo que se refiere a su campo de estudi; pero también de todos aquellos que puedan transmitirse a través de las prácticas de educación y formación, y de materiales educativos; estableciendo que las profesiones dominadas tradicionalmente por hombres o mujeres deben abrirse más a las personas del sexo infrarrepresentado.

3. **Transiciones ecológica y digital**: ello supone una apuesta por la transición a una economía medioambientalmente sostenible, circular y climáticamente neutra, aspecto que, sin lugar a dudas, tiene importantes repercusiones laborales y sociales. Para ello se propone, entre otras cuestiones, facilitar un cambio profundo en la conducta y las capacidades de las personas, empezando por las instituciones y los sistemas educativos como catalizadores. Las acciones deben orientarse a cambiar conductas, reforzar capacidades en aras de la economía ecológica, promover una nueva infraestructura educativa y formativa sostenible, siendo fundamental para ello:

— Inversión en educación y formación para incrementar el número de profesionales que trabajan en pos de una economía climáticamente neutra y eficiente en el uso de los recursos.
— Dotación que favorezca infraestructuras y medidas al alumnado y las instituciones las capacidades digitales, y otras competencias, como el espíritu empresarial y el «aprender a aprender», que son necesarias para defenderse en un mercado laboral transformado por el cambio tecnológico[24].

[24] La digitalización es una revolución para nuestra forma de vivir, enseñar, aprender, trabajar y comunicarnos. En el Espacio Europeo de Educación, la educación y la formación deben estar totalmente digitalizadas para extraer el máximo provecho de las nuevas tecnologías y métodos de enseñanza y aprendizaje. Al mismo tiempo, los sistemas educativos de Europa desempeñarán un papel crucial en la reducción de los riesgos y el aprovechamiento de las oportunidades que presentan las nuevas tecnologías y la inteligencia artificial. En 2019, el 56 % de la población de la UE de entre dieciséis y setenta y cuatro años afirmaba tener, como mínimo, capacidades digitales básicas, por lo que prácticamente la

4. **Profesores y formadores**: es obvio que la UE demanda más profesorado en todos los niveles, y es necesario a su vez que la movilidad internacional del alumnado, el profesorado y los formadores de profesores, se integre como parte de la educación de los mismos, para ampliar el acceso a la diversidad de enfoques pedagógicos de calidad encaminados a satisfacer las necesidades del alumnado.

5. **Educación superior**: en este ámbito existe unas necesidades específicas que debemos recalcar son las que hacen referencia a: la mayor cooperación y la necesidad de adaptarnos a las nuevas TIC, especialmente a la IA (inteligencia artificial), ciberseguridad, informática de alto rendimiento. En concreto es necesario:

- La consecución de una cooperación más estrecha y profunda entre las instituciones de enseñanza superior, que podría dar lugar al desarrollo de planes de estudios conjuntos y cursos comunes; lo que permitiría a los aprendientes a moverse más fácilmente entre los sistemas educativos de distintos países, desarrollando así una reserva de talento paneuropea, especialmente en lo que respecta a las tecnologías y disciplinas científicas de vanguardia, como las enumeradas, esto es, inteligencia artificial, ciberseguridad y la informática de alto rendimiento.
- Una cooperación transnacional sin fisuras.
- El reconocimiento automático de los títulos y de los períodos de estudio en el extranjero, a efectos de continuar el aprendizaje, garantizar la calidad de las actividades transnacionales conjuntas, y permitir el reconocimiento y la portabilidad de cursos cortos que den derecho a la obtención de micro credenciales.
- Un mayor hincapié en los programas de educación especializada en capacidades digitales avanzadas TIC, puesto que existe una grave escasez de expertos en estos ámbitos.

6. **Dimensión geopolítica**: como nos comenta el documento "*el cambio en el orden mundial (p. ej., el auge de China o la retirada de los EE. UU. del orden multilateral) obliga a reforzar la cooperación europea internacional, inclusive en el ámbito de la educación. Será necesario promover los intereses y valores europeos. En la dimensión internacional del Espacio Europeo de Educación, la reciprocidad, las condiciones de competencias equitativas y las normas de ética e integridad formarán una parte indispensable del establecimiento de asociaciones ambiciosas con países socios en todo el mundo*" Para ello, es necesario el fomento de la internacionalización, y en este sentido, la educación superior debe recibir una atención especial debido a su importancia para la configuración del pensamiento de la próxima generación de dirigentes y empresarios de los países asociados de todo el mundo. A ello obedece

---

mitad de la población carecía de las capacidades que exige la mayoría de los puestos de trabajo en la actualidad. Para ello, se articula un Plan de Educación Digital vid. *https://education.ec.europa.eu/es/plan-de-accion-de-educacion-digital-2021-2027* [consulta 07.01.2022]

la potenciación del Programa Erasmus + que, junto con las asociaciones internacionales, ha facilitado el desarrollo de programas de estudios innovadores y titulaciones conjuntas, y promovidos proyectos conjuntos de investigación e innovación.

1.2. COMPETENCIAS, LONG LIFE LEARNING Y EMPLEABILIDAD EN EL EEES

A modo de reflexión, hemos visto que las diferentes declaraciones y comunicados del proceso de convergencia[25] del EES, se centran en realizar una armonización de los estudios, y un sistema homologable, legible, y con garantías que se adapte al mercado laboral de los egresados; facilitando la movilidad de todos los implicados su desarrollo, y buscando la mayor eficiencia y competitividad.

A su vez, existe una preocupación por la "calidad" palabra que se suma a la lista de expresiones clave más repetidas en las declaraciones y comunicaciones ministeriales[26], lo cual es reflejo de la preocupación por las cuestiones de "calidad en las instituciones de educación superior" de los países de EEES. A ello debemos añadir la necesidad, como se infiere de todas las cumbres y sus comunicados, de la previsión por una formación permanente y para toda la vida toda la *Long life learning* LLL, que no puede quedar al margen del ecosistema digital, ni del marco que proporcionan las TIC como veremos más adelante.

Hay que mencionar además que, en relación a nuestra disciplina, nos encontramos con una problemática y es que la formación jurídica posee unas características peculiares de las que seguramente carecen otro tipo de estudios. Es cierto que es importante, conocer la legislación de nuestro entorno, ya que ello puede ayudar también a aplicar nuestro Derecho, especialmente en una sociedad europea como la nuestra y globalizada, sin embargo, es imposible conocer el Derecho de todos los estados y tener una visión crítica, o argumentar jurídicamente todos y cada uno de los aspectos de los textos jurídicos, desde el Derecho romano hasta el vigente Derecho supranacional. En consecuencia, operamos con una serie de problemas a solucionar a la hora de elaborar un plan de estudios, especialmente con ordenamientos diferentes en los que tenemos que saber qué juristas vamos a formar, y cuáles deben ser las materias idóneas, ya que los planes son diversos y también los métodos de investigación de nuestra disciplina.

---

[25] El acceso a todas las declaraciones realizadas hasta el momento se encuentran en el siguiente enlace en el cual se pude observar el avance del EEES, link:*http://www.ehea.info/page-ministerial-declarations-and-communiques* [consulta 03.01.2022]

[26] MATARRANZ GARCÍA M., "El Espacio Europeo de Educación Superior y su sello de calidad, op. cit. p. 165 la a. "*señala que la calidad en el EEES se plantea como un elemento de responsabilidad y de mejora para la educación superior, es decir, para dar confianza a docentes, estudiantes y personal sobre la formación que ofrecen las instituciones y para realizar seguimientos y acciones de mejora que optimicen los procesos formativos*".

Si bien, como apuntan Guerrero-Periñan[27] las transformaciones en el marco jurídico pueden servir para promover una enseñanza de mayor calidad. No debemos olvidar que nuevo sistema docente gira, fundamentalmente, en torno a los alumnos, se pasa pues –valgan de momento la exageración y la autocrítica- de una "universidad de profesores" a una "universidad de estudiantes". En este sentido, la aplicación del crédito europeo, en general, supone un importante reto en un entorno como el nuestro, donde la educación –como concepto amplio– ha estado basada en la enseñanza más que en el aprendizaje. En esta línea, la renovación de materiales y modos docentes pueden aprovechar a la Universidad española en general para su modernización.

El término "competencias" en el ámbito universitario europeo está ligado al proceso de armonización transparente de títulos, y vincula de manera directa la formación universitaria con el mundo profesional y con la libre circulación de estudiantes.

Ahora bien, por competencia podemos entender "*una capacidad efectiva para llevar a cabo exitosamente una actividad laboral plenamente identificada*"[28], de hecho, una de las preocupaciones que se observa en el proceso de convergencia es la empleabilidad y la adaptación de la Universidad de nuevas demandas laborales sociales.

En el EEES el estudiante cobra un perfil más destacado, asume una posición central en el proceso de enseñanza-aprendizaje. El sistema, diseñado conforme a la filosofía ECTS (*European Credit Transfer System*), convierte al "crédito" en la unidad básica de planificación, de actuación y de evaluación. Y así viene en la LOU establecido en su art. 88.2: "*la unidad de medida del haber académico, correspondiente a la superación de cada una de las materias que integran los planes de estudio de las diversas enseñanzas conducentes a la obtención de títulos de carácter oficial y validez en todo el territorio nacional, sea el crédito europeo*".

Volviendo a las competencias, en el **Proyecto TUNNING**[29] (2003) (*Tuning Educational Structures in Europa Project)* se define la "competencia" desde una perspectiva integrada, como "*lo que una persona es capaz o competente de ejecutar,*

---

[27] GUERRERO LEBRÓN M.-B.BERNARDO PERIÑÁN GÓMEZ, B., "El Derecho romano ante el crédito europeo: una propuesta de aplicación", en *Revista General de Derecho romano*, RGDR 4 (2005) p.1-15;12.

[28] RIESCO GONZÁLEZ M.," El enfoque por competencias en el EEES y sus implicaciones en la enseñanza y el aprendizaje" en Tendencias Pedagógicas 13 (2008), pp.79-105; 82.

[29] El concepto de las competencias trata de seguir un enfoque integrador, que considera las capacidades como una combinación dinámica de atributos que, juntos, permiten un desempeño competente como parte del producto final de un proceso educativo, lo cual se enlaza con el trabajo realizado en la educación superior. Las competencias y las destrezas se entienden como la capacidad de conocer y comprender (conocimiento teórico de un campo académico), saber cómo actuar (la aplicación práctica y operativa del conocimiento a ciertas situaciones), y saber cómo ser (los valores como parte integrante de la forma de percibir a los otros y vivir en un contexto social). Las competencias representan una combinación de atributos –respecto del conocimiento y sus aplicaciones, aptitudes, destrezas y responsabilidades– que describen el nivel o grado de suficiencia con que una persona es capaz de desempeñar-

el grado de preparación, suficiencia y/o responsabilidad para ciertas tareas". Se observa que la formación de competencias va dirigida hacia la profesionalización. Igualmente, el Proyecto define el crédito: como el tiempo y el esfuerzo invertidos por el alumno en su aprendizaje; es decir, trata de describir y organizar sistemáticamente sus componentes, asignando y definiendo créditos en función de diferentes parámetros que conforman el trabajo general realizado por el alumno[30]: las horas de clase presenciales, tanto teóricas como prácticas; las tutorías; el esfuerzo, tiempo y aprovechamiento dedicado al estudio y a la resolución de tareas[31]; la preparación y realización de exámenes y otras actividades académica contempladas en el programa: debates, salidas formativas, conferencias, prácticas, por eso insistimos que la clave de todo es el diseño y la planificación de acuerdo, obviamente, a la consecución de resultados.

A partir de esta lanzadera, se pasó una encuesta a graduados, empleadores y académicos, y se definieron los tipos de competencias que más tarde se analizaron y desarrollaron en los «libros blancos» de cada titulación[32]. Ello además, conecta con la necesidad de cumplir los objetivos generales del EEES en relación a mejorar la competitividad de los sistemas universitarios europeos e *incrementar la empleabilidad y la movilidad de los egresados*; de forma tal que se favorezca la construcción de una «Europa del conocimiento» que responda a los cambios socioeconómicos y sea competitiva a nivel internacional.

Con el fin de establecer una muestra comparativa entre países, las Universidades y la empleabilidad asociada a ésta, se han desarrollado proyectos, así podemos citar el realizado entre los años 1997-2000, el *Higher Education and Graduate Em-*

---

los vid. al respecto informe link: *http://tuningacademy.org/wp-content/uploads/2014/02/TuningEUII_Final-Report_EN.pdf* [consulta 05.01.2022]

30 En este sentido también podemos traer a colación lo que nos parece una realidad como señala el prof. Latorre "*Lo importante del estudio universitario no es lo que se aprende en forma escolar, sino la capacidad que confiere para aprender en el futuro*", LATORRE A., *Universidad y sociedad*, Barcelona, 1964, p. 48.

31 No podemos olvidar que con el sistema de ECTS, 60 créditos medirán la carga de trabajo real de un estudiante a tiempo completo durante un curso académico, de manera que treinta créditos equivaldrán a un semestre y veinte créditos a un trimestre. Atendiendo a que la carga de trabajo para un estudiante en un programa de estudios a tiempo completo en Europa equivale normalmente a 36/40 semanas por año y a una carga de trabajo como una jornada completa de 40 horas semanales, se establece para el crédito un volumen de trabajo de 25-30 horas (1.500-1.800 horas al año).

32 En su página web la ANECA recoge el libro blanco de Derecho, donde se alude a la importancia de las competencias instrumentales, interpersonales y sistémicas en función de los diferentes perfiles profesionales: *http://www.aneca.es/var/media/150240/libroblanco_derecho_def.pdf* Igualmente, debemos destacar las competencias del ámbito académico, las cuales están constituidas por el bagaje de conocimientos teóricos aprehendidos por el graduado/a a lo largo de su formación universitaria. Por su parte, los conocimientos Disciplinares (hacer) vienen determinadas por el conjunto de conocimientos prácticos requeridos para involucrarse en cada uno de los sectores profesionales singularizados dentro del ámbito jurídico. Y finalmente las Competencias Profesionales (saber hacer), es decir las que aluden al conjunto de técnicas, habilidades y destrezas específicas aplicadas al ejercicio de una profesión concreta. [consulta 05.01.2022]

ployment in Europe, o **CHEERS** (*Carrers After Graduation*) en el que participaron nueve universidades y tres institutos de investigación europeos, y una universidad japonesa. Este proyecto financiado por la Comisión Europea a través del Programa de Investigación Socioeconómica con Fines Propios (TSER), trató de recoger encuestas en varios países, como: Alemania, Austria, España, Finlandia, Francia, Italia, Japón, Noruega, Países Bajos, Reino Unido, República Checa y Suecia, con el fin de poner especial énfasis en la adquisición y utilización de competencias, así como en las necesidades de empleo de los diferentes países. Para ello, el cuestionario prestaba especial atención a las experiencias de estudio de los titulados y las competencias que habían adquirido, al tipo de empleo y ocupación desempeñada desde la graduación, y a los vínculos entre la educación y el trabajo.

Otro proyecto que tomó el relevo del CHEERS, también relacionado con la empleabilidad es el The *Flexible Professional in the Knowledge Society: New Demands on Higher Education in Europe* (**REFLEX**)[33]. Se inició en marzo de 2004 y finalizó el 31 de agosto de 2007. El mismo se centra en la necesidad de establecer las características del individuo empleable o profesional flexible, en la sociedad del conocimiento, es decir, indagar en los nuevos requerimientos, para la educación superior en Europa. Todo ello, con el fin de esclarecer las condiciones que surgen a medida que Europa y el resto del mundo avanzan hacia una sociedad del conocimiento.

Se observa con el nuevo modelo, un marco educativo donde el objeto de la formación se basa en la adquisición de competencias, habilidades y destrezas en el ámbito profesional del que se trate. Por ello, la empleabilidad[34] ha llegado a establecerse como uno de los pilares del nuevo paradigma educativo en el EEES. La principal responsabilidad de las instituciones de educación superior es la de dotar a los y las estudiantes de las competencias en sentido amplio, incluyendo destrezas, habilidades, conocimientos, actitudes, necesarias para su futuro laboral[35]. Como se ha visto, en la construcción del EEES se ha impulsado un modelo de enseñanza-aprendizaje centrado en el estudiante y destinado a la adquisición de competencias, lo que ha convertido a éstas en las referencias a partir de la cuales organizar y planificar las enseñanzas universitarias. En las distintas reuniones ministeriales del «Proceso Bo-

---

33 Vid. informe en *https://cordis.europa.eu/project/id/506352/reporting/es* [consulta 05.01.2022]

34 La Exposición de motivos del RD 822/2021, de 28 de septiembre, por el que se establece la organización de las enseñanzas universitarias y del procedimiento de aseguramiento de su calidad se refiere a la importancia de la misma al establecer: ... *se pretende robustecer las capacidades de empleabilidad que confiere la formación recibida en diferentes títulos, a partir de las competencias y conocimientos asumidos, así como mediante un amplio abanico de opciones académicas, con la voluntad de facilitar a los egresados universitarios una inserción laboral digna y de calidad. Esta voluntad de cambio siempre debe ir acompañada del rigor y solidez académica de la oferta universitaria.*

35 Vid. Sobre Competencias y empleabilidad existe las Guidelines for improving European HEIs student's employability: link: *http://skills4employability.eu/wp-content/uploads/2020/08/Guidelines-for-improving-European-HEIs-student%E2%80%99s-employability-SKILLS4EMPLOYABILITY-.pdf*[consulta 08.01.2022]

lonia» se plantearon diversas actuaciones que situaron a las competencias como objetivo último del proceso de aprendizaje. Concretamente, las cualificaciones de cada uno de los tres ciclos en los que se han reorganizado las enseñanzas universitarias pasan a definirse y medirse en términos de competencias. En España se estableció el nuevo Marco Español de Cualificaciones para la Educación Superior (MECES), donde se establecen tres ciclos junto a los descriptores genéricos basados en resultados del aprendizaje y competencias para cada ciclo[36].

Cabe subrayar, que el aprendizaje en educación superior es complejo, multidimensional, por cuanto la situación del mismo debe estar ligada a las actividades o realizaciones profesionales: resultados de la adquisición de conocimientos que necesita ser valorado de diferentes formas, por ello es importante el diseño, la planificación y la evaluación. Así siguiendo a Tejada-Ruíz[37] es importante delimitar:

- El establecimiento de las competencias o resultados de aprendizaje de los estudiantes. Esta actividad se realiza cuando se acomete el diseño del perfil profesional, a la vez que se realiza el diseño de la formación asociada. En las diferentes guías didácticas o docentes, suelen quedar reflejados, sobre todo, los resultados de aprendizaje, que son los referentes tanto para el diseño de las estrategias metodológicas, actividades de aprendizaje y de evaluación.
- La identificación de situaciones de aprendizaje (profesionales) relevantes y de su estructura para la evaluación de la competencia profesional. En su elaboración se llevan a cabo una secuencia de operaciones sobre los «estándares de competencia» (realizaciones profesionales, criterios de realización y contexto profesional) fijados en cada una de las unidades de competencia.
- La extracción de los criterios de mérito. Esta operación procede de la agrupación de los criterios de realización de las unidades de competencia sobre la base de sus componentes principales, extrayendo los criterios de mérito, «esenciales» de «rendimiento», y eficacia.
- La obtención de las evidencias suficientes de competencia. La cuarta operación consiste en la consecución de diferentes tipos de evidencias suficientes de competencia (conocimientos, destrezas y actitudes) y los métodos para su recogida, que se derivan de la resolución de las situaciones relevantes de evaluación.
- Finalmente, la fijación de los niveles de logro de las competencias: Elaboración de escalas de competencia; lo que implica el «desempeño aceptable

---

36 Vid. amplio estudio sobre los cuadros comparativos entre MECES y Marco Europeo de Cualificaciones para el Espacio Europeo de Educación Superior (QF-EHEA), cfr. MARTÍN GONZÁLEZ M.- PÉREZ ESPARRELLS C. "El papel de las competencias en el EEES: un instrumento para fomentar la empleabilidad de los titulados universitarios" en *Revista del Ministerio de Empleo y Seguridad Social.* 106 (2013) 127-164; 15-138.

37 En igual sentido, TEJADA FERNÁNDEZ J.- RUÍZ BUENO C., "Evaluación de las competencias profesionales en Educación Superior: Retos e implicaciones", Educación XX1. 19.1, 2016, pp. 17-38, doi: 10.5944/educXX1.12175

o umbral de la misma» a alcanzar para ser acreditado y, por tanto, poder sostener un argumento interpretativo en el que apoyar la emisión del juicio de competencia y poder así incrementar la consistencia en la interpretación de los estándares de éstas.

En todo caso, en relación al binomio formación-empleabilidad[38], hoy en día, se barajan oportunidades de cambio con las TIC y la necesidad de avanzar hacia los ODS que marcan, sin lugar a dudas, nuevos retos y la proliferación de nuevos empleos que demandan un aprendizaje permanente, y el desarrollo de nuevas habilidades y destrezas reorientadas hacia la realidad social imperante.

En todo caso, debemos agregar que las universidades para desarrollar un EEES más inclusivo, innovador e interconectado en los próximos años, deben liderar un proceso de cambio y mejora integral y transversal de la sociedad en base a la generación de conocimiento, la innovación y el diálogo y la conexión con la sociedad. El desarrollo de un EEES «inclusivo, innovador e interconectado» hará crecer un sentimiento real de ciudadanía comprometida con Europa en las futuras generaciones de ciudadanos. Avanzar en los compromisos y objetivos planteados será fundamental para asegurar una Europa sostenible, cohesionada y en paz que sea cada vez más resiliente ante los retos actuales y futuros.

Como hemos recalcado en este apartado, el desarrollo de competencias y la empleabilidad exige que las Universidades[39] puedan:

— Avanzar hacia formas docentes más abiertas y flexibles, hacia el aprendizaje a lo largo de la vida y hacia la implementación real y consolidada de modelos de aprendizaje personalizados y centrados en el estudiante que les provea de las competencias y habilidades necesarias para que se conviertan en ciudadanos activos, críticos y responsables, adaptadas a una Sociedad digital.
— Promover la movilidad estudiantil y reforzar el programa Erasmus, hasta alcanzar el objetivo según el cual, al menos, un veinte por ciento de los

[38] La empleabilidad, por tanto, está relacionada con el desarrollo de competencias que son valoradas en el mercado de trabajo, es decir, se asume la existencia de una serie de competencias que mejoran las posibilidades de los individuos que las poseen de encontrar un empleo y de mantenerlo en el tiempo. Las competencias profesionales son, por tanto, claves para la comprensión del concepto de empleabilidad, pero nos interesa la aproximación al estudio de las competencias profesionales desde el punto de vista y con el objetivo de analizar cuáles son las competencias más valoradas en el mundo del trabajo y que por tanto potencian la empleabilidad de quienes las poseen, vid. GARCÍA MANJÓN J.V.- PÉREZ LÓPEZ C., "Espacio Europeo de Educación Superior, competencias profesionales y empleabilidad", en *Revista Iberoamericana de Educación* ISSN: 1681-5653 n.º 46/9 – 10 de septiembre de 2008, p.1-12; 5.

[39] Las universidades son consideradas actores fundamentales en este proceso y se reconoce la importancia del compromiso ministerial con el logro de los Objetivos de Desarrollo Sostenible (ODS) de forma trasversal. Esto último, casa con lo que hemos visto de la Declaración de 2020 en Roma, por ello, la Crue celebra los avances y la necesidad de desarrollar un EEES más inclusivo, innovador e interconectado en los próximos años. Comunicado Crue-link: *https://www.crue.org/wp-content/uploads/2020/11/2020.11.19-Declaracion-Crue_Bolonia-y-EEES-1.pdf* [consulta 08.01.2022]

estudiantes que terminen sus estudios dentro del EEES hayan tenido una experiencia de aprendizaje o prácticas en el exterior, garantizando programas y acuerdos entre universidades y con empresas, y desarrollando su dimensión social para realizarla en un régimen académico y económico adecuado.

— Prosperar definitivamente hacia el reconocimiento automático de los títulos académicos y de los periodos de estudio, en aquellos países del EEES que operen con un sistema de garantía de calidad, que cumpla con los *European Standards and Guidelines* (ESG), promoviendo los cambios legislativos necesarios.

Capítulo II

DERECHO ROMANO
Acción Tutorial
TDE
Clase Magistral
webminar
Aprendizaje adaptativo
update tecnológico
Seminario
Motivación
Metodología
Enseñanza

Capítulo II
LA DOCENCIA DEL DERECHO ROMANO: TRADICIÓN E INNOVACIÓN

2.1. ESTRATEGIAS METODOLÓGICAS Y EL USO DE LAS TIC COMO CAMBIO DE PARADIGMA

La preocupación por el devenir de la Universidad es algo que se remonta el tiempo. Así, los docentes e intelectuales del siglo XX, como señalan los profesores Obarrio y Piquer[40] "*en su afán por educar contra los nuevos tiempos, se dedicaron a conocer los problemas de la institución tratando de pensar y repensar sobre la misión de la Universidad que, en la mayoría de los casos, no eran otros que su devaluación, empobrecimiento, su concepción utilitarista, esa cultura lucrativa que llevaba a concebir que la formación era un medio para obtener un fin que consistía en alcanzar la mayor rentabilidad económica, lo que convertía a los estudiantes en hombres corrientes, para tiempos corrientes, y a la Universidad en un ser anacrónico y pusilánime, en el que la transmisión de la cultura y del saber había dejado de ser su razón y fundamento*"[41].

Ahora bien, el diseño curricular de los planes de estudio actuales[42], se basa en el desarrollo de competencias que intentan dar respuesta a las exigencias que plantea

---

40 OBARRIO MORENO J.A. y PIQUER MARÍ J.M., *Repensar la Universidad. Reflexión histórica de un problema actual*, Dykinson, Madrid, 2015, p.215.

41 En torno a la Cultura Clásica puede verse la obra de OBARRIO MORENO J.A. y ADAMS S. *Antígona. Reelectura de un mito de la Antigüedad*, Dykinson, Madrid, 2022; En igual sentido vid. OBARRIO MORENO A., "*Ars docendi valorem classicorum. Tributum profesori Antonio Fernández de Buján*", RGDR 38, 2022, p. 3 "*la Cultura no se inventa, se escribe. Es el resultado de una Historia común, que empieza con el mito de la princesa Europa, un mito que posee más de tres mil años de antigüedad, y del que hallamos cumplida referencia en las fuentes literarias. Esa Cultura y esa Historia que nos hermana no la podemos dejar morir plácidamente. La lógica del historiador se impone. El silencio de la escritura, también. La dicha que dibuja el libro en nuestras vidas nos obliga a conversarla*".

42 PIQUER MARÍ J.M., "Lo que queda de la Universidad de Ortega y Gasset" en *Reflexiones de la Universidad en el siglo XXI*, (Coord. Obarrio Moreno *et al*.,) Dykinson, Madrid, 2020, pp.232-233; donde

la nueva sociedad. Supuestamente, el conocimiento no queda excluido, sin embargo, el diseño curricular está basado principalmente en la consecución de competencias, de forma que el profesor tendrá que seleccionar los contenidos en función de las competencias que pretenda alcanzar para conseguir la estructura que pueda facilitar el constante «aprender a aprender» o en su caso el aprender haciendo «*learning by doing*», pero que implica, como hemos visto en todas las declaraciones del EEES que al aprendizaje sea «*long life learning* LLL».

A priori, es sencillo deducir que el centro gravitacional de la formación son las competencias más que el conocimiento *per se*, para que, en relación con el conocimiento, se sitúe al alumno en la mejor de las condiciones para poder acceder a él y sea el propio estudiante, y futuro profesional, el que conforme su propio conocimiento.

A la hora de realizar el diseño y planificación de nuestra asignatura, debemos ser conscientes, como apunta el Prof. Fernández de Buján[43], del valor del Derecho romano en el presente siglo y su relevante papel como elemento de cohesión y de intermediación entre los distintos sistemas y Ordenamientos Jurídicos, sin pretender encontrar necesariamente –porque no sería posible en muchos casos– soluciones en las fuentes romanas a los nuevos problemas que se plantean en la dinámica de la realidad social y mucho menos caer en el error de pretender la validez intemporal de las soluciones romanas en su conjunto. Pero los grandes temas, los grandes problemas, las principales instituciones, las construcciones teóricas más consolidadas; han partido o se han derivado de las fuentes romanas y de ellas se ha nutrido la ciencia del derecho. El sustrato común de las soluciones romanistas en los ordenamientos de los distintos países europeos, así como la propia experiencia jurídica de la comunidad política romana, se configuran como un importante referente en la futura unificación o armonización del derecho en Europa.

En todo Proyecto Docente, se deben determinar los métodos didácticos a emplear, incluyendo el conjunto de estrategias de enseñanza y de aprendizaje, más adecuadas al tipo de contenidos jurídicos que tratamos de transmitir, el tipo de alumno que ha de aprender, así como las decisiones a partir de las cuales se van a desarrollar nuestras estrategias docentes. En este sentido, debemos partir del nuevo paradigma que ha venido marcado por el sistema universitario español, hace ya más de una década, cuando se emprendió una reforma de su oferta formativa, y de la organización de la misma, al adoptar los principios que constituían la esencia del Espacio Europeo de Educación Superior (EEES).

---

el a. además hace una crítica y contraposición con Ortega al señalar: "*no existe discordancia entre la situación actual y los términos a los que se refiere Ortega respecto a la necesidad de reforma, sin embargo, respecto al sujeto que pueda llevar a cabo dicha reforma existen discrepancias entre Ortega y el momento actual, dado que no parece que el grupo de individuos al que se refiere Ortega se corresponda con el maremágnum actual en el que proliferan trabajos de todo tipo respecto a la cuestión de la reforma*".

[43] FERNÁNDEZ DE BUJÁN A., "Ciencia jurídica europea y Derecho comunitario: *Ius romanum. Ius commune. Common law. Civil law*", en *GLOSSAE. European Journal of Legal History* 13 (2016), p.275-306; p. 301.

A mayor abundamiento, la adaptación de una estructura cíclica configurada por el Grado, el Máster y el Doctorado, que consecutivamente iba incorporando una formación más especializada en términos de empleabilidad o de investigación, se ha completado en todas las universidades que conforman el sistema universitario español.

De igual modo, los principios en los que se fundamenta el EEES implicaban construir el andamiaje de una formación universitaria focalizada en el estudiantado y en sus competencias, entendidas estas como el conjunto de conocimientos, capacidades y habilidades académicamente relevantes, que le confiere el título universitario alcanzado. Estas competencias permiten al estudiantado su inserción en el mundo laboral y, lógicamente, formar parte activa de la sociedad. Por eso es importante que en el proceso con el cambio de metodología se puedan producir aprendizajes activos y significativos que permitan el *Long Life Learning* (LLL) es decir el aprendizaje durante toda la vida[44], también llamado aprendizaje vitalicio[45].

Igualmente, no debemos olvidar la importancia y el cariz que adquiere la educación, ya que en los Objetivos de Desarrollo Sostenible, particularmente en el nº 4, se establece la importancia que tiene la misma al: "*Garantizar una educación inclusiva, equitativa y de calidad y promover oportunidades de aprendizaje durante toda la vida para todos*". El Objetivo tiene metas que deben alcanzarse para 2030. Este ODS va dirigido a proveer a los niños y jóvenes una educación de calidad y accesible, así como otras oportunidades de aprendizaje; un componente principal en la adquisición de los conocimientos y perfiles valiosos es el ambiente de aprendizaje. Por lo tanto, la necesidad urgente de construir más facilidades de educación y de también actualizar las existentes para proveer ambientes de aprendizaje seguros, inclusivos y efectivos para todos.

De esta forma, la oferta académica universitaria ha ido convergiendo en torno a esa estructura organizativa cíclica; junto con una nueva estructuración de los estudios y la incorporación de un enfoque formativo centrado en las competencias del estudiantado. Así en el Real Decreto 822/2021, de 28 de septiembre, por el que se

---

[44] MONTERO CURIEL M., El Proceso de Bolonia y las nuevas competencias, Tejuelo, 9 (2010), págs. 19-37.

[45] El proceso de aprendizaje continuo que permite a todos los individuos, desde la infancia a la ancianidad, adquirir y actualizar conocimientos, destrezas y competencias en diferentes periodos de su vida y en variedad de contextos de aprendizaje, tanto formal como no formal; por lo tanto, maximizando su desarrollo personal, oportunidades de empleo y fomentando su participación activa en una sociedad democrática (Declaración de Berlín, 2003). En este sentido, el "aprendizaje vitalicio" constituye un elemento esencial para alcanzar una mayor competitividad europea, mejorar el rendimiento profesional, adaptarse a los cambios sociales que se vayan produciendo e ir conociéndolos para superar paulatinamente la calidad de vida. Desde ese punto de partida, los ministros europeos de Educación determinaron tres nuevas líneas de actuación en la reunión de mayo de 2001 en Praga: 1. Aprendizaje permanente. 2. Lograr que las instituciones y estudiantes de enseñanza superior sean sujetos activos. 3. Promover la atracción del Espacio Europeo de Enseñanza Superior.

establece la organización de las enseñanzas universitarias y del procedimiento de aseguramiento de su calidad, en el que al margen de promover la movilidad internacional del estudiantado, establece: "*en asumir la necesidad de impulsar una docencia más activa, basada en una metodología de enseñanza–aprendizaje, en la cual la clase magistral debe compartir protagonismo con otras estrategias y formas de enseñar y aprender, que buscan reforzar la capacidad de trabajo autónomo del estudiantado, y que tiene en el uso de las nuevas tecnologías de la información y la comunicación uno de sus principales pilares*"

Ello hace que estemos en un cambio epistemológico, psicológico y educativo basado en nuevas formas de enseñar y aprender, donde las nuevas demandas formativas en la universidad responden, ante todo, a las exigencias de la formación generadas por una nueva cultura del aprendizaje que se extiende no sólo al ámbito de la educación formal sino también a otros ámbitos formativos. A causa de ello, se ha producido un cambio de paradigma, ya que pasamos de un aprendizaje meramente repetitivo, a otro significativo y autónomo, donde el profesor es un facilitador y, por consiguiente, las estrategias van dirigidas a que el estudiantado sepa[46]:

— Encadenar los elementos entre sí en una estructura conceptual o de significado, lo que implica reorganizar esos elementos.
— Aprender por conceptos y principios
— Relacionar la nueva información con los conocimientos previos, y buscar nuevas relaciones con otros conocimientos y contextos.
— Adquirir de forma gradual el aprendizaje, con niveles cualitativos diferentes, más difícil de observar y con menor fiabilidad. Requiere plantear situaciones diferentes en el mismo.
— Alcanzar un aprendizaje significativo mayor, duradero y transferible a nuevas tareas y contextos.

Por metodología docente podemos entender el conjunto organizado de actividades y estrategias utilizadas por el profesorado y que tienen como objetivo que el estudiantado, razón de ser de la Universidad[47], adquieran la información, las relacionen con otros conocimientos, la apliquen y sean capaces de integrarla en el proceso de formación. Hay que destacar que, detrás de cualquier metodología subyace una teoría instruccional que explica todos los aspectos que influyen en el proceso de enseñanza-aprendizaje.

La utilización de distintas estrategias metodológicas como «dinámica de aula», refleja una actitud personal de plantearse la docencia como una reflexión e investigación permanente sobre la propia práctica docente. Además, con independencia de la estrategia elegida, existen unos principios metodológicos que debemos tener presente:

---

[46] IGNACIO POZO J. – PÉREZ ECHEVARRIA M., "Aprender para comprender y resolver problemas", en Psicología del aprendizaje universitario: la formación en competencias, Madrid, 2009, p. 34.

[47] El estudiante es la razón de ser de la Universidad ya que ésta se erige como la proyección institucional de aquel, ORTEGA Y GASSET J., *Misión de la Universidad*, Alianza Editorial, Madrid, 1992, p. 17.

— Motivacionales: el profesor debe generar expectativas de significatividad y funcionalidad de lo que se aprende, provocar desequilibrios cognitivos y conectar la información con los intereses de los alumnos.
— Significativos: la enseñanza se ha de articular en torno a cuestiones claves, fundamentales desde la perspectiva de los contenidos jurídicos.
— Comunicacionales: la didáctica debe integrar la información respecto de lo que ya se conoce y facilitar su transmisión, para ello es fundamental conectar investigación y docencia, ya que se transmite aquello que se ha aprendido.
— Procedimentales: se debe favorecer un pensamiento complejo y abstracto que conduzca al procesamiento profundo de la información.

En todos ellos no podemos olvidarnos de la variable personal sobre la que gira la estrategia: el alumnado, siendo estos los responsables últimos de su propio aprendizaje.

En primer lugar, hay que partir del contexto institucional y académico, donde vayamos a desarrollar nuestra docencia, por ello nuestro Proyecto docente se justifica y encuentra su grado de concreción, en la realidad más cercana a la que va dirigido con una planificación y una estrategias y resultados factibles[48].

En nuestro caso, en el grado en Derecho de la Facultad de Ciencias Jurídicas desde el año 2011, se establece la asignatura de Derecho romano (cod. 41502) en el primer semestre del primer curso, siendo esta básica de rama y con 6 créditos. Junto a esta, contamos con una optativa de 3 créditos que se imparte en el segundo año de carrera, segundo semestre, con la denominación de Tratamiento jurídico de las relaciones comerciales: desde el Derecho romano al Derecho actual (cod. 41536).

El profesor de la Universidad de las Palmas de Gran Canaria (ULPGC), tal y como se establece en sus Estatutos[49] en su art. 161, deberá cumplir "*con responsabilidad y calidad el plan de estudios de la titulación correspondiente y las tareas docentes e investigadoras que le sean asignadas, comprometiéndose a la actualización y el perfeccionamiento docente e investigador*".

Ahora bien, desde el punto de vista del docente, en la Universidad del presente siglo se ha producido un cambio de paradigma en el mismo. Así, la ordenación de las enseñanzas universitarias oficiales en España, con anterioridad se regulaba por el Real Decreto 1393/2007, de 29 de octubre, por el que se establecía la ordenación de

---

[48] De ahí que sea necesario un análisis del contexto próximo donde se va a llevar a cabo. Nuestra disciplina se imparte en la Facultad de Ciencias Jurídicas de la Universidad de las Palmas de Gran Canaria, ubicada en el Campus de Tafira, compuesta por dos módulos A y B donde se alojan los departamentos, despachos y aulas, junto con un módulo anexo de aulas. Adscrita a la Facultad están también, junto al Grado en Derecho, el Grado de Trabajo Social y el de Relaciones Laborales. Existen dos departamentos, el de Derecho público y el de Ciencias Jurídicas Básicas, en este último es donde está adscrito nuestro ámbito de conocimiento, Derecho Romano.

[49] Decreto 107/2016, de 1 agosto, por el que se aprueban los Estatutos de la ULPGC –BOC nº 153, de 9 de agosto de 2016– y Decreto 138/2016, de 10 de noviembre, de modificación de los Estatutos de la ULPGC –BOC nº 224, de 18 de noviembre de 2016–).

las enseñanzas universitarias oficiales. Esta norma ha sido objeto de hasta nueve modificaciones de diversa entidad siendo la más reciente la llevada a cabo mediante el Real Decreto 103/2019. Con la promulgación del RD 822/2021 antes citado, se produce un avance en una organización adaptada a las demandas de la sociedad y a los cambios disruptivos que se desarrollan en la economía y en la tecnología, así como más flexible en sus componentes y estructura, y que, al mismo tiempo, "favorezca la necesaria innovación efectiva en la docencia". Esta organización debe facilitar el ejercicio efectivo de la autonomía universitaria en la planificación y definición de las características de su oferta académica. De igual forma, debe posibilitar la ordenación de la oferta de títulos universitarios oficiales por parte de las Comunidades Autónomas en el ejercicio de sus competencias, en tanto que interrelaciona las demandas cambiantes de la sociedad y las iniciativas académicas universitarias.

Por otra parte, en dicho decreto en su art. 21 se habla de la importancia de innovar, palabra que aparece hasta en nueve ocasiones en la citada norma. En el precepto señalado se disciplina esta cuestión, cuando en su apartado 2º señala:

> *"Asimismo, las universidades, en el ejercicio de su autonomía de planificación y gestión de la docencia y con el objetivo de la mejora permanente de la calidad de la enseñanza y del aprendizaje, podrán desarrollar unas estrategias metodológicas de innovación docente específicas y diferenciadas que vehiculen a la globalidad de un título universitario oficial –y, por tanto, afecten al conjunto de materias y asignaturas que configuran el plan de estudios–. Estas podrán reflejarse en el Suplemento Europeo al Título, y deberán haber sido reflejadas en la memoria del plan de estudios del título".*

Es decir, el RD 822/2021 se centra en la innovación con nuevas estrategias metodológicas y uso de las TIC (tecnología de la información y las comunicaciones) que implican cambios en el rol docente, cuando en el apartado tercero del art.21 señala:

> "*Estas propuestas de innovación docente globales podrán ser reconocidas al estudiantado por la universidad mediante la emisión de un certificado u otro documento acreditativo específico, con el objeto de valorizarlas. Dichas propuestas podrán ser la docencia a través del aula invertida, el aprendizaje basado en el trabajo por proyectos o casos prácticos, el desarrollo del trabajo colaborativo y cooperativo, el aprendizaje basado en la capacidad de resolución de problemas, competencias multilingües, la docencia articulada en el uso intensivo de las tecnologías digitales de la información y la comunicación, y otras iniciativas que impulse la universidad o el centro*".

Este cambio de paradigma, que incluye estrategias y metodologías nuevas, implica también, como se establece en el anexo de la citada norma nº 2, la introducción en el "Modelo de memoria para la solicitud de verificación del plan de estudios de un título universitario oficial", un apartado 1.13 denominado "Descripción, objetivos formativos y justificación del título", en relación a "*Estrategias metodológicas de innovación docente específicas, justificación de sus objetivos*".

Todo ello hace que, al estar recogido en una norma, el docente adquiera mayor conciencia y compromiso con el uso de nuevas herramientas y metodologías que potencien nuevas modalidades organizativas y métodos de enseñanza-aprendizaje que se centren en el estudiante, Por ello, el profesor debe:

— Ser un profesional reflexivo, crítico, competente en el ámbito de su propia disciplina, capacitado para ejercer la docencia de calidad con las metodologías que demanda la Universidad del presente siglo y realizar actividades de investigación.
— Intentar desarrollar una actividad docente comprometida con la idea de potenciar el aprendizaje de los estudiantes y contribuir a la mejora social dentro del *Long life learning*, facilitando al estudiante la construcción del conocimiento a través de la interacción y las actividades que introduzcan las TIC en el aula.
— Contribuir a que el conocimiento de lo impartido en las aulas sea relevante para la vida teórica y práctica de los estudiantes. Nosotros tenemos la tarea de formar a futuros juristas, debemos ayudar a los alumnos para que éstos puedan avanzar de forma autónoma en sus procesos de estudio e interpretar críticamente el conocimiento del Derecho y su incidencia en la sociedad.

Debemos subrayar, como apunta Fernández de Buján[50], que "la Universidad tiene que cumplir una doble misión de cultivar la ciencia y transmitir el saber; así, cultivar la ciencia, hacer avanzar el conocimiento es pues la primera misión de la Universidad, y en el cumplimiento de esta misión es el fomento de la investigación universitaria el principal objetivo a alcanzar. Todo universitario debe ser un investigador. No es posible universitario sin este talante y esta conciencia de que la investigación científica es deber de todo docente de enseñanza superior. No existe Universidad sin investigación, ya que si una Universidad no investiga se transforma en una Universidad desnaturalizada".

Las funciones que debe asumir un profesor universitario deben ser, entre otras:

1. El estudio, la investigación y docencia, su organización y perfeccionamiento. En este sentido debe de existir simbiosis entre ambas, docencia e investigación constituyen dos vertientes absolutamente inseparables en la tarea universitaria.
2. La comunicación de sus investigaciones y las actividades de transferencia asociadas.
3. La innovación y la comunicación de las innovaciones pedagógicas, esto último encuentra su justificación en el nuevo Real Decreto 822/2021. Ello

---

[50] FERNÁNDEZ DE BUJÁN, F. "Misión, función y fin de la Universidad. Una tricotomía compatible" en *Revista de la Facultad de Derecho de la UNED*, 2 (1993), pp.43-58; 46 Id. *La reforma de los estudios de Derecho. El nuevo plan de estudios: su valoración y análisis histórico y comparado.* Dykinson. Madrid 1992, pp. 26 y 27.

implica un proceso adaptativo y la realización de metodologías innovadoras implementadas con las TIC.

4. La tutoría y evaluación de los alumnos con rúbricas adecuadas.
5. La participación responsable en la selección de otros profesores.
6. La evaluación de la docencia y de la investigación.
7. La participación en la gestión académica, y el establecimiento de relaciones e intercambios interdepartamentales e interuniversitarios.
8. La realización de cursos de reciclaje formativos de experto universitario y de competencias digitales que permitan adaptarse a las demandas sociales con el fin de impulsar nuevas modalidades organizativas y la praxis de nuevos métodos de enseñanza-aprendizaje. Ello ayudará a prevenir la llamada «tecnofobia», esto es la incomodidad e inseguridad que sienten algunas personas ante el uso de las herramientas tecnológicas.

A la hora de planificar el diseño con la metodología innovadora docente hay que tener en cuenta una serie de aspectos que me parecen de gran entidad para cualquier docente:

a) Conocimiento de la materia por parte del profesor para poder exponer con mayor facilidad y claridad las explicaciones, para ello hay que tener en cuenta el nivel de los alumnos y ajustar nuestras explicaciones al mismo, dado que se enfrentan por primera vez al estudio de una disciplina jurídica. No podemos olvidar que somos los facilitadores del aprendizaje y debemos utilizar herramientas motivadoras con las que logren el aprendizaje significativo y autónomo.
b) Tener en cuenta el auditorio ya sea una clase presencial u on line. La Pandemia ha hecho que se introduzcan nuevas modalidades de enseñanza y el uso de nuevos instrumentos de comunicación en red (*Teams, Google meet, Zoom*), los cuales debemos manejar con soltura, reconociendo y familiarizándonos con las herramientas que se integran en el software.
c) Prever para cada lección un comienzo o introducción, un núcleo y un final y los recursos multimedia con los que vamos a apoyar el tema, el diseño de actividades de resolución de problemas si va a ser individual o colaborativo.
d) Saber si la clase la vamos a impartir de forma síncrona, asíncrona, o de forma híbrida, para lo cual también podemos realizar una clase invertida y dedicar la clase presencial a prácticas.
e) Tener en cuenta el tiempo de exposición. La planificación y el diseño es esencial.
f) Preparar las posibles ayudas audiovisuales y multimedia y saber que herramientas TIC vamos a utilizar para realizar las actividades de aprendizaje, gamificación en línea de refuerzo, podcasting, actividades en Moodle (wikis, foros, entregas, *webquest* con *exelearning* etc.) trabajo colaborativo con comunidades virtuales de aprendizaje, *flipped classroom*.

g) Buscar la dinámica de aula y evitar interferencias en los procesos de enseñanza-aprendizaje, en este sentido hay que intentar huir conscientemente de un proceso en el que las clases puedan convertirse en una rutinaria exposición de contenidos procurando una correcta correlación entre las clases teóricas y las prácticas.

h) Finalmente, hay que recordar que, como docentes, en nuestra docencia, sea ésta on line o presencial, debemos intervenir para dar forma al debate, pero no dominarlo ofreciendo retroacción de forma respetuosa. Además, debemos ser constructivos con los comentarios de rectificación, tratando siempre con respeto e interés a los alumnos, para favorecer un clima de diálogo positivo en el aula, de forma que exista un *feedback* constructivo, ya que "el profesor no sólo enseña, también aprende".

De las funciones que caracterizan el cometido diario de todo profesor universitario, cabe destacar, la de descubrir, manifestar y hacer partícipe a otros de lo que uno sabe; pero, aún con características, metodología y alcance propio, no debemos olvidar que investigación científica y docencia universitaria aparecen como operaciones activas que se complementan. Ambas, según Lozano[51], implican una adquisición y una transmisión de conocimientos. El estudiante debe ser colaborador activo en la obra común que implica la propia Universidad[52], no solo en el plano educativo, sino en el científico y de gobierno de la universidad, si bien como destaca el Prof. Fernández de Buján "*hay que despertar en los estudiantes la pasión por los más altos ideales y desechar todo lo relacionado con el diletantismo, la crueldad, la medianía, la vulgaridad y la chabacanería*"[53].

Dicho lo anterior, si se pretende que la enseñanza del derecho no se reduzca al aprendizaje memorístico de unos textos legales; si la tarea de la formación del jurista se concibe como algo más que la transmisión de un corpus de doctrina; si la docencia del Derecho se plantea en su verdadera dimensión universitaria, inseparable por tanto de la investigación, entre las tareas propias de los profesores de Derecho debiera estar la de iniciar en la investigación jurídica a sus alumnos. Por ello, se plantean

51 LOZANO CORBÍ E., *Roma y su gran aportación al mundo*, Mira ediciones, Zaragoza, 1993 p. 65 el A. señala que en realidad, se ha podido comprobar que las diferencias metodológicas de cada uno pueden ser igualmente fructíferas, si en el fondo se llega a conseguir ese ajustado equilibrio que, pese a su gran dificultad, logra germinar mejor en las mentes de los futuros estudiosos del Derecho.

52 Es importante saber que ha sido la Universidad en el pasado, así, vid. OBARRIO MORENO J.A. y PIQUER MARÍ J.M., *Repensar la Universidad*...p.16-17, como señalan los autores: "*como el hombre es tiempo y memoria, y ésta nos otorga la capacidad para comprender el legado que la historia nos dejó, debemos señalar que frente al ágora, la eclessia y el oikos que los griegos pensaron como fundamentos de la polis, la razón moderna los ha sustituido por la primacía del mercado, ese nuevo becerro de oro que ha decidido que la única legitimidad es la que deviene de un nuevo y reluciente algoritmo que parece esculpido de los tecnócratas de Wall Street: mínimo tiempo, mínimos costes- máxima rentabilidad. A lo que yo añadiría, mínimo esfuerzo- mínima inversión- máximo fracaso*".

53 FERNÁNDEZ DE BUJÁN A., "Ser universitario" en *el Cronista* dic. 2020- ene.2021, Iustel, Madrid, pp.72-77, p. 74 que además el autor insertó, junto con otras afirmaciones acertadas en el prólogo de su primera edición de su manual Derecho Público Romano de 1996.

unos objetivos generales, según García Garrido y Francisco Eugenio[54], en el ámbito del derecho, dirigidos a que los alumnos como futuros juristas:

— Adquieran unos conocimientos de la existencia de textos legales, literatura jurídica (tratados, monografías, manuales...), esencialmente y otros varios como Historia, o Economía, Idiomas, Informática, a lo que debemos añadir, las competencias digitales[55], que exige la capacitación del profesorado para su uso en el aula y que no podemos soslayar en ningún caso.
— Consigan unos hábitos, lectura comprensiva, razonamiento lógico, instrumental, correcta expresión lingüística, autoformación, investigación y trabajo en equipo.
— Cultivar una actitudes y formación de valores, ya que el Derecho no puede concebirse sin la formación de unos valores éticos ni morales.

Cabe subrayar que el estudiantado tiene derecho a buscar en el estudio del Derecho romano una utilidad verdadera para su formación profesional, y es deber del profesor el saber cumplir con esta necesidad. Por ello es esencial que el profesor dirija la docencia a fin de que el estudiante de nuestra disciplina pueda adquirir unos conocimientos básicos que cimienten su ulterior desarrollo en los cursos venideros de la carrera, y que le permita adquirir ciertos hábitos y cultivar determinadas actitudes, propias del futuro jurista.

El Prof. D´Ors[56] considera que debemos huir de una enseñanza excesivamente dogmática, incompatible con las exigencias modernas del estudio del Derecho romano, y de una enseñanza excesivamente arqueológica, que ninguna utilidad tiene para el jurista. Por ello el citado autor establece que el mérito del profesor de Derecho romano radica en saber combinar la sistemática con la historia.

Dicho lo anterior, como señala Latorre, la educación jurídica debe estar dirigida a enseñar a comprender el derecho, a criticarlo y a sugerir su reforma en lo que proceda[57]. La importancia de nuestra disciplina, según argumenta el citado

---

[54] GARCÍA GARRIDO M.- EUGENIO DÍAZ F., *Estudio de Derecho y formación de juristas*, Dykinson, Madrid 1988, pp.89-95.

[55] Para ello es importante que el docente del siglo XXI, este capacitado en el Marco Común de Competencia Digital Docente, esto implica la adaptación del Marco Europeo de Competencia Digital para el Ciudadano v2.1 (DigComp) y del Marco Europeo de Competencia Digital para Educadores (DigCompEdu), tiene un alto nivel de exhaustividad y se divide en 5 áreas competenciales en las que se incluyen 21 competencias. En cada una de estas competencias se establecen seis niveles en los que se especifican descriptores basados en términos de conocimientos, capacidades y actitudes, convirtiéndose en una herramienta clave para detectar necesidades formativas del profesorado en materia de Competencia Digital Docente, así como para acreditar dicha Competencia a través del Portfolio de la Competencia Digital Docente.*https://aprende.intef.es/sites/default/files/2018-05/2017_1020_Marco-Com%C3%BAn-de-Competencia-Digital-Docente.pdf*

[56] D´ORS X., *Posiciones programáticas para el estudio del Derecho Romano*, Santiago de Compostela, 1979, p.71.

[57] *Valor actual del Derecho romano*..., pp. 17 ss. En igual sentido PANERO R., *La experiencia jurídica*.op. cit. p. 37-47. considera necesario aprender según la experiencia jurídica romana, comprender desde la perspectiva histórica y ecuménica, y la crítica y reforma.

autor, reside en permitir agudizar la sensibilidad histórica y fomentar la perspectiva ecuménica. No cabe duda de que el Derecho romano desempeña una función educativa de adiestramiento, dotando de una incuestionable agilidad técnica a los juristas formados en su ámbito. Por todo ello, es evidente que el jurista no puede formarse exclusivamente en el estudio de las leyes y jurisprudencia vigente, ya que de ser así nos encontraremos con expertos en leyes y no en Derecho. De hecho, la enseñanza histórica del ordenamiento jurídico romano y el ciclo vital que este implica desde su nacimiento hasta su decadencia, permite establecer una serie de instituciones que se remontan a esa época, que proporcionan un andamiaje jurídico a todo jurista, toda una experiencia iusprivatística que, como sabemos, transciende el periodo de tiempo en el que se produce.

Al igual que la Universidad, que es un producto histórico[58], y que no la podríamos entender ni construir si desconociéramos lo que ésta ha sido a lo largo de la historia, el Derecho debe partir de su génesis, y es evidente que el Derecho romano, aporta la experiencia jurídica más paradigmática de la historia, con su reglas, instituciones y soluciones a las cuestiones más trascendentales del saber jurídico. Es por ello que nuestra disciplina se presenta en el primer curso de las Facultades de Derecho, ante todo con una función propedéutica, partiendo del dato de experiencia de la absoluta ignorancia del alumno de primer año de la misma terminología jurídica, en la que hay que ir adentrándose desde sus comienzos en la Facultad. En definitiva, nuestra materia ocupa en esta labor un papel crucial, en cuanto ofrece un cuadro completo de instituciones, tanto de Derecho público como de Derecho privado, que van a servir de armazón para el resto de las asignaturas del Grado en Derecho.

Hay que mencionar que, frente a las actuales tendencias a proporcionar una información completa, hoy es imposible de conseguir dada la extensión y complejidad de las disciplinas jurídicas, debe predominar el criterio de dotar al estudiante de una básica formación que le proporcione los métodos y modos de pensar del jurista. En consecuencia, la colocación de nuestra asignatura en el primer año de carrera la convierte en la piedra angular en la formación del jurista que se enfrenta al estudio de instituciones, terminología jurídica, casuismo, etc, lo que en enorme medida conforma los cimientos del Derecho Civil[59]. De este modo, la colocación de nuestra disciplina en el primer curso nos obliga a mantener siempre cierto tono elemental, pero elementalidad, como manifiesta D´Ors[60], no quiere decir renuncia a la profundidad, sino a la prolijidad.

---

[58] GINER DE LOS RÍOS F., *Escritos sobre la Universidad Española*, Espasa Calpe, Madrid, 1990, p. 108.

[59] ORTEGA-CARRILLO DE ALBORNOZ, A., *Práctica jurídica según el Derecho Romano y el Código Civil*, Granada, 1991, p. 7 señala que *ignorar la trascendencia del Derecho romano para la formación del jurista moderno, es sólo un problema de cultura, de falta de cultura, nos atreveríamos a decir. Sólo el alumnado de cursos superiores llega a comprender la razón de su aprendizaje, íntimamente relacionada con un más coherente y válido conocimiento de nuestro Código Civil.*

[60] *Posiciones programáticas*..., p. 77.

Prosiguiendo con nuestro análisis, la primera posición del estudioso del Derecho romano es lograr el conocimiento del propio sistema del Derecho romano; no debe limitarse como señala Torrent[61] al *ius civile*, ius *honorarium, ius novum*, sino estudiar la estructura de todo el ordenamiento, una estructura variable, y de gran importancia por ser un derecho de juristas *Juristenrecht* antes que de leyes.

Como romanistas, siguiendo al profesor Murillo[62], somos los responsables del futuro aprendizaje de nuestros dicentes, para ello, es necesario que sepamos transmitirles, con mejor o peor acierto, una representación del pasado, que les facilite la comprensión del derecho vigente... El pasado y el futuro del Derecho romano estarán relacionados en la medida en que sepamos actuar y enseñar en el presente. Es importante, como también pone de manifiesto el autor, el "pasado utilizable" que aporta el Derecho romano en las entidades jurídicas presentes, el cual nos corresponde redefinir con todas las categorías, conceptos etc.

Creemos que debemos ser los catalizadores del Derecho romano del presente siglo, por el innegable antecedente que supone de nuestro ordenamiento jurídico actual y que vertebra toda una tradición histórica que deja su impronta en las instituciones vigentes.

El derecho en Roma avanzó debido a la labor de los juristas que ofrecieron soluciones según las necesidades, con su *interpretatio*, auténtica función creadora y renovadora del ordenamiento jurídico romano. Tenemos que hacer ver a nuestros estudiantes, que el Derecho romano se presenta como un ordenamiento jurídico en evolución integrado por diferentes estratos jurídicos. Es, por tanto, un producto histórico que hace mella en los sistemas jurídicos modernos, y es ahí donde también debemos incidir demostrando que existen instituciones del derecho actual no dejan de ser un trasunto fiel de las romanas.

Para llevar a cabo una docencia de calidad en una disciplina como la nuestra, debemos tener en cuenta una serie de estrategias docentes e instrumentos de apoyo dirigidos a conseguir una serie de objetivos. En este sentido, los objetivos juegan un papel clarificador por cuanto constituyen la guía básica a partir de la cual los profesores se trazan metas a alcanzar y los alumnos forman sus expectativas sobre nuestra disciplina. Por eso es necesario establecer un marco de referencia para el diseño de nuestra estrategia docente. La fijación de los mismos ayuda a orientar mejor la actividad del futuro jurista en el proceso de construcción de sus conocimientos jurídicos, así en lo que concierne a nuestra asignatura existen unos objetivos de carácter general que resumimos en:

1. Introducir al alumno en el Derecho romano destacando sus permanentes valores históricos y científicos; todo ello implica redefinir, gracias a su

[61] *Problemas romanísticos de aplicación forense*, Zaragoza, 1993, pp. 23-27, donde el a. habla de la importancia de la difusión y estudio de los escritos de los pensadores antiguos; la preparación lógica –debida a la teología escolástica–; la existencia de una escuela longobarda de Derecho; la fundación de universidades y el descubrimiento de un manuscrito del Digesto del s. VI –Littera Florentina– serán, el terreno abonado y fecundo para posibilitar el resurgir del estudio del Derecho Romano.

[62] MURILLO VILLAR A., *¿Para qué sirve el Derecho romano? Razones que justifican su docencia e investigación en el silgo XXI*, Andavira ed., Santiago de Compostela, 2018, p. 58 ss.

propedéutica, las instituciones jurídicas que constituyen la génesis de muchas figuras jurídicas actuales.

2. Relacionar y contrastar diferentes conceptos jurídicos para que el alumno sea capaz de trasladar los planteamientos teóricos a situaciones concretas y reales. Para ello es importante que proporcionemos nociones elementales sobre la casuística del Derecho romano para que el alumno desarrolle una actitud crítica que le permita discutir y resolver las situaciones jurídicas que se plantean en las clases prácticas
3. Familiarizar a los alumnos con la terminología jurídica, no exenta de complejidad, para transmitirle los conceptos básicos del Derecho público y privado, al tiempo que se exponen perfiles y rasgos generales del Derecho romano y parte del Derecho civil, en sus facetas personal y patrimonial, principalmente, para que el alumno pueda comprender, identificar y desarrollar las disciplinas jurídicas analizadas.

Pretendemos que los alumnos tomen conciencia de lo qué es el Derecho romano, qué supuso y cómo ha ido impregnando todo nuestro sistema jurídico actual. El plan de trabajo con las competencias a desarrollar, figura en el proyecto docente, al cual el alumno puede acceder desde el primer día a través del Campus virtual de la asignatura, y en él se detallan: el cronograma, las metodologías y TIC, los manuales de referencia para la preparación de nuestra disciplina tanto teóricos como prácticos, los criterios de examen para que, desde el primer día, el estudiantado conozca cuales son los criterios evaluación tanto de la parte teórica del examen como de la práctica. A lo largo de las siguientes páginas vamos a centrarnos en las estrategias docentes que se deben perfilar en todo docente, teniendo en cuenta además las TIC como herramientas imprescindibles que nos permiten implementar nuestros quehaceres diarios[63]. Y es que las modernas tecnologías que tenemos a nuestra disposición nos permiten organizar la docencia y llegar a un alumnado que está acostumbrado a su utilización, como buenos nativos digitales. Pero su uso no implica utilizar sólo un *power point* o un cuadro sinóptico, el ecosistema y la disrupción digital nos permite utilizar otras herramientas para pedir el aprendizaje en tiempo real, por todo ello las TIC son un aliado didáctico extraordinario, siempre y cuando realicemos un buen diseño y un cronograma adecuado, ya que de lo contrario podemos crear obstáculos o interferencia en el proceso de enseñanza-aprendizaje.

---

[63] MURILLO VILLAR A., *¿Para qué sirve el Derecho romano?...* p.68-69 el a. describe la importancia de las TIC tradicionales y del uso de la informática como auxiliares didácticos extraordinarios, especialmente en la interacción estudiante-profesor. Si bien, compartimos su parecer cuando señala en su p. 80 que "*a pesar de los escépticos que seamos, la nueva metodología docente ha llegado, y aun sirviéndonos de las modernas tecnologías, nos va a suponer un gran esfuerzo el adaptarnos: tendremos que preparar materiales docentes, de acuerdo a esas nuevas tecnologías, y si además, a la relación presencial con el alumno (clases, tutorías y seminarios), unimos la virtual (correo electrónico, foros, chats, etc.) la dedicación docente se ha incrementado de manera exponencial...*".

2.2. LAS ESTRATEGIAS DOCENTES: MODALIDADES ORGANIZATIVAS Y MÉTODOS DE ENSEÑANZA CON LAS TECNOLOGÍAS DIGITALES EMERGENTES (TDE)

En función de los propósitos que tengamos como docentes, debemos distinguir las maneras de organizar y llevar a cabo los procesos de enseñanza aprendizaje con todos sus escenarios posibles, de los métodos de enseñanza que implican las formas de ejecución de las tareas y actividades docentes, en estas últimas tratamos de utilizar las tendencias más innovadoras con las correspondientes TIC que veremos en este libro, y que son fruto de las distintas experiencias puestas en marcha en nuestra docencia diaria.

Así, la modalidad deberá partir de la acción didáctica del docente en la cual tenemos que partir de si la misma ¿será o no presencial?, ya que la diversidad y riqueza metodológica deberá encontrar el marco adecuado de organización racional y común para todas las titulaciones. Las modalidades organizativas se resumen en la tabla 1 con una serie de objetivos. La elección de cualquiera de las modalidades en el proceso de enseñanza-aprendizaje como facilitadores del mismo, dependerá de los objetivos y propósitos que pretendamos alcanzar en las diferentes partes del programa diseñado y el conjunto de competencias que se han de adquirir.

Estas modalidades no deben ser confundidas con los métodos y las formas de proceder del docente a la hora de desarrollar la actividad y que determinan el que utilicemos todas las herramientas, como las TIC, que estén a nuestro alcance para desarrollar dicha metodología, para crear un aula activa de aprendizaje significativo. La significación de Aula Activa conlleva que el alumno se hace más consciente y responsable de su aprendizaje teórico y que el tiempo presencial en el aula se hace más práctico, progresando en el afianzamiento de conceptos fundamentales del contenido temático y en el perfeccionamiento de competencias personales y profesionales.

Por ello, el docente universitario ha dejado de ser el principal emisor de conocimiento para convertirse en un mediador del aprendizaje, y el alumno ha pasado de ser un receptor pasivo de información, a tomar las riendas en su propio aprendizaje.

El EEES plantea un escenario educativo de transmisión de conocimientos atendiendo a las necesidades actuales de la sociedad del siglo XXI; donde los estudiantes deben participar de manera activa y tomar decisiones en su proceso de aprendizaje; y adquirir las habilidades y las competencias vinculadas al trabajo en equipo, comunicación. En ese sentido, la Universidad, debe dar respuesta a las necesidades sociales y a los nuevos modelos educativos; que como vemos ya se referencian en el nuevo Real Decreto. Así proponemos metodologías innovadoras e integradoras útiles para su práctica docente, que resumimos en la tabla 2 y que iremos desarrollando en las siguientes líneas, junto con las modalidades organizativas que implican distintos escenarios donde realizar su ejecución. A lo tradicional le incorporamos un *update* o actualización con TIC que serán analizadas con mayor profusión en el siguiente capítulo.

Tabla 1

 **Modalidad organizativa-estrategia de enseñanza presencial (síncrono presencial y on line)**	**Objetivos**
 Clases teóricas expositivas y participativas	Sesiones expositivas de transmisión de contenidos- clase magistral. Se puede realizar presencial o en su caso on line a través de las TIC.
 Clases prácticas	Estudio de casos, ABP (aprendizaje basado en problemas) resolución de casos, ejercicios o ensayo. También se puede realizar on line o presencial.
 Seminarios y talleres	Sesiones monográficas, análisis de fuentes y textos jurídicos. Con el fin de construir el conocimiento a través de la actividad y la interacción. Presencial o en línea.
 Tutorías	Atención individualizada donde el profesor realiza actividad de facilitador y motivación del estudiante (presencial o en línea).
Modalidad presencial/ on line (síncrona y asíncrona)	**Objetivos**
 Estudio y trabajo en grupo	Preparación de trabajos, análisis de fuentes, resolución de casos reales o simulados, problemas ABP, realización de proyectos.
 Trabajo autónomo	Preparación de trabajos, análisis de fuentes, resolución de casos reales o simulados, problemas ABP, realización de proyectos, Trabajos de fin de Grado. Recolección de evidencias a través de Portfolio y contrato de aprendizaje del estudiante en base a la rúbrica.

Tabla 2

Método de enseñanza		Objetivos
	Método expositivo lección magistral	Se basa en la transmisión de conocimientos, manera de sintética, secuencial, motivadora y precisa de los aspectos claves de los contenidos fundamentales de un curso mediante la exposición oral, con o sin apoyo audiovisual o de las TIC.
	Estudio de casos y resolución de problemas PBL / ABP	*Problem-Based Learning* (PBL) es una metodología que sitúa al alumno en el centro del aprendizaje para que sea capaz de resolver de forma autónoma ciertos retos o problemas. Es una forma también basada en el desarrollo de aprendizajes activos con casos reales o simulados, de esta forma convertimos a los estudiantes en protagonistas de su propio aprendizaje y logra que aprendan haciendo.
	Aprendizaje Cooperativo o colaborativo	Constituye un trabajo conjunto entre estudiantes diferentes, donde cada miembro construye de manera activa su conocimiento a través de la interacción con sus compañeros. De esta forma, además de los contenidos curriculares que irán adquiriendo, también desarrollarán competencias en habilidades sociales y cooperativas, con cohesión e interdependencia. (Puzzle de Aronson y aprendizaje experiencial Kolb).
	Clase invertida- *Flipped classroom*	Modalidad de aprendizaje semipresencial o mixto, que tiene como objetivo aumentar la participación y el aprendizaje de los estudiantes de manera que la instrucción directa se realiza fuera del aula y se utiliza el tiempo de clase para llevar a cabo actividades que impliquen el desarrollo de procesos cognitivos de mayor complejidad, en las que son necesarias la ayuda y la experiencia del docente. Se puede implementar con el uso de video/podcast; chatbots.
	Aprendizaje basado en proyectos y proyecto final PF	Estrategia metodológica de diseño y programación que implementa un conjunto de tareas basadas en la resolución de preguntas o problemas, mediante un proceso de investigación o creación por parte del alumnado que trabaja de manera relativamente autónoma y con un alto nivel de implicación y cooperación y que culmina con un producto final, y donde se integra también el Portfolio Digital (PD) presentado ante los demás.
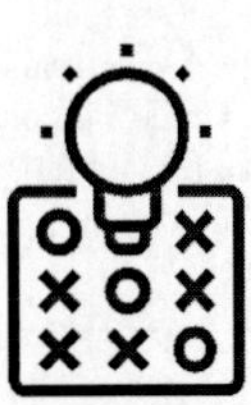	Gamificación	La metodologías se basa en incorporar dinámicas o mecanismos de juego (puntos, rankings, insignias, reglas de juego, etc.) a procesos de enseñanza aprendizaje que además refuerzan la motivación intrínseca y extrínseca.

Vamos a desarrollar un conjunto de actividades y estrategias desarrolladas por el profesorado dirigidas a que los alumnos puedan adquirir los conocimientos sobre nuestra disciplina:

A) Las clases magistrales y teóricas (expositivas)

Se entienden como tal las clases teóricas donde el profesor tiene el mayor protagonismo, siendo eminentemente expositivas. Dentro de éstas tenemos la lección magistral de mayor rigor científico y donde cobra una mayor virtualidad la investigación del profesor que deja su sello en las explicaciones frente a la clase teórica ordinaria que constituye el modelo habitual expositivo del programa de nuestra disciplina. En ambos casos el profesor transmite los conocimientos y el alumno adopta una actitud receptiva limitándose generalmente a tomar apuntes. Este procedimiento didáctico suele levantar la polémica, siendo a veces excesivamente criticado por los partidarios a ultranza de los métodos activos y abusivamente utilizado por los enseñantes más conservadores. En este sentido, compartimos la opinión de los profesores Obarrio y Piquer[64] cuando justifican el porqué de la necesidad de la lección magistral en la Universidad del siglo XXI, aportando como argumentos:

1. Aporta magisterio y autoridad intelectual que enseña a comprender el valor de la retórica, la narración, el valor que atesora la retórica. Todo ello porque el estudiantado puede admirar la labor de un magister que no necesita de una *power point* ni presentación multimedia para sustentar las líneas argumentales con su lenguaje preciso y el saber que ha ido atesorando a lo largo de su vida docente.
2. Por otro lado, los autores ponen de manifiesto que el uso de las Tecnologías de la Información y las comunicaciones ayuda a: "*maximizar la innovación, el crecimiento y la competitividad, como si el conocimiento dependiera de un campo visual o cibernético. A esta ridiculez nos quieren llevar. Pero algunos no comulgamos con ruedas de molino, porque sabemos que las nuevas tecnologías transforman el diálogo con el libro, lo simplifican y lo desconectan de su belleza; porque sabemos que la Cultura es otra cosa bien distinta: conlleva esfuerzo, entrega, años de estudio, miles de horas "perdidas" entre bibliotecas, manuscritos, legajos, y una buena dosis de enseñanza de quienes aprendieron antes que nosotros, y, a buen seguro, mejor que nosotros*[65]".
3. Finalmente, como señalan de forma acertada ambos autores, que defienden el uso de las TIC pero no su abuso, y que se minusvalore o relegue a un segundo plano la clase magistral: "*lo triste es que muy probablemente quienes así la vilipendian, lo hagan porque se sienten incapaces o inseguros de impartir una clase sin más bagaje que su propio andamiaje intelec-*

64 OBARRIO MORENO J.A. y PIQUER MARÍ J.M., *Repensar la Universidad*...p.311-312.

65 *Ibidem* p.312.

tual" y, sin duda "*el gran reto al que estamos llamados los docentes, un reto del que nos quieren disuadir, para convertirnos en meros hologramas educacionales al servicio de una neolengua llamada Bolonia…*[66]".

Desde nuestro punto de vista, como luego comentaré, la ubicuidad de las TIC[67] aportan e implementan una buena lección magistral, si bien debemos evitar que, la disrupción digital sin una planificación y diseño correcto, lleven a un irremediable proceso de interferencia en el aprendizaje. No se debe cuestionar el enfoque pedagógico del docente que utiliza esta metodología hecha con rigor, la profundidad y el saber de la transmisión. Si bien, nos encontramos con un problema en los discentes de primer curso de grado en Derecho, donde se imparte nuestra disciplina, y es que la participación del estudiante ha disminuido y mantiene una actitud pasiva, eso sin entrar en el problema del uso del móvil en el aula, cuestión que provoca interferencias en el aprendizaje, ello deriva en buscar metodologías activas para la construcción del conocimiento, en la que debemos de trabajar la motivación intrínseca y extrínseca del estudiantado, especialmente en el comienzo del itinerario personal. Pero no debemos alejarnos de la lección magistral, como señala Obarrio-Cañizares[68], no podemos negar la importancia de los medios audiovisuales, y menos aún en tiempos de pandemia, pero la Universidad es presencia y diálogo, es ese encuentro permanente entre el profesor y el alumno.

Asimismo, D´Ors[69] considera que el ataque a la lección magistral es injusto y, aunque parezca muy popular, en el fondo, contradice lo que son los deseos más profundos del alumnado. Es injusto según el autor, porque la lección magistral por mucho que cambien las modas pedagógicas, constituye la forma esencial de todo magisterio universitario hasta el punto que podría dudarse de que fuera una verdadera Universidad aquélla que prescindiera absolutamente de este tipo de docencia, pero hoy los tiempos cambian y se habla del aula virtual que luego comentaremos. Es un método que obliga al profesor que requiera una preparación, para no caer en la rutina.

La clase teórica no puede ser remplazada, es cierto que sufre críticas por hipostasiar el magistralismo del profesor, tildada en ocasiones como monólogo catedraticio, y condenar al alumno a ser un simple receptor pasivo[70]. Pensemos que la situación

---

66 *Op. cit* p. 313. Me parece oportuno traer a colación la obra de George Orwell y su distópico mundo totalitario de su novela 1984, las TIC no deben convertirse en una especie de oráculo como Ministerio de Información de la obra citada que restringía y controlaba la información, más que proporcionarla.

67 No podemos negar la importancia que tienen ya que han posibilitado, como todos ya sabemos, una serie de profundos cambios en las estructuras sociales y económicas del mundo actual, y que la Universidad está sirviéndose de los avances tecnológicos para mejorar el acceso y la transmisión del conocimiento, vid. ZAMORA MANZANO J.L., "La modernización de la docencia por influencia de la sociedad de la Información y de las nuevas tecnologías: e-learning y Derecho Romano" en *Revista General de Derecho Romano* 10 (2008) pp.1-24.

68 OBARRIO MORENO J.A.- CAÑIZARES NAVARRO J.B., "Aude Sapere", en *Reflexiones de la Universidad en el siglo XXI*, (Coord. Obarrio Moreno *et al*.,) Dykinson, Madrid, 2020, p. 229.

69 *Posiciones programáticas…*, p. 83.

70 GARCÍA GARRIDO M.- EUGENIO DÍAZ F., *Estudio de Derecho y formación de juristas…*p. 184-85, La lección era en sus orígenes, una lectura. El método de enseñanza en las Universidades me-

se agudiza al tratarse de un alumno de ínfimos conocimientos jurídicos, que prefiere escuchar y limitarse a tomar apuntes. Pero este recurso metodológico admite modalidades y estilos, dependiendo del profesor, de su personalidad, de sus habilidades docentes, del número de alumnos de la densidad del programa o de las horas asignadas.

A nuestro modo de ver, la lección magistral[71] o teórica no debe ser una sesión taquigráfica ni tampoco un monólogo de lucimiento personal para el profesor, porque ello desvirtuaría su utilidad docente, más bien debe estar orientada a transmitir unos conocimientos jurídicos propios de nuestra disciplina, sin recargar las explicaciones de abundantes citas, nombres y fechas etc...

Pero la consecución de un resultado óptimo en este tipo de estrategia tradicional requiere una serie de requisitos complementados por la utilización de recursos e instrumentos de apoyo, con estrategias y recursos TIC:

1. En primer lugar, el profesor debe conocer a fondo la materia que explica, de lo contrario puede provocar que su exposición no facilite la comprensión de la materia sino todo lo contrario.
2. En segundo lugar, los contenidos se deben presentar de forma clara, precisa y ordenada. Tenemos que ser conscientes de que el alumno no tiene conocimiento de la materia, muchas veces tendremos que explicar instituciones que luego se van a desarrollar en cursos superiores, por ello debemos dar unas nociones jurídicas básicas a modo de andamiaje jurídico. Además, la exposición debe ser sistemática, utilizando un guion esquemático para saber en qué punto del programa nos encontramos y cuál va a ser el desarrollo de su contenido. De esta forma se logra un rigor intelectual y una claridad expositiva. Debemos tener presente dos aspectos fundamentales; el auditorio al que va dirigido la lección magistral y también la ordinaria de clase, adecuando nuestro lenguaje al nivel del mismo sin utilizar de forma abusiva tecnicismos ni retórica. No podemos olvidar que impartimos una asignatura en primer curso y que estamos poniendo los cimientos en el conocimiento de lo jurídico. Sin embargo, no podemos prescindir de las palabras técnicas, ni tampoco del rigor científico, a las que se suma una dificultad añadida, el elenco de palabras latinas que debemos ir introduciendo de forma sistemática a nuestros alumnos, clarificando aquellas dudas que puedan surgir. En

---

dievales se centraba en la *lectio* o lectura de libros determinada con carácter previo, entre los que estaba el *Corpus Iuris*. Posteriormente ha sido considerada como "monólogo catedraticio una recitación de un discurso en lengua extranjera un hablar para todos y para nadie".

[71] PUJOL B.-FONS MARTIN, *Los métodos en la enseñanza universitaria*, Pamplona, 1981 destacan las virtudes y ventajas de la lección magistral ya que esta constituye un medio adecuado para hacer accesible al estudiante una disciplina cuyo estudio sería demasiado complejo si debiera abordarla a través de una simple lectura. Al mismo tiempo que son un buen sistema para allanar el camino del estudiante a través de una primera y sintética explicación. El profesor ofrece una visión más equilibrada de lo que los libros suelen presentar y pueden motivar a los estudiantes.

este sentido como señala Lozano[72] el profesor al exponer su lección debe entender dónde radican los escollos más grandes, o en otras palabras, debe responder a las preguntas potenciales que el alumno tiene en mente y que, probablemente, nunca se atreva a exponer delante de sus compañeros.

3. En tercer lugar, se debe organizar cada lección a partir de:
   - Un proemio que permita una visión global del tema, justificándolo y despertando el interés del alumno, que al mismo tiempo permita situarlo en relación con el/ los anteriores y posteriores, exponiendo los objetivos del tema, ya que el conocimiento de éstos favorece la motivación del alumnado. Es interesante la utilización de cuadros sinópticos y la realización de preguntas temáticas previas a la exposición.
   - Una parte medular o núcleo que constituye el centro de la presentación del contenido que queremos explicar si es una institución jurídica completa, desarrollando los precedentes, su evolución y problemática, subrayando los aspectos más importantes y marcando unas pautas de reflexión. En lo que concierne a nuestra disciplina es bueno, a la hora de explicar las instituciones, indagar en lo histórico, precisando la fecha y circunstancias políticas que fueron causando las variaciones de las mismas bien por legislación plebiscitaria, senadoconsultos, normas imperiales etc…
   - Una reflexión final o síntesis en el que de nuevo se recapitulen las ideas principales de la exposición insistiendo en los puntos y objetivos más importantes del tema, planteando las preguntas y cuestiones referentes al mismo.

Para todo ello siempre se plantea el problema del tiempo, nuestro programa es extenso y ante la disyuntiva de analizar una institución de forma sucinta explicando los aspectos más importantes o de forma intensa y profunda. Para responder a esto hay que tener en cuenta que la clase nunca debe superar los 50 minutos de exposición porque a partir de ese momento el nivel de atención desciende. Además, es conveniente tener en cuenta que el nivel de atención sostenida[73] oscila entre los 10 y los 20 minutos, lo que implica que para incrementar la capacidad atencional de los estudiantes, deberían de utilizarse bloques que no superasen los 15 minutos con el fin de facilitar el procesamiento y la consolidación de la información. Para ello y poder planificar una clase magistral de calidad, deberemos tener en cuenta no sólo los cambios de tono, planteamiento de preguntas, o el uso de ejemplos cercanos, analogías o metáforas relevantes y, naturalmente, trabajando la motivación.

---

[72] *Roma y su gran aportación…*, p. 70-71, defiende la clase magistral pero dialogada con los estudiantes, importante para realizar un feedback de la materia.

[73] TKUHAMA-ESPINOSA T., *Mind, Brain, and Education Science: The new brain-based learning*. New York, NY, 2010.

Nuestro cometido, a la hora de planificar bien una clase, no está exento de dificultades, ya que nunca podemos calcular con exactitud el tiempo del que disponemos para abordar un contenido concreto, dado que surgen cuestiones que plantean los alumnos y que debemos de resolver, y en este sentido es preferible abordar un programa con menos profundidad. Lo que interesa es que el alumno entienda el alcance de lo que se le explica, y que al final de curso disponga de una visión global, que le permita relacionar todo el contenido de la asignatura. Debemos instruirles en la totalidad de nuestra disciplina y ello no exige abordar las lecciones de forma detenida, es preferible tener las ideas claras de todas las instituciones fundamentales que conocer en profundidad una parte específica del programa, como facilitadores de un aprendizaje que debe ser autónomo y significativo, y donde el estudiantado aprenda haciendo con el resto de estrategias metodológicas, para ello deberemos evaluar la correspondiente rúbrica de evaluación de las competencias adquiridas[74].

4. En cuarto lugar, debemos fomentar la participación de los estudiantes; es importante generar una dinámica de aula participativa en la cual los alumnos puedan intercalar sus preguntas y comentarios sobre cuestiones explicadas en la clase. Para ello es importante desterrar la idea de enseñanza horizontal para centrarnos en una vertical en la que los alumnos no sean meros receptores pasivos, sino que intervengan formulando las preguntas sobre las dudas que se susciten. Los alumnos deben vencer la timidez para ello la enseñanza debe ser vertical, manteniendo una dinámica de aula que invite a la participación activa de los mismos, no debemos olvidar que formamos a juristas, y por tanto hay que fomentar el debate en clase siempre que sea posible. Una clase tediosa y aburrida provoca el rechazo de la asignatura y el absentismo de los estudiantes por eso es imprescindible la interacción entre alumnos y profesor. Por ello, hemos dedicado un apartado específico en el que analizamos las clases teóricas participativas.

---

[74] FONT RIBAS A., ALBERTI ROVIRA E. *et al.*, "Las competencias genéricas en el Grado de Derecho y su evaluación" en *Revista de educación y derecho = Education and law review*, 6 (2012), p.1-23; 9 señalan que: *Diseñar un programa completo de evaluación de las competencias transversales no es ninguna tarea sencilla. La dificultad radica en una variedad de factores: en primer lugar, hace falta perfilar y delimitar claramente las competencias que se quieren evaluar, dotándolas de contenido con la indicación de las conductas y habilidades que las integran y el grado o nivel de desarrollo que se pretende cumplir; en segundo lugar, hace falta prever las actividades necesarias para que los estudiantes puedan trabajarlas y adquirirlas; en tercer lugar, hace falta tener los instrumentos necesarios para evaluar-las; en cuarto lugar, y dado que la adquisición de competencias forma parte de un pro-ceso dinámico y prolongado en el tiempo, hace falta prever el seguimiento adecuado; en quinto lugar, hace falta proveer de formación a los actores del proceso (docentes y estudiantes) a los cuales el cambio de paradigma los ha sorprendido en un estado de gran confusión conceptual y operativa; y, finalmente, promover un cambio en las concepciones de los propios procesos y objeto de las evaluaciones que con el nuevo paradigma se sitúan en un contexto completamente diferente al tradicional, dificultad de gran magnitud que no se puede resolver simplemente con rúbricas, formación y protocolos de actuación.*

5. Recursos y estrategias que facilitan la transmisión: es evidente que, a la hora de planificar la ejecución instruccional en una clase magistral u ordinaria, la utilización de materiales didácticos y recursos deben estar planificados al servicio de lo que pretendemos transmitir en la clase teórica y nunca a la inversa, porque ello supondría trivializar nuestra disciplina. Así podemos destacar:

En primer lugar, debemos subrayar que la modalidad organizativa de la clase teórica se basa, principalmente, en la exposición verbal de los contenidos, por ello nos convertimos en facilitadores de la información, promoviendo la comprensión de los contenidos y su motivación. El método de enseñanza es el *lecturing* o expositivo de la lección magistral

Modalidad organizativa: Clase teórica y participativa 	**Estrategia metodológica y uso** Método expositivo lección magistral 
La clase teórica participativa podrá impartirse síncrona a través de herramientas de videoconferencia síncrona o en su caso asíncrona con participación a través de campus virtual, con los foros etc… Esta modalidad requiere un proceso de comunicación y un diseño en el proceso de la misma.	**Clase inversa**  Se puede utilizar una clase teórica como clase invertida para que el estudiante realice aprendizajes autónomos, y destinar el tiempo de clase presencial a problemas y aspectos de mayor complejidad.

Esta modalidad la podemos realizar de forma síncrona o asíncrona con el uso de las TIC; ello se ha visto agudizado por la imposibilidad de realizarla en el aula, como hemos visto a consecuencia de la pandemia del coronavirus; lo que ha puesto de manifiesto la resiliencia del profesorado y todo un proceso de adaptación que ha implicado cambiar el aula presencial a la digitalización virtual con el uso de videoconferencias a través de plataformas como *Zoom, Google meet, o Teams, Big Blue Buttom*. Cuestión que no está exenta de dificultades ya que no podemos olvidarnos del diseño y planificación, así como el uso de herramientas TIC y cualquier tecnología digital emergente (TDE), que deberán ser seleccionadas cuidadosamente para que no se produzca una interferencia en el proceso de enseñanza aprendizaje.

Así, podemos resumir en la siguiente tabla 3 algunas de las tareas y recursos, y problemas que nos podemos encontrar, y su uso como modalidad síncrona y asíncrona.

Tabla 3

Tareas	**Ventajas**	**Síncrona**
— Establecer objetivos. — Selección de contenidos. — Estructuración de la sesión. — Buscar el feedback con preguntar y cuestiones. — Desarrollo de la motivación es más compleja y necesitamos de sinergia metodológica. — Propuesta de mejora y evaluación y aprendizaje adaptativo.	— Presencia del profesor. — Atención a grupos grandes y proporciona seguridad a los estudiantes, facilitando a su vez la información muy elaborada. — Centra los temas y evita divagaciones y ayuda a enfrentarse a contenidos reconocidos y de difícil comprensión. — La información llega a un gran número de alumnos al mismo tiempo. — Puede ofrecer un enfoque crítico de la disciplina.	El alumno se encuentra con unas actividades en la que la relación con otros usuarios y con el profesor resulta esencial bien directamente o en su caso a través de foros o mensajería instantánea. La comunicación es directa pudiendo sacar más provecho del aprendizaje.
Recursos de apoyo	**Inconvenientes**	**Asíncrona**
— Manuales de la asignatura y materiales de apoyo. — Multimedia- video. — Power point, prezzi, Keynote Genially. — Canales de comunicación y redes sociales y podcasting. — Podemos elaborar actividad de gamificación como cierre para observar el nivel de atención y medir el aprendizaje realizado. — Flipped classroom.	— Fallos de audición y comprensión. — Mal uso de las TIC, provocando interferencias en la asimilación. — Reduce las fuentes de información a la palabra del profesor y reduce las funciones del profesor como mero transmisor de información. — Favorece la pasividad de los alumnos. su actividad metal se reduce y es sólo receptiva y no creativa. — Materiales inapropiado con mal diseño y planificación.	La clase se puede grabar y el estudiante puede participar en debate ulterior con actividades en los foros. Además, la podemos utilizar como clase inversa buscando el aprendizaje autónomo del estudiante aprovechando la clase presencial para clases prácticas y tareas de mayor complejidad en la que realizar aprendizajes significativos. No debemos olvidar de la necesidad planteada ante la situación de Pandemia con la clases on line. 

Es evidente, como hemos comentado, que la digitalización de la Universidad ha incrementado el uso de las TIC y de materiales digitales diversos, pero ello no quiere decir que minusvaloremos la estrategia que aporta el método expositivo de la clase magistral y que los estudiantes sean meros consumidores de materiales multimedia, más aún cuando todos tienen un teléfono móvil o un portátil que usan más que un simple bolígrafo y papel. Debemos ser conscientes de estos nativos digitales de las aulas y realizar una planificación adecuada sin caer en el diletantismo. En consecuencia, nuestros recursos deben partir de un buen manual[75], de unos materiales y esquemas que aporten

[75] GARCÍA GARRIDO M.J.- EUGENIO DÍAZ F., *Estudio de Derecho y formación de juristas*...p.167, los autores hablan de la importancia de los manuales como punto de partida, material bá-

claridad a nuestras explicaciones, que se podrán ver implementadas, solo a modo de complemento y apoyo, y no como sustitución de la clase magistral, con recursos multimedia como video, podcast, páginas web, wikis, mapas y gráficos, entre otros, para ordenar y sistematizar las explicaciones durante la clase[76].

Nuestra experiencia personal en este ámbito ha sido positiva y de gran acogida por el alumnado, si bien, el empleo de estos recursos multimedia, no tratan de relegar a un segundo plano la lección teórica, sino complementar la misma, ya que programando los recursos visuales al tiempo de exposición oral el resultado alcanzado es óptimo. Sin embargo, debemos matizar que su empleo debe estar dirigido a no provocar interferencias en el proceso de aprendizaje por la novedad, evitando que se esté más pendiente del funcionamiento del recurso que de lo que se está debatiendo.

Una cuestión crucial es la selección de manuales recomendados en el plan de trabajo de la asignatura, para clarificar y completar el contenido del programa, pero partiendo de que los mismos son imprescindibles. Los alumnos pueden tomar notas que les sirva como complemento de los manuales, e incluso, nosotros colgamos en el Campus Virtual Moodle, el power point de la exposición con resúmenes o fichas complementarias, que resuelven aspectos más enrevesados y de difícil comprensión, pero en ningún caso deben ser sustitutivos de un libro nuclear de la asignatura.

En definitiva, los que se recomiendan deben servir para que los alumnos puedan desarrollar el programa, pero ni las clases pueden sustituir al manual, ni el manual puede sustituir a las clases teóricas. El alumno debe contar siempre con un libro de referencia al que poder acudir para alcanzar la asimilación de contenidos y en el que se podrán incluir mapas conceptuales con el fin de sintetizar y concretar aspectos relevantes, cuyas líneas principales han sido expuestas en la clase magistral; en todo caso, ante una disyuntiva apuntes o manual, hay que optar decididamente por el manual de referencia.

Volviendo a la lección magistral, esta es un instrumento tradicional del que no podemos prescindir, pero que no puede convertirse en un método meramente expositivo para que el profesor sólo demuestre lo que sabe, ya que debe suscitar el interés y el deseo de los alumnos de asistir a ellas, por ello no sólo es necesario una exposición sistemática, clara y atractiva sino participativa o clase dialogada que analizamos en el siguiente apartado.

---

sico, primario para la iniciación a los conocimientos jurídicos. Como alivio de fatigas ante la penosa tarea de tomar apuntes y, finalmente, debe ser atractivo en su presentación, manejable, y que incite a la lectura.

[76] PÉREZ ÁLVAREZ Mª.P., *Innovación metodológica y Espacio Europeo de Educación Superior, Experiencias docentes en el ámbito del Derecho*, Dykinson, Madrid, 2011, p.62 la exposición "puede y debe venir apoyada por el uso de medios audiovisuales o informáticos, así como por otros materiales docentes".

B) Clases teórico-participativas, nuevas dinámicas y aprendizaje adaptativo

Ya hemos hablado anteriormente de la importancia de la participación en clase por parte de los alumnos, en esa interacción que provoca la llamada «dinámica del aula». La lección magistral cumple con un cometido de sensibilizar al alumno con una primera aproximación sistemática y sintética de los conocimientos del Derecho romano. A través de la exposición oral, el profesor da su propio sello personal a los contenidos objetos de desarrollo, con el apoyo de una serie de recursos TIC que, bien empleados, pueden ayudar a fijar ideas y mejorar el aprendizaje. Ahora bien, la crítica a la lección magistral esta precisamente en el excesivo papel protagonista del profesor frente a la actitud pasiva del alumnado, lo que puede incidir en el abandono, desmotivación y desinterés, en el «estudiar para aprobar» y no en el «estudiar para aprender y aprobar» conjuntamente. Por ello, como ya hemos puesto de manifiesto, es necesario la clase teórico-expositiva con posibilidades de interacción entre alumnos y profesor. Lozano habla de clases dialogadas dónde la pasividad del alumno desaparece, ya que la clase abre las puertas a un coloquio alumno-profesor, que permite indagar los puntos oscuros de la institución tratada, lo que permite que la clase se convierta en algo vivo y enriquecedor[77].

De esta forma, las clases expositivas se transforman en sesiones activas y participativas tanto para los alumnos como para el profesor, evitando la desmotivación y la lejanía entre ambos, alcanzando la enseñanza una mayor verticalidad, ya que se admiten durante la exposición interrupciones, preguntas, comentarios y aclaraciones, que en definitiva mejoran el clima de aula y la motivación. Estas intervenciones serían un criterio más a tener en cuenta a la hora de su evaluación, y son una medida correctora a la lección teórica tradicional, ya que las participaciones en clases teóricas y por supuesto en las prácticas que luego analizaremos debería de constituir otra de las variables del sistema de evaluación al margen del examen, ya que pueden ser aprovechadas también para realizar mediciones con TDE (Tecnología digital emergente) y de esta manera adaptar nuestro discurso a las dudas del aula. Así, por ejemplo, sea una clase presencial e incluso on line, debido a las circunstancias, podemos utilizar aplicaciones para medir como se está produciendo el aprendizaje, realizando un aprendizaje adaptativo y personalizado al estudiante, toda vez que en tiempo real se iban registrando los datos con las dudas y las cuestiones planteadas, de forma que realizábamos analíticas por ejemplo con *socrative, kahoot, quizziz, mentimeter*, o debates on line con *kialoedu*. Se trata de utilizar una herramienta a modo cuestionario, que nos permita integrar en el aula un indicador de cómo se está produciendo el aprendizaje y la interacción del estudiante en tiempo real, ya sea ante una clase síncrona o asíncrona.

---

77 D´ORS X., *Posiciones programáticas*, p. 79 considera que no es ocioso fijar los distintos tipos de clase coloquiales entre las que destaca aquel tipo de reuniones con los alumnos en las que éstos preguntan o son preguntados, pero, que en todo caso dan ocasión para aclaraciones y explicaciones complementarias.

Ahora bien, este tipo de modalidad docente se encuentra con una serie de dificultades:

— El número de alumnos del aula puede determinar que la participación sea llevada a cabo por unos pocos frente a otros que permanecen en actitud pasiva, por ello este método puede convertirse en utópico a pesar de los esfuerzos del profesor por llevarlo a cabo. De ahí que sea necesario utilizar la división grupal y el trabajo colaborativo al que luego nos referiremos.
— Por otro lado, el alumno del primer curso aún no ha iniciado su rodaje en el ámbito jurídico y debemos formar los cimientos para que ganen confianza en las clases, abriendo los oportunos debates y preguntas, partiendo de la construcción del conocimiento a partir de la realidad en la que se ha de aplicar con ejemplos cercanos, que permitan ir asimilando los conocimientos que queremos transmitir.
— Disponemos de tiempo limitado para abordar las lecciones, luego no podemos perder mucho tiempo en los coloquios que puedan suscitarse, de ahí que se podrá utilizar la modalidad de clase invertida *o flipped classroom*, para poder destinar esta modalidad a cuestiones complejas del programa o las clases prácticos y seminarios, apoyados en herramientas TIC.

A pesar de estos obstáculos, nuestra experiencia como docentes ha ido dirigida, desde el primer momento, a crear una clase abierta y participativa. Lógicamente es imposible en las primeras semanas de clase donde los alumnos no tienen un rodaje en el ámbito jurídico, por eso intentamos presentar los contenidos de forma clara, precisa y ordenada, ejemplificando y tratando de realizar una clase dialogada para lograr una clase fecunda[78] y, de forma particular, para que los alumnos vayan relacionándose con los conceptos jurídicos y puedan empezar a participar y a plantear sus dudas, es cierto que a veces no dará tiempo a fomentar un tiempo extenso de debate. Pero, sin lugar a dudas, este tipo de modalidad, basada principalmente en el método expositivo, debe centrarse en la sinergia de otras metodologías innovadoras con el apoyo de las TIC pero sin abusar de ellas, planificando los aspectos a subrayar y destacar, evitando una clase tediosa y aburrida que conlleve el absentismo del estudiantado.

Cabe señalar que esta modalidad permite el acercamiento de los alumnos al mundo de la dogmática jurídica y la preparación de temas, en aras a fomentar el método expositivo si luego hacemos actividades de evaluación, por ejemplo en base al aprendizajes por proyectos del derecho, lo cual posibilita acercar al alumno al mundo de la dogmática jurídica mediante la preparación de temas para después realizar exposiciones en clase, ya que a su vez el método dogmático cumple una función descriptiva que conforma categorías y principios; y, por otro lado, una función heurística, que le permita resolver problemas mediante la creatividad y el pensamiento lateral o pensamiento divergente.

Ahora bien, no podemos olvidar que un medio idóneo para complementar la tarea ordinaria de la lección teórica, consiste en la organización de jornadas monográficas

---

[78] LOZANO CORBÍ E., *Roma y su gran aportación al mundo…*, p.74.

y conferencias sobre algún tema fundamental o importante del Derecho romano, que puede ser así examinado de forma más completa que el resto de los temas que se exponen en clase. Lógicamente, deberá tener en cuenta el nivel que el alumno posee para su realización, que en nuestra disciplina suele alcanzarse a mitad del semestre. De esta forma, se consigue familiarizar a los estudiantes con una exposición menos superficial que la que en la clase ordinaria se pueda realizar y darles así, no tres o cuatro ideas generales de cada institución, sino un verdadero contenido de problemas de fondo cuya complejidad y trascendencia conviene poner de relieve.

C) Las clases prácticas

Esta modalidad organizativa se basa en enseñar a los estudiantes como deben actuar en relación a aplicar los contenidos aprendidos en las clases teóricas, ayudándoles a consolidar la teoría. Esto permite establecer un puente entre la teoría y la práctica, contrastando así los conocimientos adquiridos de forma teórica con la realidad jurídica a la que va a ser aplicada, potenciando que el aprendizaje se significativo. Ya hemos argumentado que la lección teórica es irremplazable, pero el docente, si quiere despertar el interés del alumno, deberá compaginar esa labor teórica con la exposición de casos prácticos de la amplia gama que encontramos en las fuentes[79].

Torrent[80] señala que es importante esta metodología de clases prácticas ya que el Derecho romano está constituido por decisiones jurisprudenciales, y el estudio de estas permite captar las líneas esenciales de los problemas a los que se enfrenta. La utilidad de estas clases permite al alumno comprender el andamiaje teórico y retener principios que sin la confrontación práctica quedarían rápidamente olvidados o confundidos.

Pero no debemos olvidar, que una buena práctica se fundamenta en una buena base teórica; por consiguiente, las clases prácticas conllevan unos conocimientos teóricos fundamentales que desembocan en una aplicación inteligente y creativa, ayudando en una mejor asimilación de la materia. Es importante subrayar que la creación del Derecho y resolución de casos o situaciones de la vida real viene a ser para la jurisprudencia romana una sola cosa. Por todo ello, la resolución de casos

[79] En este sentido debemos destacar la obra realizada por reconocidos profesores de Derecho romano, coordinados por el Maestro D. Antonio Fernández de Buján, de toda la geografía española, cincuenta y cinco de veintiocho universidades, han colaborado en la creación de estos materiales, que pretenden ser un instrumento flexible, útil a la enseñanza-aprendizaje, y abierto a la posibilidad de que, en futuras ediciones, los estudiantes participen de forma activa en su modificación y mejora. Los casos abordan las instituciones de Derecho Público y Privado tratados en el Manual de Derecho romano mencionado, con la finalidad de que haya una relación lógica entre teoría y práctica, y para que el alumno profundice en los contenidos desde una perspectiva que le permita encontrar soluciones razonadas a conflictos jurídicos concretos, una vez identificado el problema planteado y las partes procesales en litigio. FERNÁNDEZ DE BUJÁN A.-ALBURQUERQUE J.M. (Coord.), *Manual de casos prácticos de derecho romano*, Dykinson, Madrid, 2018.

[80] *Problemas romanísticos*...p. 11, como señala el autor el presentar al estudiante un problema romanístico: "*permite alcanzar un estudio más fructífero que ver plásticamente la mera aplicación de la norma al caso concreto, o comprobar la subsunción de la especie de hecho bajo diversas composiciones jurídicas*".

prácticos constituye en nuestra disciplina una tarea crucial. La técnica y el método casuístico proporciona el modelo de un sistema abierto para resolver los problemas jurídicos, en este sentido el elenco de respuestas otorgadas por los jurisconsultos proporciona una base en la formación de nuestros alumnos[81].

El aprendizaje de la resolución de casos no entraña excesiva dificultad, aunque requiere cierto adiestramiento, por ello es importante tener en cuenta algunos aspectos en la utilización de esta modalidad y la metodología que implica:

1. Preparar desde la clase teórica, las directrices y bases que permitan una resolución óptima del caso o supuestos prácticos que se planteen; no olvidemos que una buena práctica se fundamenta, como dijimos anteriormente, en una buena clase teórica.
2. Diseñar y elaborar el caso a partir de las fuentes; en este sentido en el Digesto disponemos de un material inagotable de casos, controversias y principios jurídicos. Siendo conveniente dejar la referencia del texto para que el alumno pueda acudir a las fuentes, y ver de dónde ha sido extraído. Es necesario, para ello, dejar el supuesto con suficiente antelación para que puedan resolverlo y traerlo a clase ya trabajado.
3. Planificar grupos de trabajo a los que asignar la tarea de resolución de casos con suficiente antelación para que puedan resolverlo y puedan traerlo a clase para su discusión; para ello se debe establecer el rol que van a desempeñar cada uno de los miembros que lo integran. Muchas veces hemos utilizado dos grupos para resolver un mismo caso de forma que se produzca una confrontación dialéctica moderada por el profesor. En este sentido, podemos realizar como metodología activa la realización de resolución de casos prácticos, con el análisis de un problema o un suceso en el contexto de nuestra disciplina con el fin de analizar las diferentes hipótesis, si bien la modalidad organizativa se centra en la clase práctica grupal podemos realizar otras modalidades y ver qué metodologías innovadoras podemos introducir.

   Desde nuestro punto de vista, la clase práctica debe partir de un diseño y planificación que resumimos en la tabla 4, y que se centran en actividades en las que debemos tener en cuenta metodologías innovadoras a incorporar y en las que el estudiante debe aplicar los conocimientos teóricos. De donde resulta que podemos diseñar la actividad en base a una clase práctica tradicional en el que el estudiante debe resolver problemas concretos, casos prácticos de Derecho romano que se ponen en relación con el contexto histórico, tratando de desarrollar la motivación y la resolución de ejercicios y problemas inicialmen-

[81] GARCÍA GARRIDO M.J.- EUGENIO DÍAZ F., *Estudio de Derecho y formación de juristas...*, p. 186. Para los autores el caso es para los jurisprudentes romanos, el supuesto de hecho que el jurista analiza en cada uno de sus pormenores o elementos. Le sirve de base para decidir con arreglo a criterios de justicia y utilidad inmediata. Determinados casos o supuestos de hecho se conciben como patrones o modelos para la resolución de casos parecidos. El caso decidido se convierte en caso guía que por analogía se concreta en casos sucesivos.

te en grupo con resolución ulterior en el aula. Si bien podemos partir de un trabajo previo grupal en el que los alumnos, con antelación, preparan los casos o ejercicios basados en el ABP, o en contexto grupal colaborativo, creando interdependencia y cohesión de grupo, promoviendo aprendizajes autónomos y activos. Para luego realizar una exposición final en el aula, de esta forma se organizará una puesta en común por grupos y deberá reflejarse en la pertinente rúbrica las competencias y la evaluación que se desarrolle.

Tabla 4

Modalidad organizativa 1A	**Método 2A**	**Modalidad organizativa 1B**	**Método 2B**
Clase práctica grupal   Estas se desarrollan en el aula donde se plantea un ejercicio, o simulación de caso que se podrá apoyar con el uso de las TIC, video demostrativo, fuente jurídica y el escenario que deberá resolver el estudiante.	Casos prácticos y problemas, ABP  El profesor muestra el problema y estructura el trabajo en pequeños grupos para su resolución en la clase. (Podemos partir de la técnica de puzzle o aprendizaje experiencial) La realizamos en el aula.	Clase práctica por grupos para ulterior exposición en la clase. En este supuesto se busca hacer que aprendan entre ellos, con la exposición ulterior en la clase práctica grupal   	Aprendizaje colaborativo- autónomo  Aprendizaje basado en Estudio de casos y problemas ABP. Para el desarrollo de aprendizajes activos con la resolución de supuestos y casos. 

4. El profesor actuará como director, moderando la exposición, haciendo preguntas sobre la materia para ver la aplicación de la teoría al caso planteado, corrigiendo los posibles errores e introduciendo variantes en el caso y haciendo ver el paralelismo existente entre aquel y nuestro derecho positivo, para que vean como los jurisconsultos romanos ya resolvieron controversias análogas a las actuales[82].

[82] Como señala CARRILLO DE ALBORNOZ, A., *Práctica jurídica según el Derecho Romano y el Código Civil*, Granada 1991, p. 8 siempre que sea posible tanto en las lecciones teóricas como en la

5. Es importante entregar a los alumnos un esquema con las pautas a seguir en la resolución de la práctica propuesta, las fuentes del Digesto del cual se extrae el supuesto práctico, las hipótesis, las cuestiones, la estructura de resolución del supuesto práctico y el análisis comparado del Derecho actual en su caso[83]. Para ello los estudiantes cuentan con una ficha como la figura a continuación (página siguiente-Esquema). En todo caso, siempre, bajo el prisma de nuestra experiencia docente toda clase práctica debe ir acompañada con una resolución previa del docente en la clase práctica. Es importante establecer de forma previa como se va a resolver. Aquí es donde introducimos la posibilidad de trabajar la práctica en grupos en el aula o fuera de ella, integrando metodologías activas con el ABP y el trabajo colaborativo que permiten trabajar de forma asíncrona para luego establecer puntos en común, en el aula. E incluso, como ya hemos comentado utilizar la *Flipped classroom* para la parte de teoría y refuerzo de la misma y dedicar la modalidad organizativa del aula[84] a la realización de prácticas.

Con esta metodología[85] se consigue una mejora en la fijación de los conocimientos, ya que permite repasar algunos aspectos ya vistos en la clase teórica y verificar su comprensión. Por otro lado, este sistema crea un clima de «aula motivada» que fomenta la participación en clase, un mejor adiestramiento jurídico de los alumnos, una mayor interacción con el profesor y conseguir motivar a los alumnos en el estu-

---

resolución de las cuestiones prácticas, se debería llamar la atención sobre el paralelismo e identidad de muchos de los institutos romanos con aquellos que se contemplan en nuestro Derecho positivo, cuestión que seguimos realizando en nuestros quehaceres diarios.

83 A esta finalidad contribuye el manual de prácticas en el que incluimos pautas para resolución de casos, la legitimación, el repertorio de acciones y un glosario para ayudar al estudiante en su cometido, ZAMORA MANZANO J.L.-BELLO RODRÍGUEZ S., *Vademécum de Derecho romano. Aplicación práctica y mapas conceptuales*, Dykinson, Madrid, 2020. También se incorporan ejercicios de aprendizaje basado en problemas (ABP), algunos de los cuales se pueden realizar de forma individual o en su caso colaborativa, que están inspirados en las fuentes jurídicas romanas. La novedad del libro es la incorporación de códigos QR que constituyen una evolución del conocido código de barras, se trata de un código *Quick Response Barcode* que permite representar en un gráfico bidimensional más de cuatro mil caracteres alfanuméricos. Éstos promueven en la sociedad moderna el "mobile tagging" que sirven para enlazar páginas web, videos, mensajes de textos.

84 DE MIGUEL DÍAZ, M., (Coord.) *Metodologías de enseñanza y aprendizaje para el desarrollo de competencias. Orientaciones para el profesorado universitario ante el Espacio Europeo de Educación superior*, Alianza Editorial, Madrid, 2009, pp. 22 ss. Las estrategias organizativas pueden variar en función de donde se desarrolle la actividad, en todo caso se pueden aplicar varios métodos, aunque se apuesta por el de resolución de problemas. Nosotros apostamos por integrar la sinergia en cuanto a métodos de enseñanza.

85 PANERO, R., *El Derecho Romano y la formación del jurista*, ... pp. 84 ss., este método proporciona al estudiante un modelo de razonamiento jurídico que responde a la preocupación del estudiante por lograr un método de razonamiento eficaz, con la doble enseñanza de que aquel se verá obligado a estudiar no cosas, sino relaciones con las cosas y que el aprender pasa a ocupar un segundo plano subordinado en todo caso al comprender. Permite averiguar el grado de asimilación de los alumnos con base a las preguntas que se formulan en los casos. Por otro lado, acerca al alumno a las propias fuentes romanas mediante una cuidada selección, iniciándose casi inadvertidamente en la exégesis de los textos. Por ello también suministra, como señala el autor, una puesta en práctica de pruebas objetivas de evaluación.

dio del Derecho romano. Asimismo, nuestra experiencia, durante la pandemia, nos ha obligado a utilizar la sinergia de métodos al tener que integrar las modalidades de aprendizaje con clases *on line* y webconferencias y otras aplicaciones o apps, por ello no cabe duda de la importancia que ha tenido el uso de las TIC de webconferencia como *Teams*, *Google meet, Zoom…* que ha permitido crear grupos y salas para ir acompañando en la formación de las prácticas a los grupos creados, algo que era más sencillo de realizar en las clases prácticas presenciales.

Esquema (Ficha de resolución)

Ejemplo Ficha de resolución práctica

En relación a los casos de servidumbres hay que tener en cuenta los siguientes aspectos:

La acción para reclamar la servidumbre se denomina *vindicatio servitutis* (= en el Derecho postclásico se denominó *actio confesoria*). El demandado puede negar la existencia de gravamen con una negatoria o en su caso, si realmente existió servidumbre y ésta esta extinguida, se plantea una *exceptio.*

LEGITIMACIÓN ACTIVA-DEMANDANTE

Vindicatio servitutis

Actio confessoria

A

DEMANDADO- LEGITIMADO PASIVAMENTE

Exceptio basada en la extinción por

- Desuso en urbanas (*usucapio libertatis*)
- Confusión
- Destrucción
- Desaparición de la utilidad

En el caso de obras iniciadas en las Servidumbres urbanas- se puede utilizar en obras en ejecución el **Interdicto demolitorio**, siempre que se haya denunciado la obra nueva (*operis novi nunciatio*). En todo caso el demandado podrá prestar caución e ir a juicio de lo contrario se derriba lo construido.

I

Instituciones:

En los supuestos podemos encontrar diferentes tipos de Servidumbre ya sean prediales rústicas o en su caso urbanas.

Reglas y principios de las servidumbres, se señalan las que operan en el caso, ejemplos:

— Si el titular del fundo dominante y el sirviente son las misma persona- se extingue por confusión.
— La servidumbre sigue la suerte del fundo.
— La servidumbre debe servir a una utilidad objetiva y permanente del fundo.

S

Sentencia: resolución en virtud de la cual se concede la acción de servidumbre, su restablecimiento, de forma que el gravado no pueda perjudicar el uso de la misma. O en su caso, determinar si la servidumbre se ha podido extinguir por el no uso (recuerden los plazos existentes), destrucción o desaparición de la utilidad, entre otras.

Nuestra experiencia personal con estas clases a lo largo de los años, nos ha permitido observar cómo los alumnos van ganando confianza, aprendiendo a razonar, argumentar y hablar en público, ya que se enfrentan a una batería de preguntas durante la exposición de los casos. También de esta forma van enriqueciendo sus conocimientos teóricos aplicándolos a la resolución del caso propuesto.

Un dato importante a tener en cuenta es la preparación exhaustiva de la clase práctica, muchas veces en un caso propuesto pueden surgir dificultades derivadas de la conexión con instituciones que aún no han sido explicadas, o simplemente apreciamos una variante en el caso al filo de la discusión en clase. D´Ors[86] en este punto considera que la dirección y discusión de casos es tarea propia del que tenga mayor experiencia dentro del equipo docente y que no debe confiarse habitualmente a los principiantes. Ahora bien, en el presente siglo el docente debe dominar las competencias digitales y las nuevas formas de enseñar que se relacionan con el conocimiento de bases de datos, webs, herramientas de Moodle etc…, ya que debemos estar en contacto con la realidad digital[87]. Aunque, como hemos reiterado, la tecnología puede ayudar a las clases, tanto teóricas como prácticas, no podemos olvidar que debemos motivar a los estudiantes, ya que se enfrentan por primera vez a conceptos técnico-jurídicos, cuestión que no es baladí; de ahí que sea primordial procurar una formación completa, acompañada de un estudio incesante que trate de llegar a los aledaños del conocimiento, a través del esfuerzo intelectual, las clases prácticas y, como veremos luego, los seminarios, los cuales pueden ayudar a fomentar la curiosidad por esa búsqueda de soluciones a problemas jurídicos que no son tan lejanos, y que están asociados a las parcelas del saber, y nos llevan al enriquecimiento científico, a la formación cultural y a la preparación profesional[88].

A mayor abundamiento, no es posible iniciar las clases prácticas, hasta que no se ha abordado la teoría correspondiente, de lo contrario los alumnos no sabrían resolver ni analizar el supuesto práctico planteado. Así, cuando impartimos la lección ordinaria teórica ya tendremos presente el caso que vamos a proponer, porque de esta forma se irán dando pautas y directrices que el alumno deberá tener en cuenta para su resolución. De esta forma superaran los posibles escollos y se

---

86 *Posiciones programáticas…*, p.82

87 Sin duda, es más peligroso caer en el analfabetismo que supone desconocer las nuevas tecnologías telemáticas que sumarse al desarrollo, pues no servirse de aquéllas conlleva un evidente retroceso para la civilización. En consecuencia, debemos subirnos al carro de las modernas tecnologías o las ciencias humanísticas, especialmente el derecho romano, se alejarán aún mas de la realidad vigente. Del pasado no nos separa únicamente el tiempo sino también las técnicas de su estudio, vid. MURILLO VILLAR A. "La Influencia de las nuevas tecnologías en el estudio del Derecho romano", *RGDR* 5(2005) p. 1-22; 19.

88 FÉRNANDEZ DE BUJÁN F., "La Universidad y la Excelencia Académica", *RGDR* 6 (2006) p.1-5, donde además afirma que: "*El profesor debe ser ese maestro que, en el espacio y el tiempo universitario de cada alumno, lo convierta en un competente profesional; que además despierte su vocación científica, típica del modelo germano y humtboliano; y siembre su inquietud cultural, característica del modelo británico de Oxford*".

podrán hacer frente a las variantes que se introduzcan en el debate por parte del profesor.

En todo caso, el desarrollo de las prácticas debe vertebrarse en varias fases perfectamente integradas, y no puede ser fruto de la improvisación, por ello es necesario:

- **Fase previa de diseño y planificación**: por un lado, la selección de las fuentes, previsión de recursos y materiales, y, en su caso, bases de datos *on line*, y los manuales recomendados. Por parte de los estudiantes, qué conocimientos teóricos les vamos a exigir, como prepararlos en base a lo visto en la clase teórica o en la clase invertida. Es importante determinar el cronograma para establecer los tiempos y la duración, especialmente si vamos a trabajar con grupos. No debemos olvidar que nuestro objetivo es enseñar a que los estudiantes "aprendan a aprender".
- **Fase de ejecución** en la clase, bien en el aula presencial o virtual, nuestro propósito será revisar la ficha de modelo-caso práctico y ver el procedimiento de resolución, junto a la argumentación jurídica del supuesto. Por su lado, los estudiantes deberán analizar, comprender y resolver las cuestiones planteadas. Se puede realizar una metodología en la que de forma no presencial, los estudiantes se reúnan fuera del aula, cuestión que nos facilita las TIC, con el fin de realizar un aprendizaje colaborativo (para trabajar la interdependencia y cohesión grupal) o uno basado en problemas (para lograr aprendizajes significativos a través de ABP[89]); y posteriormente debatir los supuestos por grupos. Aunque el enfoque del ABP suele ser para trabajar actividades fuera del aula, donde el trabajo de grupo es esencial y en el que el profesor asume el rol de apoyo.
- **Fase de síntesis o cierre**, después de la clase y las oportunas correcciones, se hará un *feedback* constructivo con los problemas que se hayan producido durante la ejecución y ver si hay propuestas de mejora. El estudiantado, por su parte, corrige y repasa los problemas y casos, para lo cual podrán realizar, en su caso, listas de verificación o de *check-list*. También podemos introducir una actividad de gamificación a modo de refuerzo y medición de los resultados, esto último lo analizaremos más adelante.

[89] RUÉ, J., FONT, A., CEBRIÁN, G. "El ABP, un enfoque estratégico para la formación en Educación Superior. Aportaciones de un análisis de la formación en Derecho". *Revista de Docencia Universitaria*. Vol. 9 (2011) nº 1 pp. 25-45.

Tabla 5 Clase práctica

Fases clase práctica	**Profesor/a**	**Estudiante**
Fase de diseño y planificación	— Selección de textos, jurisprudencia de los jurisconsultos, bases de datos. — Secuenciación y cronograma de la actividad. — Organización de los grupos. — Rubrica de Evaluación: dependerá del tipo de método y si finalmente haremos una evaluación individual o grupal, e incluso si se aporta un portfolio digital como actividad de cierre.	Posibilidades organizativas y metodológicas.   Grupos y aprendizaje colaborativo. Y clase invertida para explicar la teoría.
Fase de ejecución	— Procedimiento de resolución. — Caso guía o modelo de resolución. — Estrategia de motivación. — Corrección de errores. — Repaso y uso de las bases de datos y manejo de las fuentes.	*On line* o presencial  
Fase de síntesis o cierre	— Evaluación en base a la rúbrica. — Propuesta de mejora. — Medición del aprendizaje y resultados.	Medición de aprendizaje y motivación a través de actividad de gamificación. 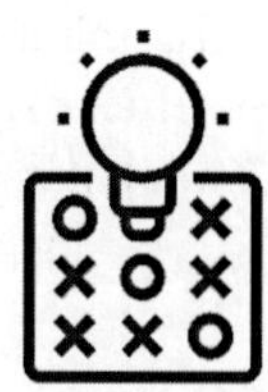

Igualmente, podemos formular otro tipo de cuestiones referidas a preguntas concretas sobre el supuesto, tratando de conectar la teoría a la clase práctica e incluso analizando las diversas situaciones teniendo en cuenta el Código Civil y otras normas de derecho vigente para que el alumno vea las conexiones y divergencias existentes. En este sentido compartimos las valoraciones que Torrent realiza sobre este último[90]:

1. Porque está convencido de la sustancial historicidad del Derecho y, por supuesto, del Derecho positivo.
2. Porque el Código Civil está ampliamente permeado por instituciones y conceptos romanos. En este punto compartimos la opinión del autor, ya que numerosas instituciones actuales son un trasunto fiel de los textos romanos.
3. El ofrecer el texto del Código civil junto con los supuestos prácticos, puede resultar útil para permitir desarrollar la argumentación jurídica de fondo del alumno. Sin duda la confrontación del derecho romano con el civil contribuye a establecer una cimentación jurídica crítica sobre la evolución de una institución jurídica que le permita abordar posteriormente el Derecho Civil.

Hay que subrayar además, que es muy importante la conexión con el Derecho público y de forma particular la línea de investigación del profesor Antonio Fernández de Buján sobre el Derecho Administrativo romano, ya que al realizar los casos se observan, en muchas instituciones, interdependencia y continuidad histórica en numerosas instituciones y principios de naturaleza administrativa, entre otras: cosas públicas de uso público, la pertenencia al *populus* o a un ente público; régimen de uso, regulado por el ente titular; y abierto a todos los miembros de la colectividad, la *publicatio*, el destino natural o vetustas, en la caracterización como público del bien, la inalienabilidad, y la imprescriptibilidad. También la importancia de distinguir las nociones de utilitas publica, *utilitas omnium* y *utilitas universorum;* y las concesiones a entidades privadas o semipúblicas de prestación de servicios públicos, como vigilancia antiincendios, baños públicos, suministros y transportes públicos, y el cobro de impuestos[91].

Asimismo, en las prácticas de la asignatura optativa[92] que impartimos, se abordan cuestiones relativas a la experiencia romana en el ámbito comercial y marítimo. En este último, vemos las relaciones con el Derecho internacional y normas, como las Reglas de York Amberes que mantienen intactos muchos de los principios romanos.

---

[90] *Problemas romanísticos de aplicación forense…*, p.13 el a. señala la importancia de subrayar la importancia de tratar de ver las concordancias o discordancias entre los distintos modos históricos de enfocar un problema similar.

[91] FERNÁNDEZ DE BUJÁN A., *Sistematización y reconstrucción dogmática del Derecho Administrativo romano*, Revista General de Derecho Romano RGDR 30 (2018) p. 1-13. Id. El Cronista del Estado Social y Democrático de Derecho, 75 (2018), págs. 4-9.

[92] ZAMORA MANZANO J.L, *Compendio de Derecho comercial romano*, Dykinson, Madrid, 2017 pp.297. en él se analizan instituciones de Derecho comercial romano recalcando concordancias con el Derecho vigente en el ámbito mercantil y de forma especial con el Derecho marítimo de la época romana.

Es obvio que el Derecho romano, aun siendo un derecho histórico, y no vigente, cumple una función propedéutica y su legado nos ha proporcionado los principios comunes de la ciencia jurídica europea en todo su espectro y con un efecto global[93].

Como señala la prof. Ortuño[94], debemos tener en cuenta, como objetivos principales de esta modalidad, el proporcionar al estudiante oportunidades de aprendizaje para que:

1. Comprenda la configuración de las diferentes figuras jurídicas y las sepa identificar.
2. Entienda como se relacionan dichas figuras jurídicas entre sí.
3. Perciba, desde una perspectiva histórico-dogmática, la evolución de ordenamiento jurídico romano.
4. Conozca el desarrollo del derecho romano en oriente y en occidente.
5. Conozca el lenguaje jurídico.

Pero como prosigue la autora: "*al finalizar el curso los/las estudiantes habrán trabajado una serie de habilidades referidas a algunas competencias transversales o genéricas propias del grado, por lo que podrán acreditar haber alcanzado los niveles más básicos de las mismas, dado que se trata de una asignatura de primer curso. Y, en este sentido, se han iniciado en el aprendizaje autónomo; han tenido que planificar su trabajo y gestionar su tiempo; han desarrollado la comunicación interpersonal y el trabajo en equipo. Serán capaces de identificar un problema, podrán formular hipótesis explicativas y hacer propuestas de resolución del mismo. Tendrán consciencia de que su conducta debe ajustarse a la ética profesional*".

En nuestro sistema de evaluación, tenemos en cuenta la participación del estudiante en la resolución de los casos, con las actividades de ejecución de estos y su puesta en común. Si bien, al margen de la evaluación continua, en el examen final hay un supuesto práctico en el que debemos evaluar si los alumnos y alumnas saben aplicar los conocimientos teóricos, dado que muchas veces estos se limitan a memorizar la teoría. Es por esto, que son imprescindibles las clases prácticas en su forma-

---

93 Como señala en su prólogo de forma atinada el Prof. Rafael DOMINGO OSLE R. *Principios de Derecho Global 1000 reglas y aforismos jurídicos comentados*, Pamplona, 2006, "*es importante ofrecer a los juristas, muy particularmente a los de habla española, un conjunto de principios y reglas jurídicas enraizados en la tradición occidental, es decir en el Derecho romano y en el ius commune medieval, que, a modo de hitos, señalen con claridad el rumbo en este no fácil camino de la globalización jurídica*" y además como nos comenta el a. "*una sociedad globalizada requiere unas "reglas de juego comunes", es decir, un lenguaje jurídico global*".

94 ORTUÑO PÉREZ M.J., "La enseñanza del Derecho Romano a través de problemas", *Revista de educación y Derecho. Education and Law Review*, Número 4. Abril - septiembre 2011, p.1-18, link: *http://diposit.ub.edu/dspace/handle/2445/110808* compartimos las conclusiones de su trabajo al señalar en relación a los estudiantes: "*se considera que han alcanzado una mejor formación en las habilidades –saber hacer–, en los conocimientos –saber– y en actitudes y motivaciones saber ser y estar; elementos éstos que combina e integra la competencia. Y, en definitiva, han empezado a aprender a pensar como juristas y a saber actuar como tales*".

ción como futuros juristas, en la conformación de un espíritu crítico que le permita solucionar los supuestos que se le plantean, la importancia de la parte práctica del examen estriba en que teniendo superada la parte teórica del mismo, se exige tener planteado y solucionado el caso práctico para poder superar con éxito el examen.

La importancia de las clases prácticas ha constituido siempre la tónica general que ha dado pie a publicar numerosas obras sobre práctica jurídica romana, en los que se insiste en la importancia de este tipo de estrategia docente en la romanística, así tenemos entre otros Fernández de Buján[95], García Garrido[96], Miquel,[97] Camacho Evangelista[98], Gomez Royo[99], Torrent[100], Valiño[101], Rodriguez-Valdés[102], Ortega Carrillo de Albornoz[103], Fernández Barreiro-R. Montero- García Camiñas[104] y Obarrio Moreno[105].

Cuando proponemos la exégesis de textos romanos en los casos, abrimos un debate sobre el mismo incidiendo en las instituciones que recoge, su problemática, su importancia y evolución. En nuestra experiencia docente, a lo largo de los años, hemos podido comprobar la brillante agudeza con la que, muchos estudiantes, han sido capaces de detectar la problemática jurídica con soluciones consagradas por los jurisconsultos, buscando resolver supuestos que se presentan *mutatis mutandi* en la actualidad, de manera que las clases prácticas permiten a los alumnos un mayor acercamiento a las fuentes y reforzar el armazón jurídico de su aprendizaje, ya que "*el conocimiento se construye a partir de lo que se conoce en la realidad jurídica actual*"; eso sí, teniendo claro el contexto histórico sin caer en un presentismo exa-

---

95 FERNÁNDEZ DE BUJÁN A.-ALBURQUERQUE J.M. (Coord.), *Manual de casos prácticos de derecho romano*, Dykinson, Madrid, 2018.

96 *Casos prácticos de Derecho Romano,* Ediciones Académicas, Madrid, 2010, el a. plantea la resolución de los mismos centrándose en algunos aspectos como son: El análisis de los hechos del texto; Personas que intervienen y legitimación procesal; Acciones y excepciones por parte de los sujetos intervinientes en la posible *litis*. Instituciones y reglas aplicables en el caso. Solución razonada en la cual deberán esgrimirse los argumentos basados en las reglas que se aplican en el caso, para ello es conveniente tener en cuenta las respuestas dadas por los jurisconsultos.

97 *Quaestiones, Docencia del Derecho Romano a través del casuismo romano*. Barcelona, 1985.

98 *Juristas romanos, y práctica jurisprudencial,* Granada, 1986.

99 *Casos prácticos de derecho romano*, Tirant, Valencia, 1999.

100 *Problemas romanísticos*, op cit. supra.p. 13 propone que en el estudio de las fuentes por parte de éstos, deben analizar los siguientes aspectos: a.- por un lado un estudio gramatical, imprescindible para la comprensión del texto. b.- interpretación de las frases y términos utilizados tratando de observar si se utilizan con sentido técnico o meramente genérico. c.- un análisis de su contenido, tratando de calibrar y separar las distintas ideas, a veces contradictorias dentro de un mismo texto. d.- un análisis interno del razonamiento del jurista romano, su forma de exponer las ideas, y si es posible, su comparación con otros textos del mismo jurista romano, o en su caso con otros que traten los mismos temas.

101 *Prácticas de Derecho Romano,* Valencia 1998.

102 *Casos prácticos y cuestionarios de Derecho Romano*, Madrid, 1999.

103 *Práctica jurídica según el Derecho Romano* Granada, 1991.

104 *Ejercicios y casos de derecho romano* (3ed), Andavira, A Coruña, 2008.

105 *Manual práctico de Derecho romano*, Dykinson, Madrid, 2010.

cerbado a la hora de establecer conexiones y concomitancias con el Derecho moderno. En definitiva, esta modalidad aporta como ventajas principales la conexión con la realidad jurídica de la profesión, el facilitar el entrenamiento en la resolución de problemas, la promoción como hemos comentado del trabajo colaborativo, del que luego nos ocuparemos, la motivación por parte de los estudiantes que tienen que buscar y aplicar la teoría aprendida a los supuestos. El inconveniente principal puede ser el volumen de trabajo que nos encontramos a la hora de la exposición de todos los grupos y el que los mismos, no estén sobredimensionados.

D) Seminarios y talleres (*workshops, webinars*)

El seminario es, sin lugar a duda, un medio adecuado para el adiestramiento en las técnicas del trabajo intelectual, investigación, exégesis de fuentes, redacción y presentación de artículos o trabajos monográficos del que tan faltos suelen andar nuestros alumnos. Esta técnica surge en las Universidades alemanas en el siglo XIX, particularmente fue puesto en práctica por Karl Wihelm von Humboldt, su labor resultó eficaz, ya que permitió descubrir y fomentar vocaciones docentes e investigadoras.

Suelen ser utilizados como medio de apoyo, como espacio de reflexión o profundización de los contenidos ya trabajados o adquiridos previamente por los alumnos. Pero este método cuenta con numerosos problemas a tener en cuenta, su incorporación a la dinámica de clases resulta complicada y corren el peligro de convertirse en actividades desligadas a lo que luego se evalúa, reduciendo así el número de personas que asiste.

Además, los seminarios requieren la participación activa de los alumnos, a los cuales se les va a iniciar en tareas investigadoras, por ello debe de existir una selección de sus participantes, siendo el medio idóneo para la dirección de trabajos de Fin de Grado, Master y Doctorado. En este sentido, es obvio que los alumnos de primer curso, carecen de formación jurídica *ab initio*; por este motivo es complicado que éstos alcancen un nivel suficiente que permita conducir los mismos con un nivel óptimo, a no ser que como docentes, allanemos el camino, preparándoles metodológicamente con sesiones previas.

Tabla 6

<table>
<tr><th>Seminario
Presencial/ on line</th><th>Preparación trabajo autónomo o grupal (metodología ABP, colaborativo, proyectos)</th><th>Trabajo Fin de Grado (TFG) / Fin de Master (TFM)/Doctorado</th></tr>
<tr><td>
Construcción en profundidad de una temática específica. Desarrollo de talleres monográficos de Fuentes, uso de la Compilación.
Formas de citar bibliografía
Bases de datos
Webs de Derecho romano
Bia, Fiuris etc.</td><td rowspan="2">Trabajo autónomo

Trabajo grupal
</td><td rowspan="2">Prestar asistencia y orientación en su desarrollo, de velar por el cumplimiento de los objetivos fijados y de emitir un informe del TFG o TFM, en su caso Tesis, que haya tutelado.

Preparación exposición y uso de TIC, recursos y técnica de oratoria: motivación y persuasión en el discurso.
</td></tr>
<tr><td>
Webinars (on line): en formato vídeo que se imparte a través de la web. Lo que caracteriza al webinar y le aporta un valor es la interacción que se produce entre el speaker y los usuarios asistentes al mismo.</td></tr>
</table>

Por ese motivo, y dado que estamos empezando a construir el armazón jurídico, si queremos realizar un Seminario en el primer curso del Grado, deberemos elegir estudiantes activos que puedan preparar la participación en el mismo con un tema monográfico. Es una tarea complicada ya que debemos de diseñar y encauzar la discusión, además de encontrarnos con la dificultad de alcanzar un nivel óptimo de resultado en el primer curso, normalmente; al menos en nuestro caso, los utilizamos para la asignatura optativa y la preparación de los Trabajos de fin de Grado, Master y, evidentemente, doctorado, donde realizamos temas monográficos de manejo de fuentes, bases de datos, marcando las pautas necesarias, bien sea para el trabajo autónomo o si vamos a trabajar en grupos (Tabla 6).

A pesar de las dificultades que podemos encontrarnos en los primeros meses, no nos desalentamos a realizar alguno en el último mes, cuando estamos abordando el tema de sucesiones y, sin ningún tipo de problemas, en el segundo año en el que tenemos docencia con la optativa. Es en el seminario donde se aprecia el germen de nuevas vocaciones docentes e investigadores, pero los alumnos deben tener un asesoramiento continuo del profesor que los debe dirigir, necesitan por ello, como señala Lozano[106], capacidad del que enseña y un cierto grado de preparación del que aprende.

La dificultad con la que se encuentran los alumnos de nuestra disciplina es el desconocimiento de expresiones latinas, imprescindible en el estudio de las fuentes en las cuales vamos a encauzar la discusión. Las sesiones del seminario consistirán en la presentación y exposición de un tema o varios temas, elegidos por el profesor que dirige el seminario, los cuales se asignan a un alumno o grupo de alumnos cuidadosamente seleccionados. Hemos dicho que se requiere cierto nivel, o unos conocimientos básicos mínimos, especialmente si vamos a resolver un supuesto o hipótesis práctica de las fuentes[107] porque de lo contrario se verán frustrados nuestros objetivos, de ahí que, o bien podamos realizar alguno terminando el primer semestre, o en su caso, en el segundo curso en la asignatura optativa donde ya han adquirido cierto nivel de competencias para abordar un tema monográfico con profusión, como de hecho se realiza en materia de Derecho marítimo. Igualmente, es importante la selección de la materia y qué competencias pretendemos que adquieran con su estudio, y que ésta sea estructurada de forma adecuada. Es importante que, antes de su presentación, el profesor asesore a los estudiantes con alguna tutoría individual o grupal, indicando el método de investigación y estableciendo las diferentes pautas de reflexión sobre el tema, resolviendo al mismo tiempo las dificultades que puedan encontrar los estudiantes, y recomendando bibliografía básica para encauzar el estudio del tema.

Posteriormente a la intervención, se debe abrir un coloquio o debate sobre la materia tratada, resolviendo las dificultades de los participantes, haciendo hincapié en las fuentes jurídicas analizadas confrontándolas con otras, y las puntualizaciones necesarias sobre el estado de la cuestión (*status quaestionis*) y la bibliografía de los autores que han realizado las últimas investigaciones; finalizando con una recapitulación de la materia y fuentes analizadas, y objetivos alcanzados con el Seminario.

Es obvio que una dirección de TFG, TFM o Tesis, que implica una progresión del estudiante, obliga a tener en cuenta las aportaciones científicas más sobresalientes, sopesando la calidad, y encauzando el rumbo de nuestras investigaciones[108], propor-

---

106 *Roma y su gran aportación al mundo…* op. cit. p. 85-87.

107 PÉREZ ÁLVAREZ, M.P., *Innovación metodológica…*op. cit. p.64 la a. con la que compartimos la necesidad de nuevos enfoques metodológicos, también considera que la solución del caso práctico obliga a un conocimiento reflexivo de las reglas e instituciones y de los medios jurídico-procesales que tutelan las partes, por ello el planteamiento y discusión de casos debe hacerse avanzado el curso, cuando los estudiantes cuenten con unos conocimientos básicos que les permitan razonar y discutir sobre los casos propuestos.

108 ÁLVAREZ SUÁREZ U., Horizonte actual del Derecho Romano. Estudios Matritenses de Derecho Romano. Consejo Superior de Investigaciones Científicas" Instituto "Francisco de Vitoria". Madrid, 1944, p.432 ss.

cionando al estudiante cómo realizar el trabajo. Es necesario dar un boceto-esquema y bibliografía necesaria para que el estudiante pueda estar orientado, a este fin el Seminario puede servir y ofrecer resultados óptimos para que el estudiante pueda comprender las fuentes y los métodos de investigación, así como las formas de citar que deberán ser tenidas en cuenta, a la hora de realizar el trabajo. En definitiva, el Seminario permite enseñar a aprender o enseñar a realizar investigaciones científicas. Por ello, el profesor que lo dirige se coloca en la situación de verdadero maestro que forma a los futuros investigadores, no es un *primus inter pares* en el debate, sino uno más junto con el resto de los participantes, por ello esta estrategia metodológica a nuestro juicio permite:

1. Preparar metodológicamente a los alumnos, en las técnicas de investigación de las fuentes, siendo el punto de conexión entre docencia e investigación, ya que el mismo servirá de complemento y apoyo a las clases teóricas. Si bien, como hemos comentado, su uso es especialmente útil cuando el estudiante ha alcanzado cierto nivel de conocimientos teóricos, de ahí que lo usemos para implementar cuestiones teóricas, dirección de trabajos en la asignatura de segundo curso y, de forma generalizada en dirección de TFG, TFM y Tesis doctorales.
2. Un mayor acercamiento entre profesores y alumnos, dado que los mismos se celebran en grupos de trabajo reducidos que permiten una mayor personalización del aprendizaje y dinamizar pequeños grupos, buscando la participación y la cohesión.
3. Un adiestramiento en manejo de fuentes y de bibliografía especializada en nuestra materia, ya que, en ocasiones, el profesor no entrega a los estudiantes del seminario el texto, sino que establece su búsqueda directa en las fuentes. Ello implica que sepamos manejar las TIC relacionadas con bases de datos y también la presentación de los resultados de investigación, ya que hoy en día la exposición del estudiante en los Seminarios y en los Trabajos de Fin de Grado, máster etc… se apoyan en el uso de esta tecnología que debemos manejar y conocer también.
4. Buscar nuevos temas y perspectivas de cara a dirigir futuros trabajos y tesis doctorales, ello implica estar en contacto con las novedades y publicaciones en nuestro ámbito de conocimiento.

En conclusión, no cabe duda de que el Seminario, a pesar de su carácter extra lectivo ordinario, contribuye en gran medida a conformar una sólida formación del alumnado, al margen de las lecciones teóricas y prácticas; nos permite trabajar la motivación del estudiantado, el desarrollo de habilidades comunicativas, la adquisición de reflexión y pensamiento crítico y el trabajo compartido, valores añadidos a la tarea académica y a la adquisición de destrezas y competencias profesionales. No debemos olvidar que los Seminarios también pueden impartirse de forma on line a través de los llamados Webinars que permiten el uso de las TIC para la transmisión por red, y de herramientas de web conferencia.

Finalmente, queremos subrayar que el Seminario, en los últimos años, ha ido adquiriendo mayor peso en los Estudios de doctorado[109], ya que están enfocados a propiciar, en materia monográfica a los alumnos de tercer ciclo, un mayor conocimiento de aspectos fundamentales, en nuestro caso de la tradición jurídica romanística, las fuentes y su impronta en el Derecho actual. En estos Seminarios, el profesor expone las directrices a los estudiantes con el fin de ejecutar y elaborar los trabajos de los cursos, para posteriormente realizar la tesis doctoral, haciendo una indicación de las fuentes y la bibliografía recomendada. En lo que concierne a la dirección de tesis como señala D´Ors [110] habrá que tener en cuenta varios aspectos:

1. Por un lado, la formación del doctorando, para lo cual el doctorando debe ampliar los conocimientos generales de la asignatura.
2. Dado el volumen de los materiales de la información y de la misma redacción de una tesis, y de las correcciones que esta conlleva, trae consigo en, numerosas ocasiones, rehacer lo hecho para lo cual el autor propone la realización de tesinas o trabajos similares, de reducidas proporciones que puedan terminarse en pocos meses y que permita aprender, con menos esfuerzo de rectificación, las técnicas ordinarias del trabajo científico.
3. Por último, habrá que tenerse siempre presente el conocimiento de idiomas que tiene el doctorando, siendo el latín imprescindible.

La función del profesor en la dirección de una tesis es fundamental porque debe de seleccionar la materia de investigación acotándola de forma especial para evitar que en vez de una tesis sea un tratado. Una vez seleccionado el tema deberá de hacer un esquema al alumno para orientarle de cuáles son las pautas metodológicas a seguir, haciendo constar un índice de fuentes y bibliografía básica para que el doctorando pueda iniciar la búsqueda de material. Para evitar dilaciones en su realización es conveniente fijar unos plazos de realización y de entrega para correcciones a fin de realizar un seguimiento exhaustivo del doctorando, al cual deberemos de resolver algunas de las dudas que se susciten en su recorrido de investigación, que le permitan llegar a la finalización de su tesis doctoral.

---

[109] Con fecha 13 de mayo de 2016 se publicó el R.D. 195/2016, que modifica aspectos fundamentales del R.D. 99/2011 por el que se regulan las enseñanzas oficiales de doctorado. Dicho Real Decreto establece que los estudios de doctorado se organizarán a través de programas y que los mismos culminarán con la elaboración y defensa de una tesis doctoral que incorpore resultados originales de investigación. Por ello, tras una revisión, corrección y adaptación al mencionado R.D. 195/2016, se aprobó en la ULPGC el Reglamento de Estudios de Doctorado, el 17 de diciembre de 2012 (BOULPGC de 9 de enero de 2013). Modificado por el Consejo de Gobierno de 23 de octubre de 2013 (BOULPGC de 4 de noviembre de 2013). Modificado por el Consejo de Gobierno de 21 de abril de 2016 (BOULPGC de 11 de mayo de 2016). Modificado por el Consejo de Gobierno de 29 de septiembre de 2016 (BOULPGC de 7 de octubre de 2016). Modificado por el Consejo de Gobierno de 26 de febrero de 2019 (BOULPGC de 4 de marzo de 2019).

[110] *Posiciones programáticas*..., p. 89-90.

E) Las tutorías y la acción tutorial

La tutoría como estrategia didáctica centrada en el proceso de aprendizaje, tanto las presenciales como las telemáticas, consisten en el establecimiento de una relación entre el profesor y el estudiante, ya sea individual o grupal, con el fin de facilitar el aprendizaje en un ámbito disciplinar concreto. Como señala Pérez Boullosa[111], la tutoría se debe convertir en una modalidad o estrategia de enseñanza planificada para el desarrollo de competencias por parte de los estudiantes. Como señala el profesor Fernández de Buján[112], la Universidad tiene como una de sus funciones "*encauzar vocaciones científicas y educar a nuevos hombre y mujeres en la ciencia, transmitiéndoles la grandeza de su misión y la conciencia de que su modo de existencia humana puede resultar tan limitado como cualquier otro*". Es en la tutoría donde normalmente encontramos el interés de estudiantes para realizar trabajos de fin de grado y doctorado, y por ello es ahí donde se puede vislumbrar las vocaciones docentes.

El tutor, a juicio de García Garrido y Francisco Eugenio[113], "*parece más bien una figura de universidades minoritarias y elitistas de otro tiempo y aun de otras latitudes: la palabra Tutor referida a la enseñanza universitaria evoca los nombres de Oxford, Harvard, Cambridge*". Desde un punto de vista pedagógico, supone un espacio de formación más personalizado y horizontal, cuyo uso suele limitarse más para consultas o dudas sobre lo explicado en clase. En cambio, en todas las universidades anglosajonas los sistemas tutoriales acompañan a otras metodologías como las clases magistrales o la realización de proyectos, y constituyen un criterio importante para evaluar la calidad docente de un centro o especialidad.

Sin embargo, este trabajo individualizado, sistemático y continuado intenta responder a las demandas del alumno complementando el resto de las estrategias de enseñanza y aprendizaje. Éstas les permiten solventar los problemas que se les presentan durante el curso, aclarar dudas, debatir cuestiones que les interesen, ampliar sus conocimientos o la información. Pero la realidad es que, a veces, las únicas visitas a los despachos tienen como objetivo comentar la calificación final y, por tanto, aquellas relacionadas con la evaluación y su revisión. Si bien es cierto que también

---

111 PÉREZ BOULLOSA A., "Tutorías" en *Metodologías de Enseñanza y Aprendizaje para el Desarrollo de competencias* (Coord. Miguel Díaz), Alianza Editorial, Madrid, 2006, p. 135. El autor distingue entre la tutoría docente con el fin de optimizar el proceso de aprendizaje del estudiante en un ámbito disciplinar concreto y la tutoría como orientación de la formación académica integral del estudiante, donde el profesor-tutor procura facilitar al estudiante su adaptación e integración plena en los estudios que cursa y su desarrollo entre los diferentes itinerarios.

112 Ser universitario en el Cronista dic. 2020- ene.2021, Iustel, Madrid, p.77. Además, la Universidad tiene como misión la promoción de la investigación, científica, como señala el Maestro en su Discurso de Ingreso como Académico de Número de la Real Academia de Doctores de España de Doctores de España, *El Derecho creación de Roma. Meditaciones de un Académico*, Madrid, 2008, pp.39-85.

113 *Estudios de derecho y formación de juristas…*, p. 185.

están destinadas a resolver los problemas de comprensión del estudiante o cuando se dirige un trabajo de fin de grado, master y obviamente una tesis doctoral.

Como advierte Lozano[114] la utilización de este complemento docente, por ser potestativo del alumno –no del profesor– no es utilizado de manera habitual si lo exceptuamos para un escaso número de estudiantes, y como ya hemos apuntado, normalmente en cuestiones relacionadas con la evaluación. Aunque también encontramos excepciones de las cuales el docente también aprende para evaluar cómo se está produciendo el aprendizaje y poder realizar también correcciones sobre la metodología o la modalidad organizativa. No debemos olvidar que en el aula encontramos diferentes estilos de aprendizaje entre los alumnos.

Las tutorías no sólo sirven para asesorar y orientar al alumnado, sino también para controlar su rendimiento, ya que permiten un tratamiento personalizado y un seguimiento de las explicaciones en base a las consultas que éste realice. Se deben solventar dudas que surgen del quehacer personal del alumno, en su estudio, clarificando terminología confusa, orientando, asesorando sobre la presentación de Seminarios o realización de prácticas etc., pero nunca deben desvirtuarse y convertirse en clases particulares. Las dudas de las clases teóricas y de las prácticas deben resolverse invitando al alumno a preguntar durante las mismas, ya que puede que más de un alumno se esté preguntando lo mismo; en ocasiones los alumnos, debido a su timidez, reservan sus preguntas para las tutorías si bien se debe insistir que un jurista debe hablar en público y por tanto hay que motivarlos en oratoria y sus técnicas.

Para llevar a cabo las tutorías habrá que fijar un horario adecuado al que puedan acudir, ya que se trata de un recurso potestativo del alumno, para ello debemos adoptar un criterio que fije las horas en el tiempo libre de los estudiantes, por tanto, no coincidente con el resto de sus clases.

El art. 35.1 del Reglamento de Planificación Académica de la ULPGC[115] establece, en relación a las mismas que: "*todos los profesores incluirán en su jornada semanal las horas de tutorías mínimas que resulten del encargo docente hasta un máximo de seis horas, a excepción de los profesores a tiempo parcial, quienes harán figurar en su horario el mismo número de horas de tutoría que las horas lectivas que le correspondan, siempre y cuando este número sea inferior a seis. Las horas de tutorías de los profesores serán adaptadas de forma proporcional de igual forma que las de docencia.*" y en el 36.1 "*Se fomentará el uso de la cita previa y del Campus Virtual,*

[114] *Roma y su gran aportación…*, p. 83-84 el a. considera que la tutoría debe centrarse en resolver los problemas surgidos al estudiante en su quehacer personal, en su estudio, oscuridad de las notas de clase que no consigue superar, contradicciones reales o aparentes.

[115] Aprobado por el Consejo de Gobierno de la Universidad de Las Palmas de Gran Canaria el 13 de enero de 2014 (BOULPGC de 14 de enero de 2014) y modificado por el Consejo de Gobierno de 2 de marzo de 2018 (BOULPGC de 5 de marzo de 2018).

teniendo en cuenta que al menos dos horas semanales deben ser presenciales. Sea cual sea el sistema de establecimiento de tutorías, durante éstas el profesor debe estar a disposición del estudiante".

Cuando se aproximan las fechas de los exámenes, es frecuente que los alumnos y alumnas acudan de forma masiva a las tutorías, con lo cual se pierde en ocasiones el trato individualizado y se suelen atender a los alumnos en grupo de tres o cuatro personas, ya que, en ocasiones, las dudas frecuentes suelen ser las mismas.

Desde nuestro punto de vista las tutorías son adecuadas como estrategia de enseñanza por varios motivos:

1. Posibilitan una relación más individualizada y personalizada entre profesor y alumno, que en el aula se queda limitada.
2. Permiten una orientación a los alumnos en el proceso de aprendizaje del Derecho romano.
3. Facilitan el asesoramiento a los alumnos en la realización de actividades, prácticas, búsqueda de información y, utilización de recursos on line, permite asesorar de las webs más importantes de nuestra disciplina, las fuentes y otros recursos TIC que permitan facilitar el trabajo autónomo del estudiante.
4. Son un medio para conocer los intereses individuales de los alumnos que asisten.
5. Permiten diseñar aprendizajes adaptativos al identificar dificultades que puedan tener nuestros estudiantes.
6. Desarrollar técnicas de estudio y apoyo al estudiantado con el fin de evitar el absentismo, el abandono y el fracaso académico.
7. Estimular el desarrollo de competencias para planificar trabajos en grupo, resolución de ABP, trabajo colaborativo.
8. Impulsar y favorecer la motivación del estudiante.
9. Ayudar en el aprendizaje a personas con necesidades especiales y detectar posibles problemas de brecha digital en el estudiantado. Esto último se ha agudizado en la situación de la Covid-19, donde hemos utilizado, obviamente la tutoría on line.

En definitiva, aunque la tutoría también supone un esfuerzo y planificación, el seguimiento con las mismas permite realizar actuaciones tutoriales como modalidad de enseñanza no accesorio a las clases, realizada de forma personalizada que nos ayuda a supervisar el aprendizaje autónomo del estudiante.

En la ULPGC, de acuerdo con el Procedimiento clave de Orientación al Estudiante del Sistema de Garantía de Calidad de la Facultad de Ciencias Jurídicas, corresponde al Equipo Decanal definir y actualizar el Plan de Orientación al Estudiantado y de Acción Tutorial (POEAT) aprobado en Junta de Facultad el 27 octubre de 2016, que comprende los programas de actuación relacionados con la captación de estudiantes, la acogida a estudiantes de nuevo ingreso, la orientación sobre los estudios, el asesoramiento psicopedagógico y la orientación profesional. En el mismo, se establecen como objetivos:

Los objetivos principales del POEAT de la Facultad de Ciencias Jurídicas son los siguientes:

1. Informar y orientar al alumnado potencial de la Facultad acerca de las titulaciones ofrecidas por el Centro, así como de las salidas profesionales de cada una de ellas.
2. Facilitar la integración académica del alumnado de nuevo ingreso en el ámbito universitario.
3. Orientar al alumnado en su proceso de aprendizaje.
4. Ofrecer al alumnado que lo requiera el asesoramiento psicopedagógico que precise.
5. Facilitar la transición del alumnado al mercado laboral.

Dentro del Programa de orientación y seguimiento académico, se establecen numerosas modalidades, al margen de la más conocida la "Tutoría de materia o asignatura" la que tradicionalmente realiza el profesorado para atender al alumnado en relación con los contenidos académicos de las asignaturas. Se establecen otras necesarias que van enfocadas a estudiantes en quinta, sexta o séptima convocatoria; a estudiantes con prórroga de matrícula por bajo rendimiento; los estudiantes de retorno, es decir después del período de desvinculación previsto en las Normas de Progreso y Permanencia de la ULPGC; los estudiantes de prácticas externas; y las tutorías relacionadas con los TFG, TFM y movilidad.

Capítulo III

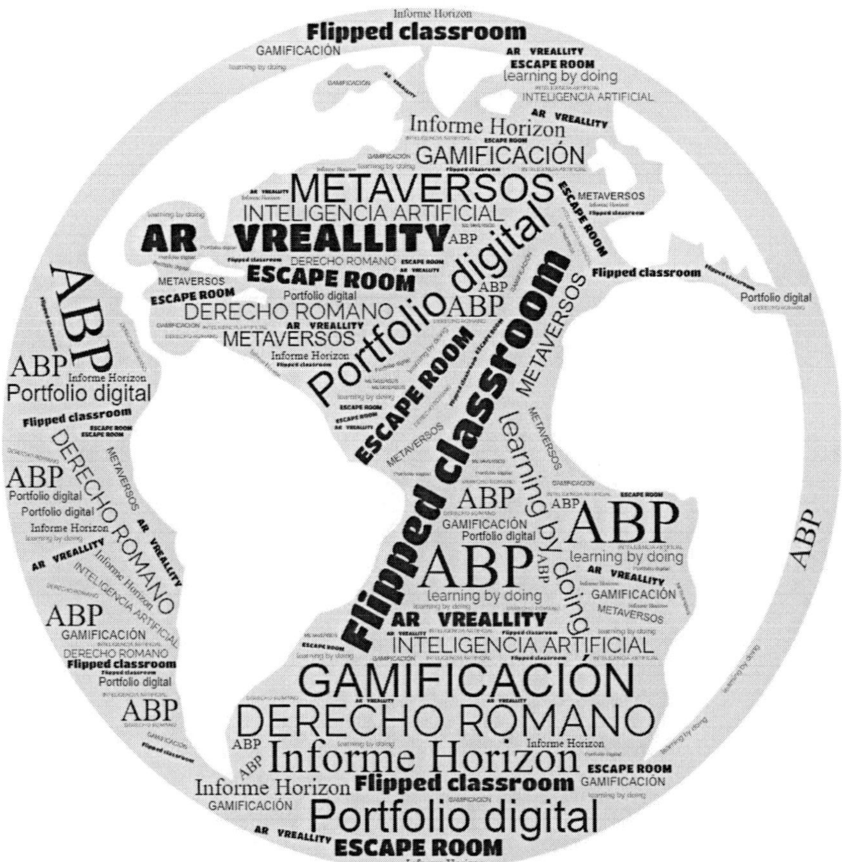

Capítulo III
LAS NUEVAS METODOLOGÍAS DOCENTES Y USO INTENSIVO DE LAS TIC EN LA UNIVERSIDAD A PROPÓSITO DEL RD 822/2021

3.1. EL APRENDIZAJE CON METODOLOGÍAS ACTIVAS EN LA SOCIEDAD DE LA INFORMACIÓN

El Capítulo VI del Real Decreto 822/2021 de 28 de septiembre, por el que se establece la organización de las enseñanzas universitarias y del procedimiento de aseguramiento de su calidad, bajo la rúbrica "Estructuras curriculares específicas y de innovación docente en las enseñanzas universitarias oficiales" alude en su art. 21 a metodologías activas que nosotros venimos aplicando en la ULPGC, en concreto se habla de: *docencia a través del aula invertida, el aprendizaje basado en el trabajo por proyectos o casos prácticos, el desarrollo del trabajo colaborativo y cooperativo, el aprendizaje basado en la capacidad de resolución de problemas, competencias multilingües, la docencia articulada en el uso intensivo de las tecnologías digitales de la información y la comunicación, y otras iniciativas que impulse la universidad o el centro*", cuestión que debe ser tenida en cuenta por parte del docente del presente siglo y motivo por el cual hemos introducido este apartado en el cual analizamos las metodologías activas innovadoras, cuya sinergia, con las estrategias comentadas en los apartados anteriores, permite lograr mayores aprendizajes significativos siempre y cuando exista un buen diseño y planificación, ya que su uso no implica una mayor calidad de la docencia si no están bien desarrolladas en los programas de las asignaturas en los cuales se deberá establecer una guía con el cronograma y la rúbrica de evaluación que pueda medir resultados contrastables. Por otro lado, la universidad ha tenido y tiene un papel central en la sociedad de la información[116], a la cual tam-

---

[116] DUART J.-GIL, M. et al., *La universidad en la sociedad red. Usos de internet en la Educación superior*, Barcelona, 2008, pp.19 ss. Consideran que el nacimiento y el crecimiento de internet, la eclosión de empresas que han aprovechado las "nuevas tecnologías" en diferentes sectores productivos para

bién se refiere la norma cuando habla del *uso intensivo de las tecnologías digitales de la información y la comunicación*, donde, hoy en día, las TIC son esenciales para la producción, gestión y transmisión del conocimiento, erigiéndose como piedra angular en la creación de la sociedad en red y el uso de internet, y la medición del rendimiento académico.

La introducción de las TIC en la Universidad no es una moda, es una apuesta por la innovación, que se fundamenta principalmente en los roles que deben adoptar los profesores[117] y cuales los alumnos dentro del Espacio Europeo de Educación Superior; ya que en dicho contexto el estudiante no es un mero receptor pasivo que memoriza la información, sino que debe participar y construir su propio proceso de aprendizaje. Tampoco el profesor está exento de cambios, ya que su rol debe ser el de facilitador y guía del aprendizaje. En consecuencia, es importante la integración de las TIC, y por extensión las metodologías activas que permitan al alumno:

- Convertirse en responsable de su propio aprendizaje, desarrollando habilidades y destrezas en la búsqueda, selección, examen y análisis de la información. Comprometiéndose así en los procesos de reflexión sobre lo que hace, cómo y qué resultados puede conseguir.
- Participar en actividades que permitan el intercambio de opiniones y experiencias con el resto de los compañeros. Esto lo hemos propiciado con el uso de los blogs[118] como instrumento de aprendizaje colaborativo a la vez que ha servido como portafolio digital ya que, como tendremos ocasión de analizar con nuestra experiencia, nos permite reunir evidencias en las que se refleja la evolución del proceso de aprendizaje, soluciones, los logros, estimular la experimentación e indagación.
- Desarrollar competencias digitales[119] y colaborativas, así como la autonomía y pensamiento crítico que permitan incrementar las destrezas profesionales y la capacidad de autoevaluación del alumno.

---

crear y abrir nuevos mercados o transformar los existentes, la difusión generalizada del conocimiento, la configuración y el análisis de la sociedad global son ejemplos de realidades actuales que han tenido su origen en la universidad. Así parten de las dos caras de una misma moneda por un lado la universidad como institución de formación educativa y por otro como institución de conocimiento, donde los autores consideran que se abre una nueva etapa en la que el trabajo en cooperación con otras universidades y otras instituciones sociales y empresariales será determinante, en la que es preciso trabajar y actuar en la red, a partir de nodos de conocimientos, no necesariamente localizados geográficamente, pero si bien definidos conceptualmente. Una nueva manera de hacer y de ser universidad; si bien su estudio se centra en el ámbito de la comunidad universitaria de Cataluña.

[117] MIGUEL DÍAZ, M., (Coord)*Metodologías de enseñanza y aprendizaje para el desarrollo de competencias. Orientaciones para el profesorado universitario*... p. 20.

[118] MASON R.,- RENNIE F., *E-learning and social Networking Handbook. Resources for Higher Education,* Nueva York, 2008 (reimpr 2009), pp. 2 ss. destaca el uso de los blogs como otra de las importantes *tools* en material del uso de TICs.

[119] BENITO A,-CRUZ A., *Nuevas claves para la Docencia Universitaria en el Espacio Europeo de Educación Superior,* Narcea ed, Madrid, 2006...p. 103, propone como ventajas de las TICs: a) repre-

Resulta incuestionable que las nuevas tecnologías de la información y las comunicaciones en general, internet[120] y las redes sociales[121], suponen un ingrediente necesario para que el mundo universitario desempeñe correctamente su misión, tanto internamente, como en la sociedad, estableciendo un puente de unión entre el aula y el mundo exterior.

Asimismo, debemos tener en cuenta que el uso de recursos tecnológicos como medio para facilitar el aprendizaje de los alumnos no puede ser indiscriminado: debe adecuarse siempre a los objetivos y a la metodología a utilizar. Así es conveniente utilizar aquellos que nos permitan mejorar y facilitar el aprendizaje del alumno ya sea con la web de la asignatura o plataformas de *e-learning* (integrada con foros, *wikis*, contenidos multimedia, enlaces y otros recursos tecnológicos).

En definitiva, las nuestras metodologías activas a las que se refiere el RD antes comentado conceden un papel relevante y central al estudiante, sobre el cual se construye el conocimiento con actividades, escenarios jurídicos y las TIC que acompañaran en el diseño del proceso[122], con las que se busca el desarrollo autónomo, el pensa-

---

senta nuevas posibilidades de comunicación, colaboración y distribución de los conocimientos; no es sólo un recurso de información, es un recurso de aprendizaje constructivista y colaborativo, en donde la web de la asignatura es un medio en este proceso; b) facilita la atención personalizada y el seguimiento de los alumnos a través de las tutorías virtuales; c) permite al alumno y al grupo realizar autoevaluaciones y coevaluaciones de su aprendizaje; d) permiten una clara integración y utilización dentro y fuera del aula; e) fomenta la iniciativa, la originalidad y la creatividad; f) potenciar habilidades de búsqueda selección y valoración y organización de la información; g) fomenta el aprendizaje autónomo y desarrolla estrategias de autoaprendizaje; h) contribuye a un aprendizaje individualizado que permite recorrer diferentes caminos, estableciéndose un aprendizaje ramificado y personalizado; i) permite una comunicación directa e intercambio de ideas, se produce un conocimiento compartido a través de los recursos de comunicación; j) prepara al estudiante para el uso efectivo de estas nuevas tecnologías y su buen aprovechamiento en el futuro; k) permite un acceso rápido y actualizado a la información; l) adaptación a la demanda de la nueva generación de estudiantes que valoran la interactividad que les ofrece este nuevo medio digital. m) es un medio eficaz para formalizar desde el comienzo los objetivos, contenidos, actividades y criterios y sistemas de evaluación, y teniendo previsto incluso las preguntas a formular para dinamizar foros y chats, convirtiéndose en una auténtica guía para el alumno.

[120] MARTÍNEZ LÓPEZ F.J, *La utilización de internet en el contexto universitario, Educar en red: Internet como recurso para la educación* (dir. Aguaded-Cabero), Málaga, 2002 p.261 considera que nos encontramos ante un nuevo estadio formativo, en el que se configura un espacio didáctico en el que el profesor actúa como el administrador de todos los recursos educativos generados por los nuevos medios tecnológicos, en especial por internet, por ello se deben acoplar de nuevo los objetivos educativos, las metodologías de aprendizaje y la planificación educativa a la revolución del conocimiento, lo cual implica importantes cambios en el currículum a impartir y en la propia estrategia utilizada.

[121] Las universidades mantienen ambientes omnipresentes en la red que serán personalizados, cohesivos y tan críticos para la comunidad del campus como el patio interior de algunas instituciones académicas, y que pueden ser la chispa para un renovado centro de atención dirigido hacia las redes sociales y el proceso educativo. SERBIN PITTINKSKY, M. *La Universidad conectada. Perspectivas del impacto de internet en la Educación superior*, Málaga, 2006, pp. 167 ss.

[122] ZAMORA MANZANO J.L.- BELLO RODRÍGUEZ S., "Las tecnologías emergentes y su impacto en la enseñanza y el aprendizaje en Derecho romano: *e/blended-learning* en EEES", en *Hacia la WEB 3.0*, Anaya-Uned, Madrid, 2009, pp. 1-16. ISBN 978-84-692-3571-3.

miento crítico, la adquisición de destrezas y competencias, por ello el alumno asume un papel de mayor responsabilidad en el proceso. Si bien el profesor deberá motivar, ayudar, facilitar y hacer *feedback*s dirigidos a verificar el proceso de aprendizaje y, en su caso, adaptar la docencia en función del retorno recibido.

A) La clase invertida o *Flipped classroom* y *mobile learning* adaptativo

Una de las metodologías activas que es tendencia en la Universidad actual es la clase invertida o *flipped classroom* para la cual es importante la elaboración de materiales para los alumnos, adaptados a las *tablets* y *smartphones*, ya que hoy se parte de la base del BYOD (*bring your own device*- es un modelo tecnológico en el cual los estudiantes llevan su dispositivo personal a la Universidad con objeto de aprender).

La integración con las TIC requiere que la clase invertida, se realice en torno a unos materiales multimedia e, incluso, podcast educativos explicativos de las lecciones a modo de KPM (*knowledge pills methodology*), hoy adaptados a dispositivo móvil, dentro del llamado *mobile learning*[123], de forma que el estudiante pueda recibir información cuándo quiere y puede, con independencia del lugar y de la manera que desee[124], incluso a través de código QR[125], como sucede con el Manual de prácticas realizado como complemento al estudio de nuestra disciplina, *Vademecum de Derecho romano*, (Dykinson 2020, Bello Rodríguez, Silvestre; Zamora Manzano, José Luis), todo ello destinado a que los estudiantes puedan analizar y poner en práctica los contenidos; resolviendo y exponiendo en clase los resultados a través, por ejemplo, de la elaboración de video informes, proyectos etc…, dejando las cuestiones más complicadas y la resolución de supuestos prácticos para el aula. De hecho, hemos podido comprobar como el video, como sistema de contenido audiovisual y multimedia, se ha populari-

---

[123] Sobre nuestra experiencia en el ámbito del uso del *m-learning*, vid. ZAMORA MANZANO J.L- BELLO RODRÍGUEZ S., "Dispositivos móviles como herramienta de aprendizaje en el mundo del Derecho" en *Buenas prácticas docentes del profesorado universitario* (Pérez Ferra- Rodríguez Pulido Coord.) Octaedro, Barcelona, 2017, p.139-156.

[124] MARTÍNEZ GARCÍA A., SÁNCHEZ VERA M., *Aspectos técnicos del diseño de podcast, en Podcast educativo, Aplicaciones y orientaciones del m-learning para la enseñanza*, Madrid, 2010, p 75 ss.

[125] La génesis de los códigos QR aparece en la compañía Denso-Wave en 1994, con una finalidad industrial, si bien posteriormente su uso se ha ido extendiendo como hemos puesto de relieve, a diferentes ámbitos de la sociedad dentro de la tendencia "*mobile tagging*". Estos códigos permiten almacenar en el código de barras de última generación 2D matriz por puntos, capaz de almacenar hasta 7089 caracteres numéricos y 4296 alfanuméricos, que posteriormente se pueden descodificar utilizando un Smartphone con cámara y que tenga instalada una aplicación que permita leer el código. A diferencia de los códigos de barras los códigos QR pueden ser leídos en sentido horizontal y vertical de ahí que sea bidimensional. Si observamos una figura de un código, este se compone de unos recuadros en las esquinas que constituyen la posición de detección de patrones y el código, con un área de datos y el módulo de alineación.

zado en el aprendizaje, de manera que, hoy en día, es frecuente el uso de los materiales a través de canales específicos de las propias universidades y externos como *youtube, vimeo, google* video[126] etc...si bien nos hemos encontrado con los problemas ocasionados por el *zoon fatigue,* y el abuso de las pantallas, especialmente a consecuencia de la pandemia; fenómeno que se debe al cansancio, la preocupación y el agotamiento asociados con el uso excesivo de plataformas virtuales de comunicación, en particular las videoconferencias, a través de *Teams, Google meet* etc... Esta sobreexposición a las pantallas ha propiciado la apuesta por la introducción del podcast, con el fin de implementar la docencia. Ciertamente, en una sociedad conectada, con buenas infraestructuras de ancho de banda, se produce una mejora en la enseñanza por el desarrollo de recursos audiovisuales, multimedia y la realidad virtual y aumentada.

Ahora bien, cuando nos referimos al video, nos referimos al embebido en otras aplicaciones digitales que permite su uso con una potencia didáctica notable. En este sentido, hemos insistido en el uso de este, cuidando la producción, ajustando su contenido y con pequeñas autoevaluaciones al final de cada tema, para ir viendo los resultados del aprendizaje. Para ello, hemos observado la necesidad de crear proyectos formativos integrales de acuerdo con las posibilidades tecnológicas existentes en cada momento[127]. Sin lugar a duda, en este contexto, es importante destacar nuestra inclinación y preferencia por el *Mobile learning*[128], y las nuevas posibilidades[129] que repercuten directamente en la educación superior.

A este respecto, nosotros, apostamos por la integración y la sinergia del *Mobile learning* y la *Flipped classroom.* La primera tendencia, como ya hemos apuntado, no ofrece discusión, ya que el móvil y las *tablets* permiten la construcción del conocimiento[130] y se erigen como medio ideal para facilitar el aprendizaje durante toda la vida dentro del llamado *Life Long Learning*, dada la omnipresencia de estos medios.

---

126 PALACIO JG., *Sistemas con contenido audiovisual y multimedia para el desarrollo de entornos E- learning 2.0., Nuevas tendencias de e-learning y actividades didácticas innovadoras*, Madrid, Cef-Coyve, Madrid, 2010, p. 97.

127 ZAMORA MANZANO J.L.- BELLO RODRÍGUEZ S., *Recursos didácticos y estrategias Tic en el ámbito de la docencia del Derecho*, en Actas I Jornadas Iberoamericanas de Innovación Educativa en el ámbito de las TIC, Las Palmas 2014, p.379-388.

128 En este sentido existen aplicaciones como Remarkable de la empresa Seedlessapp: url:*https://itunes.apple.com/us/app/remarkable/id700513305?mt=8* (consulta 20.04.2020) que permiten interactuar con todos los dispositivos dentro del *m-learning* ya que permite al profesor acceder a los documentos recibidos por los alumnos, en una dirección única de correo en la plataforma, que permite establecer anotaciones, calificaciones y su reenvío, a través de una tablet.

129 La presencia de los MOOC, cursos masivos abiertos en línea, término acuñado por Dave Cormier y Bryan Alexander en el año 2008, con metodología multimedia y sistemas de evaluación de test por pares, han cambiado el panorama educativo ya que ha permitido a personas sin recursos acceder a una formación educativa de calidad a través de plataformas como UNED COMA, COURSERA, MIRIADAX entre otros.

130 BRAZUELLO GRUND F., GALLEGO GIL, D. *Mobile Learning. Los dispositivos móviles como recurso educativo*, Mad, Sevilla 2011, p.174 ss.

Se debe agregar que desde el punto de vista de la «clase invertida» es importante elaborar unos materiales y diseñar actividades al respecto, determinando qué estrategias e instruccionales se van a dar a los estudiantes, para que éstos puedan organizar el desarrollo de la actividad formativa según sus propias necesidades, elegir el canal de comunicación síncrono o asíncrono, los recursos formativos y las TIC con las que desea interactuar[131]. Además, no debemos conformarnos con una única metodología, ya que integramos una sinergia en la que incorporamos, como luego analizaremos, el aprendizaje principalmente cooperativo y el basado en problemas, diseñando actividades con una implicación transdisciplinar en el trabajo por competencias básicas comunicativas y tecnológicas, haciendo hincapié en la importancia del uso del *videocast* y la elaboración de micro contenidos para dar respuesta a los escenarios jurídicos que se puedan plantear. En ese entorno de enseñanza es importante destacar que un aprendizaje multimedia debería ser propuesto por un profesor multimedia como nos comenta Solano[132].

En conclusión, bajo nuestro punto de vista se debe partir de una conjunción y sinergia metodológica en la que se pueda integrar el aprendizaje colaborativo, el *Peer Instruction* o instrucción entre pares con trabajos grupales y la resolución de *concept test* que permiten identificar las dificultades comunes en la comprensión de los materiales que se han utilizado para hacer una clase inversa. Esto último, ha sido organizado mediante la lectura de documentos, escuchando y visionando los materiales multimedia que, en resumidas cuentas, ha hecho que las tareas de transmisión de la información, como lo eran las clases magistrales, queden en un segundo plano al quedar fuera del tiempo de clase, y reservarse sólo para su visionado en casa. De ahí que, el potencial de la *flipped classroom*[133], radique en que el tiempo que se invertía antes para la transmisión del conocimiento, donde el alumno se convertía en ocasiones en un copista amanuense, ahora, pueda en su domicilio visionar cuantas veces quiera el material multimedia teórico; destinándose el tiempo de interacción del aula presencial a tareas de una eficacia pedagógica superior, así en nuestro caso, se ha dedicado a resolver cuestiones, casos prácticos y presentación de proyectos; lo que permite que los alumnos apliquen y practiquen su aprendizaje en el aula con la interacción del profesor que lo monitoriza. Esto conlleva, sin lugar a dudas, un esfuerzo por parte del profesorado, ya que se debe crear un marco que garantice la educación personalizada convirtiéndose, los alumnos, en artífices del aprendizaje[134].

---

[131] CABERO J, GISBERT M, *La formación en internet, Guía para el diseño de materiales didácticos*, Mad. Sevilla, 2005, p.47.

[132] SOLANO FERNÁNDEZ I., *Podcast educativo. Aplicaciones y orientaciones del m-learning para la enseñanza*, Sevilla, 2010, p. 103.

[133] BRAZUELO GRUNZ F.- ZAMORA MANZANO J.L. "Competencias digitales docentes para el desarrollo de la intercreatividad de las redes y *flipped classroom* con tecnologías móviles", *Actas II Jornadas Iberoamericanas de Innovación educativa en el ámbito de las TIC*, 2015, Las Palmas, 71 ss.

[134] BERGMANN J., SAMS A., *Flip Your Classroom: Reach Every Student in Every Class Every Day*, Washington, ISTE, 2012, p.6 ss.

Dentro de las ventajas de la dinámica de la clase invertida podemos destacar:

— Permite a los alumnos acceder a materiales y planificar su conocimiento antes de interactuar en el aula, mezclando instrucción directa con aprendizaje constructivista.
— El estudiante se convierte en parte central del proceso de enseñanza-aprendizaje.
— Se personaliza más la educación y ayuda a crear un clima de aula más enfocado en la resolución de problemas donde el profesor actúa tutorizando y resolviendo dudas para consolidar el aprendizaje de los alumnos.
— Genera un ambiente de trabajo colaborativo entre los alumnos y de uso interactivo de las TIC, a la vez que permite destinar la clase presencial a tareas de evaluación empírica y resultados de aprendizaje con apps específicas.
— El ecosistema digital permite cada vez realizar unos materiales: videoclases, *podcast*, *moocs*, que han transformado la idea de clase magistral tradicional, sin que ello suponga denostar o la desaparición de ésta, cuestión que hemos analizado en sede correspondiente; y los alumnos y alumnas obedecen mejor a la integración de estas herramientas, ya que hacen uso a diario de las mismas.
— Permite una atención a la diversidad, dado que es frecuente encontrar muchos alumnos que trabajan y, con esta metodología, pueden preparar los conocimientos teóricos y adquirir competencias gracias a que los materiales están colgados en los Campus virtuales.

Algunas de las desventajas significativas son:

— El hecho de que muchos profesores sean reacios a integrar este tipo de estrategias, muchas veces por falta de conocimiento y de adaptación a la realidad de las TIC, aunque no son la panacea, debemos ver en estas metodologías una oportunidad y un cambio.
— Se invierte también mucho tiempo y esfuerzo por parte del profesor para elaborar los materiales.
— No todos los alumnos aprenden igual con esta metodología y es necesario una monitorización ulterior si surgen dudas con los contenidos.
— Menor interacción y mayor porcentaje de distracción por parte de los alumnos.

En este contexto, está claro que esta metodología que hemos puesto en marcha con una serie de actividades que abordaremos a continuación en relación a nuestra experiencia fomenta el aprendizaje ubicuo enriquecido mediante tecnología, lo cual implica tener en cuenta todos los dispositivos asociados al *mobile learning*. La ventaja de la elaboración de los materiales es su reutilización y el esfuerzo de realizar los mismos; ello reinvierte de forma directa en los alumnos, al mismo tiempo que, en opinión de García Barrera[135] contribuye a: *que la labor docente no sea tan aisla-*

[135] GARCÍA BARRERA A., *El aula inversa: cambiando la respuesta a las necesidades de los estudiantes*, en la educación del futuro, Revista asociación inspectores de educación nº19, 2013, p.6

da, incentivar el trabajo colaborativo entre profesores y dedicar un mayor tiempo a atender la diversidad presente en el aula.

En este sentido, hemos puesto la clase invertida en marcha en algunos temas con el fin de destinar la clase presencial a las cuestiones más enrevesadas del temario, a la resolución de problemas y puesta en común de casos prácticos cuya resolución se planteó a través del trabajo colaborativo. Esto implica una sinergia integrada de métodos que, como ya hemos recalcado, requiere un esfuerzo por parte del docente en cuanto al diseño y ejecución del método.

B) Aprendizaje basado en proyectos y el portfolio

Este método se basa en Estrategia metodológica de diseño y programación que implementa un conjunto de tareas basadas en la resolución de preguntas o problemas, mediante un proceso de investigación o creación por parte del alumnado. En el mismo el estudiantado trabaja de manera relativamente autónoma y con un alto nivel de implicación y cooperación; y que culmina con un producto final, donde se puede integrar el Portfolio Digital (PD) presentado ante los demás. Este método supone que el estudiante asuma una mayor responsabilidad en su autoaprendizaje; de hecho, va dirigido a realizar y desarrollar problemas y tareas dentro de un proyecto que implica la consecución de las competencias propuestas en la materia[136], y que deben quedar especificadas en el programa de la asignatura, normalmente enfocado a los últimos meses del curso o donde existe ya un andamiaje jurídico para poder realizar las tareas. Es importante realizar las fases de su desarrollo en cuanto a:

— Información, donde los alumnos recopilas fuentes e información necesaria para la resolución de la tarea presentada.
— Planificación con un plan de trabajo y una secuenciación concatenada y la estrategia a seguir.
— Ejecución basada en la actividad experiencial e investigadora.
— Evaluación de los resultados obtenidos que se discuten y que se pueden debatir con compañeros junto con el profesor. En este punto deberemos observar las habilidades y destrezas comunicativas, diseño de la investigación, sistematización de los resultados, destrezas y habilidades técnicas, entre otras cuestiones.

Este tipo de metodología se puede aplicar de forma colaborativa, si bien no debemos olvidar que se centra en el estudiante, al desarrollar la capacidad de «aprender a aprender», en la que el estudiantado va a proponer diseños y soluciones ante la

(*url:http://www.adide.org/revista/index.php?option=com_content&task=view&id=534&Itemid=509* fecha de consulta 07/05/2021)

[136] FONT, A.-ORTUÑO PÉREZ, M.ª E., et al., "Las competencias genéricas en el Grado de Derecho y su evaluación", en *Revista de Educación y Derecho. Education and Law Review* 6 (2012).

actividad jurídica diseñada, que deberá tener una secuenciación lógica y unas competencias a desarrollar con la misma.

En igual sentido, encontramos un enfoque similar en el dosier, carpeta o portfolio[137] de aprendizaje, físico o digital, en el que se establezca una recopilación de materiales seleccionados con la intención de explicar el aprendizaje realizado, reflexionar sobre este material y evaluarlo. Es decir, un método para que los estudiantes, tras la recopilación de sus proyectos y trabajos, analicen y evalúen su propio progreso. De hecho, en la modalidad digital, se crea un espacio virtual de aprendizaje que gestiona el estudiante, y que permite mostrar su proceso de aprendizaje mediante las evidencias que éste va generando[138].

En el mismo, se definen los objetivos en función de las competencias, es decir, en base al saber hacer, y no solo en base a conocimientos de las disciplinas, así, el mismo:

— Facilita el aprendizaje autónomo y la evaluación de competencias.
— Permite la autoevaluación y el aprendizaje significativo. Por ello, también es un instrumento de evaluación.
— Facilita la colaboración y proporciona un *feedback* importante al profesor y al resto de estudiantes del desarrollo y ejecución de la tarea, junto a sus dificultades.

Con esta metodología, los estudiantes construyen su aprendizaje con pensamiento crítico y reflexivo, no debemos olvidar que la docencia se debe centrar en el estudiante y que nosotros somos facilitadores del mismo, por ello es importante también fijar una comunicación efectiva no solo con las tutorías sino también con el seguimiento académico, ello implica un notable esfuerzo ya que el profesor debe an-

[137] ZAMORA MANZANO J.L.- BELLO RODRÍGUEZ S.A. "Una experiencia de enseñanza aprendizaje en el Derecho romano mediante el uso del e-portfolio", *CD E-learning 2.0 enseñar y aprender en la sociedad del conocimiento*, Servicio de Publicaciones UPV, Bilbao, 2010, pp. 1-11. ISBN 978-84-9860-447-4.

[138] ORTUÑO PÉREZ Mª. E. "El uso del portafolio digital para la enseñanza-aprendizaje y para la evaluación académica en el ámbito del Derecho", en *X Congreso de las Academias Jurídicas de Iberoamérica: Madrid (España) 22, 23 y 24 de noviembre de 2018* Antonio Fernández de Buján (dir.), Vol. 1, Madrid, 2019, 2019, p.311-320; p.314 la siguiendo a Campbell (*How to develop a professional portfolio: a manual for teachers* 2.ª ed., Boston, 2001.) principalmente, distingue entre portafolios de trabajo, en los que figura fundamentalmente el progreso del aprendizaje, y portafolios de presentación, en los que figuran los documentos acreditativos de las evidencias del aprendizaje, es decir, los elementos que constan en el mismo, informan sobre cómo se desarrollan los trabajos y el aprendizaje del alumno. Desde otra perspectiva, pueden distinguirse entre portafolios de carácter académico, de carácter profesional y de carácter personal. Y en atención a la determinación de su contenido pueden distinguirse entre portafolios abiertos, portafolios cerrados y portafolios mixtos. En igual sentido vid. FONT RIBAS A- ORTUÑO PÉREZ E. et al. "El portafolio digital: una herramienta para la reflexión" en *Buenas prácticas docentes en el uso de las TIC en el ámbito del derecho* (coord. por Agustí Cerrillo i Martínez, Ana María Delgado García) 2013, I pp.125-140.

ticiparse a las dificultades del alumno/a dejando que tome conciencia y decida cómo actuar con el abanico de recursos y estrategias disponibles.

En nuestro caso hemos aplicado y potenciado su uso en la asignatura optativa de Derecho romano que versa sobre el Derecho comercial y marítimo, donde los estudiantes deben realizar un portfolio que integra una serie de tareas de autoaprendizaje, estableciendo un diseño adecuado que permita el desarrollo de competencias claves con responsabilidad y autonomía. Esto lo venimos realizando en los últimos años de manera grupal y colaborativa, creando la cohesión y la interdependencia de grupo.

C) Aprendizaje Colaborativo o Cooperativo

Esta metodología se basa en maximizar el aprendizaje a través de un trabajo en grupo coordinado, interdependiente y colectivo. Esto supone que se debe percibir la cohesión de grupo a la hora de realizar las actividades diseñadas por el docente. El estudiantado asume la responsabilidad de su aprendizaje pero teniendo claro que el éxito de uno es para todos, existiendo, por ello, interdependencia. El Aprendizaje cooperativo parte de seis principios básicos de referencia que se destacan en la siguiente gráfica.

Interdependencia positiva y compromiso de los participantes	**Interacción y** ***feedback*** cohesión relacional de grupo	**Habilidades** interpersonales y de grupo	**Responsabilidad** grupal e individual	**Procesamiento** y evaluación grupal	**Aprendizaje profundo** y no memorístico

Como señala Benito-Cruz[139] esta metodología ha demostrado tener efectos positivos en relación con logros académicos, relaciones interpersonales, elementos de buen desempeño social y la autoestima. Desde el punto de vista de las ventajas de esta metodología activa podemos subrayar los siguientes:

— Permite el desarrollo de pensamiento de alto nivel, de las habilidades comunicativas, particularmente la autogestión y de habilidades de liderazgo.
— Mejora en la interacción entre los estudiantes y el profesor.
— Desarrolla un incremento en la retención académica con un mayor aprendizaje profundo, la autoestima y la responsabilidad.

[139] *Nuevas claves para la Docencia Universitaria en el Espacio Europeo*…p.23.

— Genera motivación intrínseca y extrínseca.
— Prepara a los estudiantes para situaciones sociales y laborales de cualquier profesión, en nuestro caso jurídica.

El profesor, como facilitador, realiza un diseño de actividades en función de algunos parámetros, para ello deberá presentar contenidos adecuados con el uso o no de TIC, promover la comprensión de las explicaciones para lo cual podrá utilizar la clase invertida, asegurar la comprensión de la tarea propuesta y las competencias a desarrollar; y finalmente, la planificación que se ha de seguir por parte de los grupos, lo cual puede implicar dinámicas de autoevaluación.

Desde nuestro punto de vista, la rúbrica y el diseño son vitales para proporcionar, a priori, la información necesaria al estudiante para que, desde el inicio de la actividad, pueda existir la reflexión de grupo y la consecución de los objetivos.

Existen diversas técnicas de aprendizaje colaborativo, pero una de las más empleadas es el puzzle o *jigsaw* (TPA Técnica de puzle de Aronson[140]): la idea central de esta, consiste en dividir el grupo de clase en diferentes equipos de trabajo, responsabilizando a cada miembro de una parte diferente de la tarea a realizar, de la que llegará a convertirse en lo que denominamos experto. Posteriormente, los estudiantes de los diferentes equipos que tienen asignada la misma parte del tema se agrupan para discutirlo a modo de grupo de expertos y luego regresan a sus grupos originarios haciendo un *feedback* de intercambio de la información aprendida.

La realización de la totalidad del trabajo, con este método, está condicionada por la cooperación y la responsabilidad recíproca entre el alumnado, por tanto, pretendemos con esta estrategia aplicada a nuestros quehaceres docentes, una interdependencia positiva, y naturalmente la solidaridad como un contenido procedimental y actitudinal, y por tanto, donde la competitividad es incompatible con el éxito[141]. Ello nos aporta una experiencia innovadora, en la cual ya hemos trabajado[142], que favorece el aprendizaje significativo y autodirigido, el desarrollo de la solidaridad y el compromiso cívico entre el alumnado y, por supuesto, el fomento de la autonomía en el aprendizaje[143].

---

140 ARONSON, E.- PATNOE, S. *The Jigsaw Classroom. Building Cooperation in the Classroom.* United Status, Longman (second edition), London, 1997, p. 7.

141 TRAVER MARTÍ J.A.- GARCÍA LÓPEZ R., "La técnica puzzle de Aronson como herramienta para desarrollar la competencia "compromiso ético" y la solidaridad en la enseñanza universitaria", *Revista Iberoamericana de Educación n.º 40/4* – 10 noviembre, 2006, p.1-9; 6.

142 ZAMORA MANZANO J.L.- BELLO RODRÍGUEZ S. "Social Networking en los procesos de aprendizaje colaborativo en la docencia universitaria" en *Experiencias de intercreatividad de las redes y flipped classroom, Tecnologías y diversidad como base para la función docente*. pp. 1 - 14. Anaya-UNED, Madrid, p.1-14 ISBN 978-84-606-9297-3.

143 GUIJARRO E.- BABILONI E. et al. "Aplicación del puzzle de aronson para trabajar el aprendizaje colaborativo y el desarrollo de competencias genéricas de los estudiantes", en *2nd International Conference on Innovation, Documentation and Teaching Technologies INNODOCT*, Valencia, 2014, p. 499, los autores consideran que las ventajas de ésta técnica se centran en *las habilidades relacionadas*

Proceso de Aprendizaje Cooperativo AC

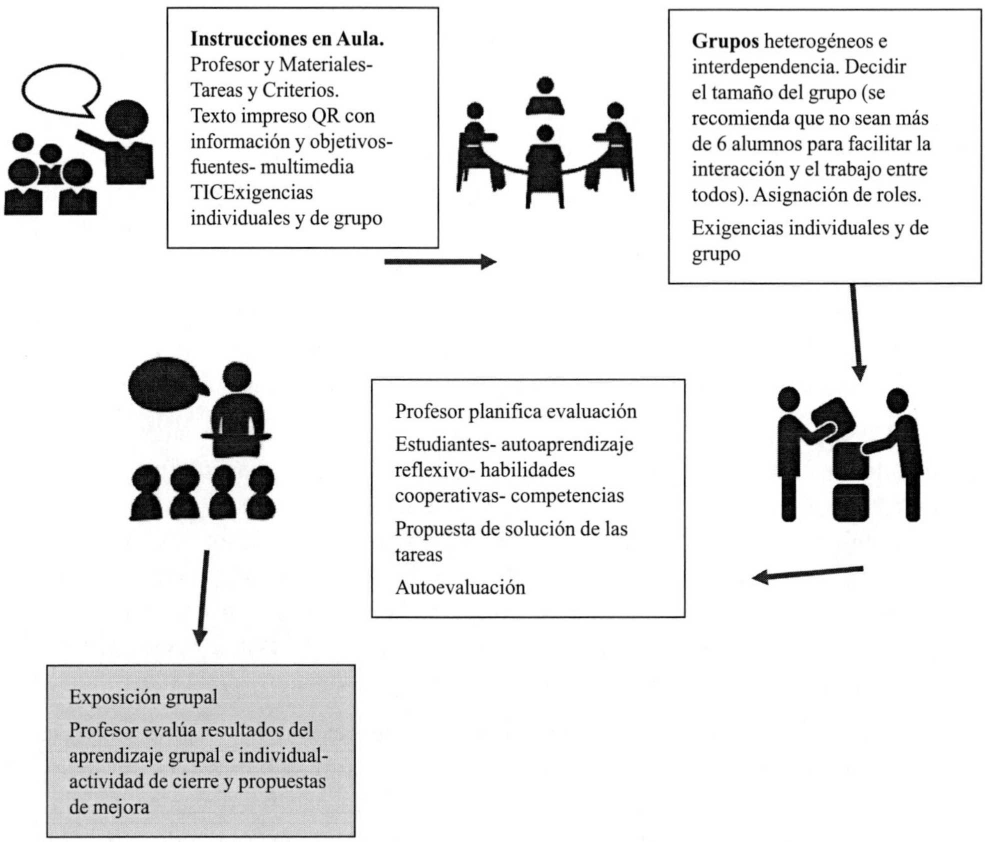

Una vez finalizadas todas las fases, se puede verificar si con el AC los alumnos han adquirido los conocimientos que se planteaban con la actividad, por lo que es importante evaluarlo. ¿Se evaluará el rendimiento sólo individual o solo el grupal? ¿O se evaluarán ambos? La elección será la que le parezca más adecuada al docente, aunque no se puede obviar que se obtendrá más información evaluando ambos rendimientos. Por este motivo:

— El aprendizaje individual puede evaluarse con una prueba tipo test o con una prueba de pequeñas preguntas abiertas, con el fin de conocer el grado de aprendizaje del alumno. Podemos incluir una actividad de gamificación, como luego veremos, para ver resultados ya sea de forma síncrona o asíncrona.
— El rendimiento grupal puede evaluarse a través del producto del proceso de AC. Un dossier, un trabajo, una reflexión, portfolio, etc.

---

con el "saber hacer" y "querer hacer" comunes a todas las ramas profesionales, y que se recogen como competencias genéricas o transversales en las diversas titulaciones. De ahí que esta metodología sea una estrategia válida para trabajar, no sólo el trabajo colaborativo entre estudiantes, sino también el desarrollo de competencias genéricas.

D) Aprendizaje basado en la capacidad de resolución de problemas *Learning by doing LBD*: ABP y método del caso

Esta metodología activa se basa principalmente en el trabajo de los grupos que, de forma autónoma, intentan resolver un problema; o un caso diseñado y planificado por el profesorado, donde el protagonista es el estudiante que deberá desarrollar competencias previamente establecidas. En el diseño del ABP (Aprendizaje basado en problemas), a la hora del diseño, se han de integrar conceptos básicos de la materia, de forma particular del Derecho romano, a través de problemas basados en situaciones reales o ficticias, extraídas de las fuentes jurídicas, Digesto, Codex, entre otras, en las que los estudiantes en grupo, y de forma autónoma, deberán averiguar la solución a los mismos. Es obvio que todo ello requiere una lectura meticulosa del supuesto, reconocer lo que se sabe, recopilar la información adecuada, plantear las hipótesis y argumentar y presentar la propuesta de resolución.

Desde el punto de vista del profesor, en el caso del ABP, es importante:

— Establecer las condiciones del trabajo, el número de miembros de grupo (máximo 8 miembros) la asignación de tareas y coordinación.
— Verificar las competencias a desarrollar en función de la materia y las hipótesis planteadas con el problema.
— Resolver la problemática que se pueda suscitar *ab initio,* ya que el estudiante se encuentra por primera vez con conceptos que necesitan de un aprendizaje, para ello serán necesarias tutorías grupales de seguimiento ya sea presencial u on line.
— Organizar la secuenciación de las tareas y realizar seguimiento de los grupos para comprobar el aprendizaje y la consecución de los objetivos.
— Motivar y realizar feedbacks con los estudiantes, a través de las tutorías, clase expositiva o práctica; o en su caso a través de los foros o webconferencias programadas a tal efecto.
— Moderar la discusión y debate final del grupo, realizando las correcciones y las propuestas de mejora.
— Evaluar los resultados del aprendizaje teniendo en cuenta la capacidad de trabajar en grupo, la cohesión, la precisión y exposición en las habilidades comunicativas y del vocabulario jurídico utilizado. Y la valoración del proyecto, informe o portfolio realizado por el grupo en base a la rúbrica establecida.

Con el ABP, pretendemos alejar al estudiantado de los problemas de aprendizaje lineal o mecánico de rutinas aprendidas[144] y buscar comprometer el interés de este, para ello deberemos relacionar los problemas con el contexto actual. Por ejemplo, si hablamos de un ABP relacionado con pluralidad de hipotecas lo pondremos en

---

[144] BENITO A.- CRUZ A., *Nuevas claves para la Docencia Universitaria en el Espacio Europeo de Educación Superior…* p.38

relación con una situación actual, sin caer en un presentismo exacerbado que pueda deformar el contexto histórico. De esta forma procuraremos que los estudiantes sean capaces de aprender haciendo *Learning by doing* LBD, fomentando la toma de decisiones y juicios críticos de los supuestos planteados, con una argumentación jurídica lógica basada en las fuentes romanas, en la que deberán buscar las concomitancias con el Derecho vigente.

En este sentido, es importante la cooperación de todos los integrantes ya que esta técnica se basa en la responsabilidad del propio estudiante en su aprendizaje; por ello también el mismo tiene un papel activo en su evaluación. Además, debemos subrayar que este método facilita el aprendizaje de las competencias tanto nucleares como transversales asociadas a la resolución de supuestos y de trabajo en equipo. El hecho de facilitar el trabajo intergrupal permite experimentar con el ABP (tabla 7) situaciones cercanas a las que se producen en el ejercicio de la profesión jurídica, como son los despachos de abogados, con lo cual integramos habilidades asociadas a las mismas, lo que redunda en una mayor motivación de los estudiantes, los cuales deberán debatir y argumentar las posibles soluciones que se puedan aplicar a las hipótesis planteadas en el supuesto.

Aprendizaje basado en problemas ABP *(tabla 7)*

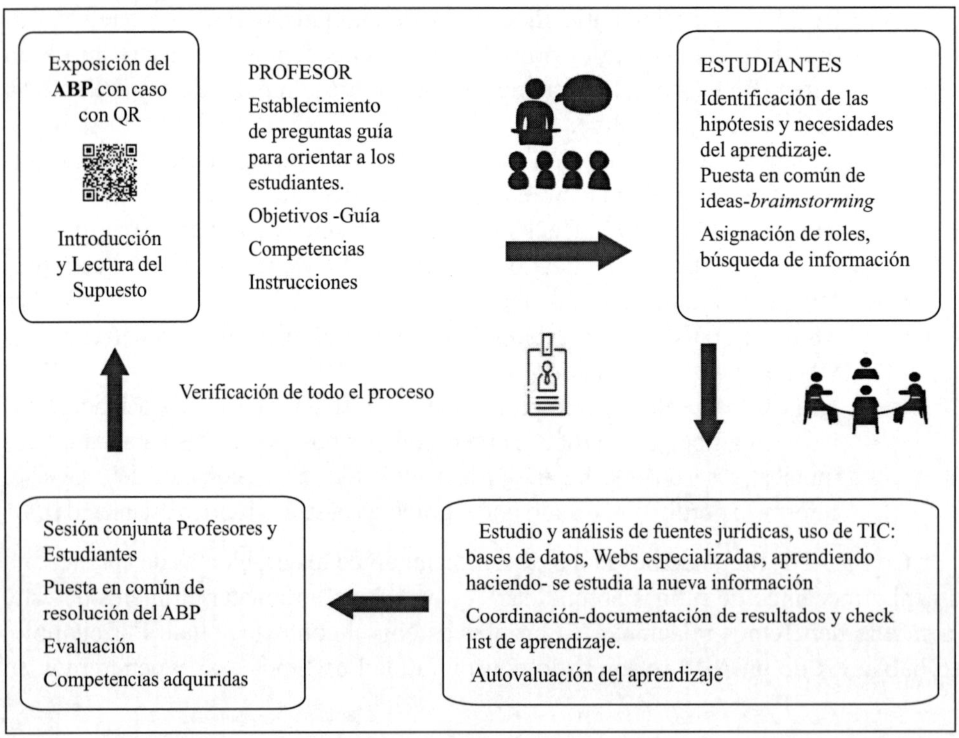

hora bien, debemos diferenciar el ABP, del método de resolución de casos, siendo este último un método propio de los seminarios, talleres[145], y de las clases prácticas en las cuales hemos señalado con anterioridad que también podemos trabajar en grupos. El *Case Study* o método de casos, es uno de los métodos más utilizados en la enseñanza del Derecho romano, especialmente porque en su análisis, normalmente en grupos y guiados por el profesor, los estudiantes realizan una interpretación del caso detectando las hipótesis, cuestiones que se suscitan, y en la que se va a dar respuesta a las mismas, para posteriormente en grupos y sesiones plenarias, plantear la resolución que permita ver el aprendizaje significativo alcanzado.

Normalmente planteamos la resolución de diferentes supuestos:

— Casos de las fuentes jurídicas romanas con los comentarios a los textos y decisiones jurisprudenciales más significativas, que sirven de guía a los estudiantes en la resolución y que pueden realizar juicio crítico y reflexivo.
— Casos inventados con variantes de forma que puedan servir para analizar la teoría desde numerosos puntos de vista en función de las diferentes soluciones del supuesto práctico, observando sus singularidades.
— Casos para realizar derecho comparado entre el ordenamiento jurídico romano y el Derecho actual, tratando de buscar el punto de conexión entre ambos, similitudes y divergencias, sin que, el uso de convencionalismos modernos, impliquen alteración de la realidad histórica.
— Casos combinados, que sirven también para el método antes enumerado del ABP, con varias hipótesis, enlazando diversas instituciones en un mismo supuesto. Esto es importante para que el estudiante tenga un contacto con supuestos en los que se pueda producir un delito con una compraventa, y una herencia, teniendo que establecer un *iterin* de resolución adecuado, en base a las guías que establezca el profesorado.

Todos ellos permiten que el estudiantado pueda formular argumentos, plantear soluciones, dialogar y rebatir las ideas que se susciten en los mismos. El caso puede venir representado no solo en el manual o libro de prácticas, sino también a través de un multimedia enlazado en un QR[146].

Ahora bien, si observamos las ventajas, como apunta Javier Alfaro[147], este método favorece:

---

[145] PÉREZ ÁLVAREZ Mª. P., *Innovación metodológica y Espacio Europeo…* op. cit. p.63 se posiciona con el uso de éste método también en los Seminarios y señala que: "*a través del método del caso se propone el análisis de una situación o problema jurídico con el fin de contextualizarlo en la complejidad del ordenamiento y realizar la búsqueda de soluciones eficaces*".

[146] ZAMORA MANZAJO J.-BELLO RODRÍGUEZ S., *Vademecum de Derecho romano*, Dykinson, Madrid, 2020, en nuestro manual de prácticas hay varios supuestos en los que enlazamos el caso con un código QR para que oriente al estudiante en la resolución del mismo.

[147] "Seminarios y talleres", en *Metodologías de enseñanza y aprendizaje para el desarrollo de competencias*…p.80.

— La capacitación para análisis en profundidad de temas específicos.
— La motivación intrínseca por el aprendizaje.
— El entrenamiento en la resolución de problemas
— La conexión con la realidad y la profesión.
— El desarrollo de habilidades de comunicación.
— La aceptación y motivación por parte de los estudiantes al tener que ensayar soluciones para situaciones reales.
— La posibilidad de experimentar un aprendizaje y evaluación auténtica, ligada a los hechos reales.

Es obvio que este método también se encuentra con algunas dificultades en relación a supuestos enrevesados y de mayor complejidad y, en ocasiones, como sucede en las clases prácticas en grupos grandes, a pesar de que se puedan trabajar en grupos también más reducidos, existen diferentes estilos de aprendizaje entre el estudiantado y no todos aprenden al mismo ritmo, por eso el realizar estrategias de aprendizaje adaptativo y el trabajar con la motivación es algo crucial en la Universidad del presente siglo, lo que conlleva, naturalmente, el uso de estas metodologías activas como solución.

En todo caso, aunque esta táctica de aprendizaje parte del estudio individual y grupal del caso, en la exposición en clase debemos de ordenar el debate y aprender de lo que los estudiantes nos argumentan, no podemos deslegitimar las reflexiones críticas sino corregir, motivar, y buscar propuestas de mejora, y siempre moderar los debates y las opiniones, creando un clima de aula integrada, por ello el profesor debe:

— Diseñar el caso, los objetivos y las competencias que se persiguen
— Motivar individualmente para la realización de los mismos, esto también se puede lograr realizando una *flipped classroon ad hoc* para el supuesto, de forma que el alumno en el aula se centre en la resolución en grupo de cara a la exposición. Normalmente este es nuestro modus operandi.
— Preparar el debate y el cronograma temporal para la exposición.
— Provocar asertividad y debate, es fundamental captar la atención, para ello podemos utilizar variantes del caso que no se hayan presentado con anterioridad, induciendo cuestiones nuevas.
— Trabajar las habilidades comunicativas y el uso de lenguaje jurídico en el mismo.
— Realizar actividad de cierre, conclusión y propuesta de mejora.
— Proporcionar una retroalimentación o *feedback* que ayude a la mejora y contrastando la información aportada por el estudiante con un trato correcto al mismo, sin entrar en juicios o descalificaciones.

Si comparamos el ABP con el método del caso, encontramos como singularidades que en el primero partimos del grupo fijado *ab initio*, y en el segundo de un estudio individual-grupal para después realizar la exposición en clase. A ello podemos resaltar otra diferencia notable el método del caso está orientado al propio aula, en una o varias clases y el profesor hace de guía inicial; sin embargo, el ABP en contraposición a lo anterior, el trabajo sale fuera del contexto del aula y el tutor hace grupos de trabajo que son tutorizados, y donde se plantean diferentes alternativas para que los estudiantes descubran por sí mismos la solución; lo que supone un proceso guiado donde la interacción de grupo creado es lo esencial para un aprendizaje autónomo.

En conclusión, utilizando uno u otro, lo importante es que debemos contribuir al desarrollo del aprendizaje, para ello debemos anticiparnos a las dificultades del estudiante para convertirnos en facilitadores del mismo ofreciendo recursos y estrategias que permitan un desarrollo de competencias claves, en un aprendizaje reflexivo, significativo, responsable y autónomo. En todo caso, se ha de buscar la innovación de lo clásico, no puede ser una lucha entre las formas tradicionales de enseñar con las nuevas herramientas TIC que brindan oportunidades en la educación universitaria del presente siglo.

E) Gamificación o ludificación en el aula y escape room virtual

A la hora de fomentar nuevas estrategias didácticas, continuando con las metodologías innovadoras, se hace imprescindible utilizar aquellas que motiven al alumnado, que enganchen su atención, creen ese «*engagement*» y hagan del contenido teórico algo cercano a sus vidas. Por otro lado, las tendencias metodológicas y la irrupción de las TIC, permiten fomentar el aprendizaje ubicuo, lo cual implica tener en cuenta todos los dispositivos asociados al *mobile learning*. La ventaja de la elaboración de los materiales es su reutilización y el esfuerzo de realizar los mismos, se reinvierte de forma directa en los alumnos, cuestión que permite, como es el caso presentar como estrategia la gamificación en el aula[148].

Desde que nacemos, se nos estimula a través de juegos para que vayamos aprendiendo y adquiriendo determinadas habilidades, por ello es importante la gamificación, como ya hemos apuntado al principio. Pero ¿por qué el juego? porque el hombre lo hace desde siempre a lo largo de la historia, el *homo ludens*, la cultura nace jugando[149] y el hombre necesita sentir ese deseo de recompensa, de estatus, de logro, de expresión, de competición y de altruismo entre muchos otros. Estas necesidades son universales, atemporales, atraviesan umbrales demográficos, culturas y géneros. En este sentido, introducir la gamificación y otras actividades, que implica atreverse a innovar siendo creativos y proponiendo a nuestros alumnos modos distintos de trabajo a los tradicionales, supone parte de la decisión metodológica, pero en el fondo implica la concreción de lo que se pretende que los estudiantes realicen. En sí mismas, constituyen unidades de actuación en el proceso de enseñanza-aprendizaje, unidades integradas, con unos objetivos formativos[150].

[148] ZAMORA MANZANO J.L, "La enseñanza en el siglo XXI: una reflexión sobre las metodologías en la Universidad", en Reflexiones sobre la misión de la Universidad en el siglo XXI, (Coord. Obarrio-Bosh-Zamora et al.), Dykinson Madrid, 2020, p.281-291; 287.

[149] HUIZINGA, J., *Homo Ludens,* Alianza, Madrid, 2012, p. 7.

[150] FERNÁNDEZ MARCH, A., "Metodologías activas para la formación de competencias", *Educatio siglo XXI*, 24, 2006, pp.53 ss.

Cabe subrayar que la gamificación nos permite ver al alumno como uno de los actores más importantes en el proceso de aprendizaje, ya que, como estudiantes, tienen que elegir entre las rutas de aprendizaje y competir entre sí, al aplicar las mecánicas del juego, para alcanzar niveles más altos o conseguir insignias en base a su motivación, que podría ser intrínseca o extrínseca[151]. De ahí que la esencia de esta estrategia metodológica, unida a otras, sea la de crear un clima o ambiente de aprendizaje diverso, con un sistema de toma de decisiones y recompensas que ayude al estudiante, a aumentar su motivación e interés y llegar a un mayor nivel de participación en el proceso de aprendizaje. A priori, la gamificación fue utilizada de forma inicial como herramienta de marketing permitiendo captar o fidelizar clientes, al mismo tiempo que optimizaba las tareas y aumentaba la proactividad en los sujetos. La importancia de la gamificación subyace en el hecho de que su correcto uso, como implementación de otras estrategias tradicionales, nos permite pasar de la mera conectividad al *engagement* (o compromiso), logrando que los miembros de una comunidad, los trabajadores de una empresa, los estudiantes y cualquier colectivo o individuo participen de manera dinámica y proactiva en acciones que, generalmente, requieren un esfuerzo.

Ahora bien, para su integración en el aula, debemos tener en cuenta como son las llamadas mecánicas de juego, es decir, una serie de reglas que generan el *engagemen*t y cierta adicción, para aportar retos, por ello es importante determinar unas reglas que permitan al usuario, en nuestro caso los estudiantes, ganar puntos e insignias, superar niveles o mejorar su posición en relación a otros jugadores como recompensa a su comportamiento ante las actividades diseñadas, entre otras mecánicas podemos destacar:

— Puntos: son una de las mecánicas de juego más extendidas en múltiples facetas de nuestra vida y que nos motivan, no solo a nivel de marketing y fidelización, sino también en evaluaciones y exámenes. De ahí que exista siempre una preocupación por perderlos y de ir alcanzando más, como forma de motivación, a través de la actividad diseñada en el juego en el que se pretendan diferentes objetivos y comportamientos. La aversión a la pérdida de puntos incrementa la rivalidad entre los sujetos que intervienen en la actividad.
— Insignias y trofeos: la recolección de puntos puede implicar alcanzar también una serie de insignias o trofeos como estímulo y premio que los jugadores van recolectando en los diferentes niveles por los que se desarrolla la actividad lúdica.
— Rankings: implica el establecimiento de una clasificación que ayuda a establecer una comparativa entre los distintos jugadores.
— Niveles: en relación al rango de puntos se pueden establecer diferentes niveles, que van a mejorar la mayor o menos implicación entre los juga-

[151] BIRÓ, G."Didactics 2.0: A Pedagogical Analysis Of Gamification Theory From A Comparative Perspective With A Spec" *Procedia - Social and Behavioral Sciences Nº* 141 (2014) 148-151.

dores y más cuando estos van a determinar una clasificación y, por ende, una comparativa entre los individuos que afecta a la reputación y reconocimiento o rango o status. La lucha por alcanzar un nivel superior produce rivalidad y mayor sentimiento de grupo en caso de trabajo colaborativo o el diseño de actividades grupales, fomentando incluso la mayor cohesión de los grupos.

A su vez, todas estas mecánicas de juego necesitan de unas dinámicas que hagan más ameno y divertido el aprendizaje, ya que el juego es una de las formas en la que se manifiesta la propensión natural e intrínseca de los estudiantes a aprender, como nos comenta Moore-Walsh [152]; si bien los mismos deben ser diseñados cuidadosamente para asegurarse de que se relacionan con unos objetivos de aprendizaje, creando una atmósfera interactiva, visual y colaborativa, evitando por tanto que el aula quede insulsa y anodina. De ahí que, la dinámica del aula, en la cual utilizamos el juego, deba también generar entusiasmos y curiosidades; para ello fomentamos: por un lado, la competición que sin duda implica un magnífico instrumento para atraer el interés del alumno por una actividad, ya se vaya a realizar individual o grupal; por otro, el trabajo cooperativo ya que se juega con el hecho de que es un mismo grupo el que persigue un mismo fin y al mismo tiempo intentar actuar como facilitador, potenciando enfoques autónomos de aprendizaje y mejorando la interacción entre los grupos de trabajo.

En ese mismo contexto de aula gamificada, es importante introducir las TIC, de hecho, aunque sabemos que los estudiantes poseen diferentes niveles de competencia tecnológica, se deben crear espacios de aprendizaje para que todos ellos accedan a los elementos tecnológicos y digitales, ya que hoy en día nos encontramos inmersos en la llamada Sociedad digital, de ahí que potenciemos el *Mobile learning*, que permite un aprendizaje flexible y ubicuo, y mejorar la interacción didáctica y potenciar un aprendizaje centrado en el alumno. Por ese motivo, integramos también como estrategia la clase invertida o *flipped classroom* mediante materiales multimedia con parte de los contenidos teóricos para que los alumnos pudieran preparar y superar los retos que se establecen en toda dinámica de gamificación.

A nuestro juicio, las ventajas que presenta la gamificación se pueden resumir en las siguientes:

- Fomenta el trabajo en el aula y ayuda a crear un clima en la misma motivacional.
- Permite convertir tareas y partes del temario más complicadas y áridas en algo más atractivo.
- Premia el esfuerzo y ayuda al alumno a ver cuándo está en zona de peligro por no obtener una puntuación suficiente para el aprobado, ya que penaliza la falta de trabajo en las tareas asignadas.

[152] *Estrategias eficaces para enseñar en la universidad*, Lavel, Madrid, 2012, p.106.

— Promueve también la rivalidad y el trabajo en equipo de los grupos ya que se esfuerzan por el premio o insignia de mayor nivel, lo cual incide en mejora de su nota en la asignatura, ya que mediante el juego se recolectan puntos que permiten obtener un feedback de inmediato[153], fomentando a su vez la competitividad grupal.

En todo caso se puede observar que es importante el uso de herramientas TIC para llevar a cabo la gamificación; y que conectan con las aplicaciones que hoy forman parte del ecosistema digital del aula y del llamado BYOD (*Bring Your Own Device*) entre los estudiantes, de entre las que podemos destacar:

socrative by MasteryConnect	Kahoot!	QUIZIZZ

1. Socrative: permite la elaboración de cuestionarios con preguntas y respuestas de opción múltiple, verdadero/falso, entre otras; a través de un formato interactivo en el que se puede establecer una clase virtual previamente creada con el modo de "*Socrative teacher*" y en la que los alumnos en sus móviles pueden descargar la versión "student" e ingresar el código de la clase. Para comenzar, por ejemplo, una gamificación ésta se puede basar en una carrera con diferentes iconos que se pueden customizar dentro de los que vienen por defecto en la aplicación, y que permiten ver en tiempo real el progreso del aprendizaje y medir aciertos y errores que se pueden descargar en una hoja Excel, y de esta manera verificar resultados y el nivel de aprendizaje.

2. Kahoot: al igual que la anterior, faculta la elaboración de cuestionarios online para que los estudiantes los resuelvan en tiempo real a través de sus dispositivos, tablets, móviles o portátiles. También el entorno de su interface es simple y de fácil manejo. Se crea una cuenta y una actividad y, al igual que socrative, se ha de proporcionar un código pin a los estudiantes para poder ingresar en la sala o room donde comenzar la actividad de juego con cuatro opciones que además de colores, contienen símbolos. Sin lugar a duda, la aplicación kahoot es una de las más usadas y su versatilidad permite utilizar su Quiz, a modo de juego con un podio ranking en el que ver los resultados, fomentando la competitividad y el *engagement* necesario para estimular la motivación de nuestros estudiantes.

[153] CORTIZO PÉREZ J.-CARRERO GARCÍA F., et al."Gamificación y docencia: lo que la Universidad tiene que aprender de los videojuegos", VIII Jornadas Internacionales de Innovación Universitaria, Retos y oportunidades del desarrollo de los nuevos títulos en educación superior, 2011, p.4 ss.

3. Quizziz: es otra de las aplicaciones que posibilita la elaboración de los cuestionarios *on line*, con una interface muy parecida a las otras dos. Si bien, permite generar a través de un enlace y un código el acceso a la clase o *room gamificada* con dos síncrona en su modalidad de *play live* o asíncrona destinada a tareas de clase que perfectamente puede implementar la *flipped classroom*, y que permite la programación de un cuestionario de forma diferida. Esta aplicación facilita también elaborar cuestionarios con memes para ir motivando al tiempo que se van realizando los mismos; y también establece un ranking y un podio entre los mejores jugadores. Por ello, también fomenta la rivalidad y el trabajo en equipo si se hace de forma grupal. Se puede usar para implementar un aprendizaje basado en problemas, y que sean los estudiantes los que entre ellos realicen la actividad.

El uso de este tipo de herramientas se ha ido expandiendo en todos los ámbitos educativos y, más aún, durante la COVID-19, por la cantidad de *feedbacks* que generan, el refuerzo positivo que aporta, y lo que, a nuestro juicio, es un valor añadido ya que suma dentro de las actividades del aula que son atractivas para nuestros estudiantes, y es la gestión de las emociones y su motivación. En este sentido la situación que hemos vivido nos ha brindado la oportunidad de reflexionar sobre las formas de enseñar, las carencias y si volveremos a la educación prepandemia.

En nuestro contexto han sido varias las experiencias que se han realizado en nuestra disciplina[154] sobre gamificación[155] o ludificación, tanto de forma síncrona en el aula como fuera, así como de manera asíncrona.

Desde el punto de vista de las herramientas, hemos desarrollado algunos proyectos con el uso de esta metodología innovadora, vamos a comentar algunas ex-

---

[154] Podemos destacar entre varias, así por citar ej. las profesoras Romero y Pamplona centraron el aprendizaje gamificado en la diversión, motivación y aprendizaje, vid. ESCUTIA ROMERO R.-PAMPLONA ROCHE S., "Gamificación en la asignatura de Derecho romano: un estudio de caso" *Actas del IV Congreso Internacional sobre Aprendizaje, innovación y Competitividad CINAIC 2017* (coord. por María Luisa Sein-Echaluce Lacleta et al.), Zaragoza, 2017, pp. 434-439. Con concluyen las autoras: "*la mayoría de los estudiantes han percibido las experiencias de gamificación como facilitadoras del aprendizaje y piensan que han mejorado el aprendizaje de la materia Derecho Romano gracias a ellas. Es necesario tener en cuenta que en este análisis preliminar se ha tenido en cuenta únicamente el aprendizaje percibido por los estudiantes. En la siguiente etapa de análisis se analizarán las pruebas de evaluación formativa y se estudiará la evolución del aprendizaje de cada uno de los estudiantes*".

[155] LOPEZ RENDO C.-AZUSTRE M.J. et al. "Instrumentos de innovación docente en la enseñanza-aprendizaje del Derecho romano", en *Revista Internacional de Derecho romano, Ridrom*, octubre 2019, p. 454-491; 485 en sus conclusiones, que obviamente compartimos ya que hemos obtenido resultados parecidos que han permitido: introducir un elemento de diversión en las clases que incide en la motivación de los alumnos; permitir a los propios alumnos valorar si van entendiendo correctamente los conceptos fundamentales de cada tema y finalmente, facilitar que el profesor reciba una retroalimentación sobre el grado de asimilación de contenidos por los alumnos, lo que hace posible insistir en determinados puntos del temario con anterioridad al examen cuando se ve que ello es necesario o conveniente.

periencias realizadas en nuestro contexto educativo. Nuestra propuesta, se ha realizado en varias ocasiones en la asignatura de Tratamiento Jurídico de las relaciones comerciales: de Roma al Derecho moderno, asignatura optativa de segundo curso y 2ºcuatrimestre del Grado en Derecho de la Universidad de las Palmas de Gran Canaria, en el segundo cuatrimestre, que es la que nos permite realizar, dado el número de alumnos, un proceso de transferencia progresiva del control de aprendizaje a través de proyectos de innovación educativa, debido a la masificación de las aulas en otras asignaturas impartidas de primer curso con un mayor volumen de estudiantes.

En una primera gamificación de aula, en clase presencial, sabíamos que teníamos que integrar elementos de la clase invertida a través del temario que colgamos en plataforma digital para que pudiera ser visionado por los alumnos y que permitiría optimizar el tiempo de clase para resolver dudas y trabajar en el aula con supuestos prácticos.

Inicialmente, partimos de un modelo de instrucción explícita con el temario general para ir haciendo una serie de tareas basadas en el ABP (Aprendizaje basado en problemas), ya que partimos de la sinergia metodológica, con una práctica guiada inicial de los primeros temas del programa, cinco de diez. Posteriormente, la idea era planificar estrategias didácticas para promover el aprendizaje autónomo se fomentó la enseñanza cooperativa y entre iguales con el uso de las TIC pero estableciéndose un proceso de aprendizaje basado en la gamificación; ello supuso el análisis de la viabilidad y los objetivos que se pretendían con la ludificación aplicada al resto del temario con exposición final basada en dinámicas de juego.

Asimismo, se trató de sopesar la relación entre gamificación y los contenidos jurídicos de los temas, teniendo presente la predisposición de los alumnos y el grupo de clase para llevar a cabo la actividad.

Para ello, se dividió el aula en ocho grupos, a los cuales se les pidió la creación de un perfil y logo en Facebook como equipo, cerrando la red social y respetando la N-etiqueta. La idea era enfrentar los grupos como liga de equipos haciendo una competición en la cual ellos iban a generar diferentes contenidos a través de juegos en los que se les pidió la integración de TIC, en particular del *mobile learning*.

El desarrollo de este proyecto y la utilización de la sinergia metodológica con las herramientas permitió un aprendizaje autónomo progresivo, en el que utilizamos las mecánicas y las reglas de juego propuestas por el profesorado de la asignatura, estableciendo, niveles, puntuación, premios basados en emblemas o insignias y una calificación asociada a los puntos obtenidos conforme al siguiente gráfico, que conforma parte de la rúbrica utilizada.

INSIGNIAS	OBTENCION.PUNTOS	CALIFICACIONES	NIVEL
	Entre 9000 y 10.000 puntos	10	5
	8000-9000	9	4
	7000-8000	8	3
	6000-7000	7	2
	5000-6000	6	1
	4500-5000	5	

En todo momento, el profesor monitorizaba las pruebas, velando por los tiempos de respuesta y por las diferentes preguntas que debían de ser presentadas por los grupos: 5 preguntas básicas (200 puntos), 2 de nivel medio (300 puntos) y una con mayor complejidad (400 puntos), que podían ser planteas a través de código QR, video, apps de juego como *Kahoot*, *Socrative*, etc, fomentado el *mobile learning* y la dinámica de un aula gamificada, lo que potenció la motivación en el alumnado, al mismo tiempo se colgaban en la red social creada *ad hoc*. No debemos olvidar que también *la* gamificación quiere ser una herramienta contra el aburrimiento de determinados contenidos aplicados en el aula.

En definitiva, la propuesta partió en la elaboración de juegos en base a las instrucciones previas del profesor que de forma gradual iba cediendo el control del aprendizaje a través de la gamificación, con la creación de grupos de trabajo de aprendizaje colaborativo que se disputan, a través de la gamificación los puntos para obtener el mejor ranking y por ende la calificación en la nota final (tabla 8).

Tabla 8

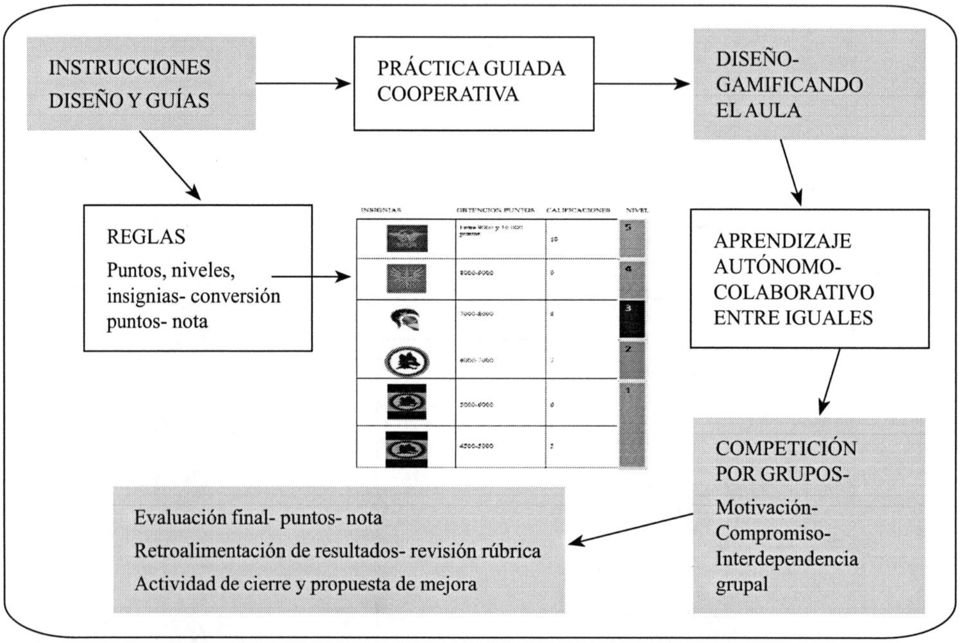

En un principio, introducir la gamificación[156] en el entorno universitario nos parecía arriesgado, pero viendo los resultados en los diferentes ámbitos sociales, como el marketing y en liderazgo empresarial, donde se habían llevado a cabo numerosas propuestas, decidimos poner en marcha nuestro proyecto de cara a la evaluación final en la segunda parte de la asignatura. Los resultados han sido de lo más satisfactorios, ya que nos han permitido observar cómo existe una mayor actitud de implicación y motivación del alumnado.

Asimismo, con nuestra experiencia hemos podido verificar una dinámica de aula distinta, donde los alumnos eran mucho más reflexivos y competitivos ya que el hecho de haber integrado las mecánicas de juego propiciaba un *feedback* inmediato y un refuerzo positivo que redundó en una clase más productiva donde los estudiantes mostraron un enorme entusiasmo.

Igualmente, vimos como la mayoría de los juegos integraban las TIC a través de numerosas apps en la que los alumnos elaboraban sus diferentes preguntas sobre los contenidos del programa, previa visualización de los videos de la *flipped classroom.* Con nuestra propuesta didáctica, hemos logrado una tasa de éxito notable en el estudiantado matriculado[157] en la asignatura de "*Tratamiento jurídico de las relaciones comerciales*

[156] ZAMORA MANZANO, J.L BELLO RODRÍGUEZ, S. et al. "Una propuesta de diseño instruccional en el ámbito jurídico: ludificación y motivación en el aula", en *Diversidad educativa, armonización de competencias y transferencia en el desarrollo profesional,* CD-rom, 1-12. Anaya-Uned, Madrid, 2018.

[157] Se les hizo una encuesta final, donde se formularon una serie de preguntas muy importantes para hacer una valoración que nos permitiese comprobar que se había cumplido con el objetivo de adquirir las

desde el Derecho Romano al Derecho Actual" alcanzándose un 99 % de éxito, gracias al uso de esta metodología innovadora; además, los estudiantes han adquirido una mayor capacidad para trabajar en equipo, y se han producido mejoras, incrementándose su capacidad analítica, la de síntesis y de razonamiento crítico, así como la expresión oral y escrita, manejo de las TIC y de herramientas tecnológicas en la exposición.

Otra experiencia con gamificación se realizó con aula asíncrona debido a la situación de pandemia[158], dado que se había agudizado. Teníamos que articular en el marco de la asignatura optativa antes citada, una dinámica de clase basada en webconferencia y en el uso intensivo de las TIC a través del Moodle, es decir a través de Entornos Virtuales de Aprendizaje EVA, que proporciona el Campus virtual de la Universidad. Pretendíamos dinamizar el aula *on line* con actividades de refuerzo para la consecución de aprendizajes reflexivos, y tratando siempre de motivar al estudiantado. Por ello, apostamos por la gamificación a través de la realización de un *escape room* virtual[159].

Ahora bien, ¿en qué consiste el *escape room* o *breakout*?, pues no es otra cosa que una modalidad de ludificación que, a priori, se basa en un desafío en el cual se pretende que una persona se pueda liberar o escapar de un recinto cerrado, a través de la realización de una serie de pruebas en las que ir descifrando códigos, enigmas u otros elementos con el fin de poder abrir o romper el código para abrir una cerradura o caja en la que se encuentre la recompensa final, y liberarse de una celda o habitación, en un tiempo

competencias a través de las herramientas que se les había puesto a su disposición, todas ellas dirigidas a dotar a los estudiantes de la capacidad necesaria para conocer, comprender, analizar y resolver los problemas planteados para lograr un aprendizaje autónomo de calidad basado en el trabajo continuo del alumno. Así, los resultados obtenidos han sido los siguientes: La primera pregunta que se les ha formulado ha sido ¿qué te ha parecido el desarrollo de la asignatura optativa, clases y metodología? El 90% ha dado una puntuación de 5, siendo el 6% los que han valorado sobre 4 puntos, el resto, es decir el 4% han puntuado sobre 3 puntos. El resultado de la segunda pregunta acerca de qué tipo de herramientas TIC utilizan con frecuencia el 95% de los encuestado ha respondido que normalmente *Facebook, Messenger* o *Skype* y *whatsapp on line*, el 5% restante añade que además gestionan blogs y sube videos a *youtube*. En tercer lugar se les ha preguntado ¿qué les ha parecido utilizar la dinámica de la gamificación y el trabajo en grupos para la prueba de evaluación continua? El resultado ha sido el 85% han puntuado sobre cinco, el 14% lo han hecho sobre 4 y el 1% sobre 3., La cuarta pregunta que se les ha formulado es la si les parece interesante integrar la tecnología en el aula, siendo la respuesta la siguiente: el 80% lo valora en cinco puntos, el 10% lo hace con cuatro puntos, el 6% puntúa con tres y el 4% restante lo hace con dos puntos. Cuando se les pregunta sobre el tipo de tecnología que le gustaría utilizar en el aula las respuestas han sido muy variadas, aunque la gran mayoría da su conformidad a las utilizadas en este presente curso. "la dinámica de la gamificación". Para finalizar esta breve encuesta les hemos preguntado su opinión acerca del trabajo colaborativo, el 90% se muestra a favor, es decir puntúan sobre 5, el 8% puntúa sobre cuatro y solo el 2% lo hace sobre 3.

158 LÓPEZ RENDO C.- AZAUSTRE MJ. - RODRÍGUEZ DÍAZ E., "Simulación de juicios, bases de datos y gamificación en Derecho romano", *Ridrom* abril 2021, p.589 es importante como señalan las autoras emplear métodos que capten la atención del alumnado y propicien la participación en las clases en los casos de docencia *on line*. Aspecto que compartimos y que hemos puesto en práctica.

159 MOURA, A. - LOURIDO SANTOS, I. "Escape room in education: Gamify learning to engage students and learn maths and languages" en *Experiences and perceptions of pedagogical practices with game-based learning & gamification.* Centro de Investigação em Educação, CIED Universidade do Minho, 2019, pp. 179-193.

determinado. La génesis de *escape r*oom se encuentra en Japón en el año 2007, donde surge el primer real *escape game* (*REG*), creado por Takao Kato, guionista y director de anime de la compañía editorial *Scrap*[160], y que inspiró sucesivamente otro tipo de compañías de *escape r*oom como *Puzzle Break* en Seattle, cofundadas por Nate Martin y Lindsay Morse en 2013. En Europa los escape room surgieron a través de Parapark, en 2011 extendiéndose por Europa y otros continentes.

Por tanto, optamos por la necesidad de trabajar sobre la motivación y el refuerzo del aprendizaje utilizando el pensamiento lúdico con el fin de fomentar la sociabilidad, la creatividad, la afectividad y la inteligencia, al mismo tiempo que favorecer la participación activa, logrando, aunque sea circunstancialmente, la evasión de las problemáticas individuales y sociales de una manera lúdica[161].

A la hora de planificar el diseño y el cronograma de la actividad que fue desarrollada a través del Campus Virtual y para trabajar de forma asíncrona, teníamos que plantearnos tres ejes: la motivación del estudiante, la monitorización del proceso de enseñanza-aprendizaje, lo que implica el diseño de estrategias que puedan combinar inteligentemente metodologías y habilidades que nos conecten con las necesidades del futuro, aprendiendo de los errores del pasado y del presente, y la rúbrica de evaluación.

A través de nuestro proyecto *Escape room o Breakout virtual*, el estudiante debía ir descifrando enigmas, acertando preguntas para poder lograr un código con el que liberar o abrir una cerradura, en nuestro caso era la liberación de Galeno, todo ello, obviamente a través de la elaboración de un material de aprendizaje a través del juego y el estudio del componente del mismo[162]. Por consiguiente, consideramos importante asumir el reto y salir de la zona de confort para experimentar con esta actividad y ver la percepción que tenían nuestros estudiantes de ella y los resultados medibles del aprendizaje significativo[163].

A la hora de dar cumplimiento a los objetivos, es evidente que la actividad trató de fomentar la actividad pedagógica y poner el acento en la acción de los estudiantes, pudiendo incluir cualquier contenido curricular, a través de desafíos, acertijos e instrucciones.

El diseño del *Escape room* se realizó con *Genially*, también conocido como *Genial.ly* una empresa *start up* creada en 2015, con un software en línea que permite crear presentaciones animadas e interactivas. En nuestro caso, lo elegimos por su versatilidad y su interface intuitiva que permitió lograr una mayor animación, interactividad y la integración de diferentes contenidos de la asignatura.

---

160 CORKILL E. *Real Escape Game brings its creator's wonderment to life* en *The Japan Times Online* 2009 [fecha de consulta 12/12/2021], link: *https://www.japantimes.co.jp/life/2009/12/20/to-be-sorted/real-escape-game-brings-its-creators-wonderment-to-life/*

161 ORDÁS A., *Gamificación en bibliotecas el juego como inspiración*, Ed. Uoc, Barcelona. 2018.

162 CLARKE S., DARYL J. PEEL et al. escapED: A Framework for Creating Educational Escape Rooms and Interactive Games For Higher/Further Education, en *International Journal of Serious Games*, Volume 4, Issue 3, September, 2017, p. 73-86. *http://dx.doi.org/10.17083/ijsg.v4i3.180*

163 MARTÍN-QUERALT, C.- BATLLE- RODRÍGUEZ, J. La ludificació en joc: la percepció dels estudiants sobre un escape room educatiu a l'aula d'espanyol com a llengua estrangera. En *REIRE Revista d'Innovació I Recerca En Educació*, 2021, *14*(1), 1-19.

Tabla 9

DESARROLLO ESCAPE ROOM	**nivel 1**	**nivel 2**	**nivel 3**	**nivel 4**
Nombre	Dardanario y abuso	Factor desautorizado	Defraudación fiscal en la aduana	Hospedaje maldito
Puntuación	2500	5000	7500	10000
Contenido	2 preguntas relacionadas con el acaparamiento de los precios, monopolios y situación del mercado	3 preguntas sobre actividad mercantil, figura del factor y los banqueros, operaciones realizadas.+1 extra para puntuación	2 preguntas sobre los aspectos impositivos tabla Zraia y contrabando de mercancías	4 preguntas en materia de contrato estimatorio, hospedaje y responsabilidad en los establecimientos de hospedaje
Resultados y clave	Letras clave enigma: G-A		Pista 6LetraX5 5LetraX6 -GA___ON	GAE_65
Insignias y trofeos		 		
Avance de la Pandemia		Curación 40-50%	80%	100% liberado producto y el médico
Puntos y notas	5	5-6	7-8	9-10

En dicha aplicación desarrollamos la narrativa bajo el nombre «prueba de galeno» en el que a través de un contexto histórico guiábamos a los estudiantes a superar una serie de pruebas a través de una trama que se centraba en la curación de la Pandemia y la liberación del médico que había proporcionado las dosis de la curación, todo ello en el contexto de la asignatura descrita con anterioridad. Para ello se realizó la secuenciación de cuatro niveles como se observa de la tabla anterior con una serie de preguntas y palabras clave (tabla 9). El desarrollo del proyecto no estuvo exento de complejidades, siendo la programación de las distintas secuencias las que mayores problemas nos generaron. A dicha prueba, se anexó un cuestionario en el que analizar y recoger los datos de percepción del estudiante sobre la metodología. Se ha podido constatar como con carácter general, la propuesta de *escape room* ha incidido positivamente en el aprendizaje de la asignatura de Tratamiento jurídico de las relaciones comerciales, dado que se ha facilitado su motivación con la secuencia basada en los niveles y pruebas que se iban desarrollando con la experiencia didácticas basadas en el juego. Todo ello nos permitió validar un cuestionario[164], y obtener sugerencias de mejora con relación a la asignatura y observaciones de cara al planteamiento y desarrollo de nuevas experiencias.

En el diseño intentamos fomentar la creatividad y la originalidad, así como la narrativa, contextualizada en la pandemia, secuenciando los contenidos adaptándolos al programa de la asignatura, ajustando la metodología y su desarrollo al espacio de trabajo virtual y dinámico de acuerdo con los objetivos propuestos, optimizando el proceso de aprendizaje y alcanzando una mejora en el mismo significativo. (vid. diseño tabla 10)

[164] En una muestra de casi cincuenta estudiantes, se ha podido contrastar que un 84.8% no había realizado ninguna actividad o experiencia similar, frente a un 15.2%. En relación a la motivación con la experiencia, el 100% ha contestado de forma positiva a que la experiencia gamificadora les ha gustado y animado con la asignatura; en este sentido, un 87% de la clase sabía en qué consistía un *escape room*. En relación a la calificación de la actividad baremada del uno al cinco, de menor a mayor, un 6.5% la ha calificado con un 1, 2.2% un dos, ninguno con un 3, con un 4 un 4.3% y, finalmente, un 5, el 87%. En cuanto a las destrezas y reiteración de niveles para poder abordar el juego, un 84% pudo realizarlo en menos de 5 intentos, 9.1% entre 5-10, y de ahí se pasó a 6.8% más de 15 intentos, con lo cual se pudo apreciar que muchos estudiantes abordaron con éxito la materia pudiendo superar las diferentes pruebas.

Diseño del escape room *(tabla 10)*

DISEÑO- secuencia a través de Genially
Prueba de Galeno- niveles y puntos
Integración en Campus virtual- prueba asíncrona

Fases y desarrollo- materias temas 1-5
Actividad comercial romana

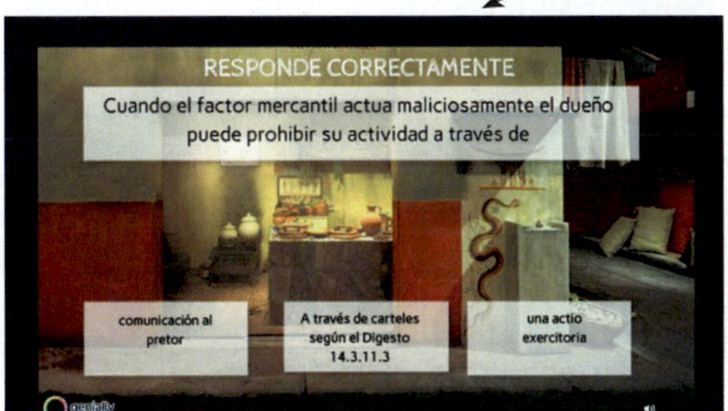

Preguntas- puntos- superación de fases- obtención de dosis- y liberación- break out

Finalización fases- nota- video final resultados.
Rubrica de evaluación

DESARROLLO ESCAPE ROOM	nivel 1	nivel 2	nivel 3	nivel 4
nombre	Dardanario y abuso	Factor desautorizado	Defraudación fiscal en la aduana	Hospedaje maldito
puntuación	2500	5000	7500	10000
Contenido	2 preguntas relacionadas con el acaparamiento de los precios, monopolios y situación del mercado	3 preguntas sobre actividad mercantil, figura del factor y los banqueros, operaciones realizadas.+1 extra para puntuación	2 preguntas sobre los aspectos impositivos tabla Zraia y contrabando de mercancías	4 preguntas en materia de contrato estimatorio, hospedaje y responsabilidad en los establecimientos de hospedaje.
Resultados y clave	Letras clave enigma: G-A		Pista 6LetraX5 5LetraX6 - GA___ON	GAE_65
Insignias y trofeos				
avance de la Pandemia		**Curación 40-50%**	**80%**	**100% liberado producto y el médico**
Puntos y notas	**5**	**5-6**	**7-8**	**9-10**

F) La evaluación. Rúbricas

Antes de hacer hincapié en las TIC y el ecosistema digital, vamos a centrarnos en el último paso del proceso educativo, la evaluación de los resultados de aprendizaje[165]. Así debemos de partir del establecimiento y la valoración del rendimiento académico del estudiante, la cual debe llevarse a cabo de forma objetiva y, siempre que sea posible, continua, basada en una metodología activa de docencia y aprendizaje, impulsando los principios de coordinación que deben incidir en una mayor calidad general de la docencia y en el rendimiento académico de los estudiantes. No cabe duda de que las Metodologías activas deben permitir medir dichos resultados. En los objetivos de la asignatura que figuran en el proyecto docente se recogen los sistemas de evaluación y sus criterios, con el fin de poder ponderar la adquisición de conocimientos, competencias y destrezas del estudiante, previstas en las actividades de enseñanza aprendizaje.

El art. 14 del Reglamento de Evaluación de los resultados de aprendizaje de la ULPGC contempla como posibles actividades de la ULPGC: *Entre otras, estas actividades podrán comprender las siguientes: actividades de evaluación con soporte virtual, actividades virtuales, autoevaluaciones, carpetas de aprendizaje, evaluación final o global, evaluaciones parciales, exámenes escritos u orales, exposiciones, participación en el aula, prácticas de aula, de laboratorio, de campo o clínicas, prácticas externas, presentaciones o exposiciones individuales o en grupo, resolución de casos prácticos, seminarios o talleres, trabajos individuales o en grupo, proyectos fin de carrera, en los estudios de primer y segundo ciclos que así lo requieran, necesariamente, un trabajo fin de Grado o Máster, en los estudios adaptados al Real Decreto 1393/2007, de 29 de octubre, derogado por el RD.822/ 2021 que establece como hemos visto el uso de nuevas metodologías y de forma intensiva las TIC, cualquier otra que se contemple en el proyecto docente.*

Por este motivo, el proyecto docente debe recoger de forma exhaustiva las metodologías y un sistema de ponderación del rendimiento académico del estudiante, donde se mida la adquisición de destrezas y competencias durante el proceso de enseñanza-aprendizaje[166]. Todo ello no puede obedecer a una improvisación sino a un diseño y planificación rigurosa donde exista coherencia entre los objetivos for-

---

[165] La ULPGC establece en su Reglamento de evaluación de los resultados de aprendizaje y de las competencias adquiridas por el alumnado en los títulos oficiales, títulos propios y de formación continua (Aprobado por el Consejo de Gobierno de la Universidad de Las Palmas de Gran Canaria el 20 de diciembre de 2013 (BOULPGC de 14 de enero de 2014). Modificado1 por acuerdo del Consejo de Gobierno de 14 de octubre de 2014 (BOULPGC de 5 de noviembre de 2014) y por acuerdo del Consejo de Gobierno de 19 de mayo de 2016 (BOULPGC de 3 de junio de 2016) establece en su articulado los criterios para el desarrollo de la docencia, de acuerdo con la planificación de ésta y fija las bases para la evaluación de los estudiantes de acuerdo con el proyecto docente de la asignatura.

[166] Compartimos el parecer de la a. PÉREZ ÁLVAREZ, Mª.P., *Innovación metodológica y Espacio Europeo de Educación Superior..., p.75 al señalar que "el examen final, compuesto exclusivamente por preguntas teóricas o de desarrollo o preguntas cortas, técnicamente de base semiestructurada., no es suficiente puesto que la aplicación práctica de los conceptos e instituciones jurídicas básicas deben tener*

mativos del plan de estudios, las competencias fundamentales que se persiguen y los sistemas de evaluación del aprendizaje del estudiantado establecidos[167]. Igualmente, es importante destacar que la evaluación se plantea en el Espacio Europeo de Educación superior, más como un proceso de comunicación guiada, integrada en la instrucción del aula y orientada al logro de objetivos educativos, que como proceso de medida de resultados de aprendizaje. En este sentido, es importante poder subrayar que la evaluación es un elemento más a considerar en el proceso de enseñanza-aprendizaje, si bien debe ser auténtica y en el que la autoevaluación pueda cobrar especial protagonismo, si es continua, formativa y realizada a través de una sinergia de diversas estrategias y procedimientos.

A mayor abundamiento, son objeto de evaluación los aprendizajes logrados como resultado de la realización de las diferentes actividades docentes que aportan al estudiante conocimientos, habilidades, destrezas y aptitudes que corresponden a las competencias, contenidos y resultados del aprendizaje reflejados en la guía básica de la asignatura y materializado para un curso concreto en el proyecto docente, debiéndose éste adaptar a las necesidades que se produzcan, como por ejemplo ha sucedido con la pandemia y que implica contemplar varios escenarios, especialmente en los supuestos de evaluación *on line*. La evaluación de los resultados del aprendizaje y de las competencias adquiridas podrá realizarse por alguno de los siguientes medios[168]:

a) Pruebas o exámenes escritos. En cada prueba se deberá indicar la distribución de los puntos que corresponden a cada uno de los apartados de la misma. Donde, podemos integrar varias modalidades tipo test, desarrollo y caso.
b) Pruebas o exámenes orales, que deberán disponer de una programación temporal de las pruebas, de los criterios de valoración y del sistema de llamamiento. Este sistema deberá garantizar que los estudiantes conozcan el día que les corresponde con, al menos, cuarenta y ocho horas de antelación.
c) Actividades de prácticas[169], seminarios o talleres. Cada una de estas actividades deberá disponer de una programación temporal de las pruebas, de los criterios de valoración y de la puntuación que se otorgue.

repercusión en la evaluación adecuada de las competencias adquiridas por nuestros estudiantes". Proponiendo un examen combinado, tal y como también defendemos nosotros en nuestro modelo de evaluación.

167 Art.4. c) del Real Decreto 822/2021, de 28 de septiembre, por el que se establece la organización de las enseñanzas universitarias y del procedimiento de aseguramiento de su calidad.

168 Actividades contempladas en el art. 18 del Reglamento de Evaluación de los resultados de aprendizaje y de las competencias adquiridas por el alumnado de la ULPGC, última modificación (BOULPGC de 3 de junio de 2016).

169 ARIAS J.M., "Clases prácticas", en *Metodologías de enseñanza y aprendizaje para el desarrollo de competencias. Orientaciones para el profesorado universitario ante el Espacio Europeo de Educación superior*, (Coord. M. Díaz) op. cit. p. 96 establece la adecuación de las estrategias evaluativas de las clases prácticas como las pruebas objetivas, cortas, de desarrollo, y trabajo y proyectos, informes y memorias, pruebas de ejecución, sistemas de autoevaluación o el portfolio entre otras.

d) Trabajos, para cuya ejecución será necesario la previa determinación por el profesorado de las condiciones de realización, de la exposición y de la puntuación que se otorgue, respetando lo aprobado en el proyecto docente. Esto se puede realizar a través de contrato de aprendizaje *learning contract,* autónomo o en grupo, o en su caso a través del portfolio digital.
e) Otras actividades que se detallen en el Proyecto Docente. Entre ellas deberá figurar la valoración de la asistencia y de la participación en las clases presenciales.

Es obvio que, una vez analizadas las estrategias de enseñanza en nuestra labor docente, pasemos a la fase de ponderación del grado de conocimiento adquirido por los alumnos, es decir, su evaluación. La misma no debe ser entendida como un fin o un producto final; ya que debe cumplir varias funciones, siendo un medio de control, de clasificación y de comparación. Así entre los cometidos de la evaluación:

1. Nos permite mejorar nuestras estrategias docentes y adecuarlas a los resultados, pudiendo realizar aprendizajes adaptativos en función de la medición real que se realiza con cuestionarios a través del Campus virtual, o mediante la gamificación realizada como actividad de evaluación.
2. Permite verificar el progreso y el rendimiento del estudiantado.
3. Controla la calidad y rendimiento del estudiante a la hora de verificar el logro de los objetivos de aprendizaje y la adquisición de las competencias.
4. Permite conseguir la adaptación continua de la enseñanza a los resultados de la evaluación.
5. Establecer la profunda influencia entre la evaluación en la autoestima y motivación intrínseca y extrínseca de los estudiantes.

Ahora bien, debemos tener en cuenta en nuestros criterios de evaluación cuales van a ser los aspectos a evaluar, debemos someter a examen y verificar los conocimientos de los alumnos, diagnosticar la asimilación de nuestra disciplina[170], y tra-

[170] GARCÍA GARRIDO M.J. - FRANCISCO EUGENIO DÍAZ F., *Estudio de Derecho y formación de juristas*...p.189-190, ya establecían los diferentes criterios y los peligros que derivan del sistema de evaluación tradicional: criterio de la discrecionalidad (cuando el docente valora según su proceder sin baremo de puntos por pregunta, establecido o difundido) criterio de la parcialidad del cuestionario (implica que el cuestionario debería de ser más extenso para garantizar la diferenciación de notas entre el estudiante que conoce a fondo los temas y el que conoce precisamente los temas que han salido en el examen), criterio de la parcialidad de la calificación (constituye otra limitación al sistema tradicional porque si no se determinan unos criterios de corrección, sobre la base de un baremo de puntuación a aplicar objetivamente, se corre el peligro de cometer sin malicia algún agravio comparativo) y el criterio de la parcialidad de valores (el sistema tradicional de valorar solo la memoria, la mera capacidad de repetición sin tener en cuenta otros valores, como sentido crítico, capacidad de síntesis…). Es evidente que las nuevas metodologías activas y las TIC han permitido integrar otro tipo de sistemas que permiten evaluar en tiempo y forma aprendizajes en tiempo real, de manera que podamos obtener resultados inmediatos ya que como hemos apuntado en el aula podemos encontrar diferentes estilos de de aprendizaje.

ducir los resultados de forma numérica, en este sentido los alumnos deben conocer en todo momento cómo se valorará su trabajo y con qué criterios y, en su caso, la rúbrica que recoja autoevaluación.

La evaluación en el proceso del alumnado debe tener en cuenta el aspecto formativo[171] y, por tanto, basada en la recogida de información, su análisis y la emisión de un juicio sobre ella y facilitar la toma de decisiones. Ello deriva que la calificación que se obtiene por la acción prolongada a lo largo de todo el proceso de enseñanza-aprendizaje, debe ser:

— Formadora ya que el alumnado aprende durante el proceso de evaluación.
— Reguladora: permite mejorar cuestiones referentes al proceso de enseñanza-aprendizaje, tanto para el alumnado como para el profesorado.
— Pedagógica: permite conocer el progreso del alumnado.
— Comunicadora: se produce un feedback entre: alumnado-profesorado, profesorado-profesorado y alumnado-alumnado.
— Ambientadora: crea un clima de aula.

Sin embargo, «no debemos confundir evaluar con calificar» ya que el segundo aspecto implica materializar el juicio emitido (tras la recogida de información llevada a cabo) en una nota alfanumérica, que se asigna a un sujeto, por ello implica una acción final y sumativa, normalmente. Es decir, cuando ya hemos realizado una evaluación a lo largo de todo el proceso la misma debe traducirse en una calificación que constate de forma numérica que se han alcanzado unos objetivos, viendo los mínimos exigidos para poder superar la asignatura, comparando los resultados. Ello también nos permite realizar autocrítica y ajustes en el proceso de aprendizaje.

Por tanto, en nuestro cometido hay que realizar la distinción entre el método tradicional y los derivados de las nuevas metodologías de la universidad del presente siglo que deben partir, obviamente, de las competencias que se adquieran por los estudiantes[172] (tabla 11).

---

[171] HAMODI, C. - LÓPEZ PASTOR V.M. et al., "Medios, técnicas e instrumentos de evaluación formativa y compartida del aprendizaje en educación superior" en *Perfiles Educativos* vol. XXXVII, núm. 147, 2015, p. 146-161.

[172] BENITO.A - CRUZ A., *Nuevas claves para la Docencia Universitaria*...p.92, la evaluación de las competencias es considerada por los autores como auténtica o de ejecución, a partir del análisis y valoración del desempeño de tareas que reflejan las situaciones de la vida real, los juicios de evaluación de experto; además permiten enfocar la evaluación de manera individualizada y también reconstruir el proceso de aprendizaje seguido por el individuo o el grupo.

Tabla 11

Método tradicional	Metodología actual
• Existencia de solo un examen final y convencional • Evaluación y preguntas memorísticas • No hay otros elementos de evaluación • Importa más la calificación final que el proceso de evaluación y otras actividades. • No facilita información del proceso enseñanza-aprendizaje del estudiantado • No se evalúan habilidades comunicativas, destrezas o actitudes	• La evaluación va más allá de los conocimientos teóricos: se verifican competencias, habilidades y destrezas • Importancia del proceso de evaluación y el proceso de enseñanza-aprendizaje. • Permita mayor *feedback* con el estudiante- conoce criterios, y también se incorpora actividades de autoevaluación. • Conecta evaluación y motivación • Permite un seguimiento del proceso de aprendizaje y adaptar el mismo- tareas- evaluación • Incorpora evaluación de — Habilidades comunicativas — Trabajo en grupo - interdependencia - cohesión — Responsabilidad
Centrado más en la calificación	**Evaluamos proceso aprendizaje--- calificamos**

La asimilación de una disciplina exige un estudio conjunto del proceso que se ha producido durante el aprendizaje en el cual el profesor es facilitador. Es cierto que el alumno necesita la evaluación del docente (para que le guíe y le oriente, para que le ayude a regular sus errores y a aprender de ellos, para que le enseñe, etc.), pero también es necesaria la implicación de los discentes en el proceso evaluativo[173].

Igualmente, en nuestro cometido hay que realizar una evaluación secuencial que permita una previa diagnóstica o de «kilómetro cero» con el fin de recoger la información del estudiante que inicia sus estudios en Derecho, las actitudes, destrezas, habilidades comunicativas, así como las dificultades de comprensión de la terminología jurídica. De esta forma, veremos con qué formación llega el estudiante a la facultad, previa a la realización de la evaluación continua, que implica un seguimiento del estudiante durante el cronograma y, a su vez, la evaluación del proceso de aprendizaje significativo en las clases prácticas, las tareas individuales o grupales.

Finalmente, la evaluación final a través de la realización de pruebas objetivas y examen combinado, y que se suma a la anterior evaluación continua, permite obtener la correspondiente calificación numérica, producto de la suma de todas las evaluaciones realizadas a lo largo del semestre.

---

173 HAMODI, C. - LÓPEZ PASTOR V.M. et al., Medios, técnicas e instrumentos de evaluación… op. cit p. 151.

Asimismo, es importante distinguir medios, técnicas e instrumentos en la evaluación[174] como recogemos a continuación:

Medios de evaluación	Producciones del alumnado que el profesorado puede recoger, que permite establecer lo que han aprendido a lo largo de un proceso de enseñanza programado
Escrito	Control, Examen, Cuestionario, Diario reflexivo, Porfolio digital, Estudio de casos, Proyecto, Trabajo final, Foro virtual
Orales	Debate, exposición grupal, preguntas entre iguales, cuestionario
Prácticos	*Role playing*, juicios simulados, *moot court*, simulaciones

Técnicas de evaluación	Estrategias que el profesorado utiliza para recoger información acerca de las producciones señaladas en el apartado anterior
Participa el docente	Evaluación examen, cuestionarios, trabajos individuales o grupales Evaluación de la exposición del estudiante- en este sentido es importante la rúbrica y los criterios donde se tengan en cuenta las habilidades, destrezas y valores actitudinales.
Participa el alumnado	Evaluación del estudiante-Autoevaluación Evaluación entre iguales o pares Evaluación colaborativa entre el profesor y estudiante- horizontal-vertical

Instrumentos	Herramientas que tanto el profesorado como el alumnado utilizan para reflejar la información recogida mediante una determinada técnica de evaluación y que sirven de evidencias del proceso
	Rúbrica y escala con asignación de calificación Ficha de autoevaluación Diario del profesor y del estudiante- secuencia de trabajo Escala de habilidades, destrezas Documentos de *check list* de casos, *ABP* y guías Informes de expertos Informe de trabajo colaborativo- realización de las tareas y roles

Como se observa, todo ello permite determinar en función de los medios, técnicas e instrumentos, la evaluación formativa y compartida, teniendo en consideración al alumnado y su participación a lo largo del proceso evaluativo de las competencias, destrezas y habilidades planteadas en el programa de la asignatura.

---

[174] RODRÍGUEZ G. - IBARRA MªS., *e-Evaluación orientada al e-aprendizaje estratégico en educación superior*, Ed. Narcea, Narcea, 2001. CASTEJÓN J. - Marta CAPLLONCH M. et al., "Técnicas e instrumentos de evaluación formativa y compartida para la docencia universitaria", en (Víctor Manuel López Pastor (coord.)), *Evaluación formativa y compartida en educación superior*, Narcea, Madrid, 2009, pp. 65-91 cit. por HAMODI, C. - LÓPEZ PASTOR V.M op. cit. p. 156-157.

Ahora bien, por lo que respecta a las rúbricas como instrumentos de evaluación, destacar que éstas no están exentas de polémica y no constituyen la panacea, ya que como tales también tienen limitaciones y dificultades, tanto exógenas como endógenas. Las primeras requieren contar con un conocimiento de las actividades a desempeñar por los estudiantes en la acción profesional y están relacionadas con la estructura curricular de la materia. A ello debemos añadir el tiempo de dedicación para su elaboración por parte del docente, ya de por si sobrecargado de actividad burocrática. También encontramos limitaciones endógenas inherentes a la propia rúbrica con relación a lo que queremos medir, que sea confiable y transparente en el proceso de evaluación[175]. Las propias rubricas se posicionan como estrategia, ya que permiten dar cuenta sobre las actividades propias de la profesión orientadas a la creatividad, juicio y la toma de decisiones; a la vez que facultan el trazar la secuenciación de procesos con las actividades de aprendizaje desde la primera semana de clase, hasta lograr los estándares establecidos en la asignatura.

En todo caso la evaluación debe partir de los siguientes parámetros:

1. Programación de actividades y tareas con la modalidad organizativa adecuada, según hemos visto en apartados anteriores, para poner de manifiesto el proceso enseñanza-aprendizaje.
2. En ningún caso debe estar limitada a una valoración cuantitativa de un parcial y un examen final como ocurría en el pasado, sino con una sinergia integrada de medios y técnicas que implique la participación de los estudiantes: ABP, trabajo colaborativo, estudio de casos, presentación de portfolios etc…
3. Criterios transparentes a la hora de establecer la consecución de las tareas y los *item* a valorar.
4. Incluir procesos de autoevaluación del autoaprendizaje.
5. Establecer en el diseño: evaluación inicial, continua y final de los resultados, de los procedimientos y de las competencias de interacción alcanzadas.
6. Proporcionar a los estudiantes retroalimentación de las fortalezas y las debilidades, en relación a los contenidos, así como a sus destrezas, habilidades en su adquisición.

---

[175] DÍAZ BARRIGA F. - DE LA CRUZ FLORES G., "Rubricas en la evaluación de competencias y aprendizaje complejo. Alcances y restricciones en educación superior" *en la evaluación de competencias en la educación superior*, Eduforma, Mad, Sevilla, 2011, p.13-37 los a. consideran (p.20) que los enfoques amplios sobre las competencias poseen cuatro características: desarrollar un pensamiento complejo, sistémico y adaptativo que les permita contender con la incertidumbre y variados problemas de la profesión con responsabilidad social. Por otro lado, el saber de la profesión se aprende y se enseña integrando conocimientos, habilidades, y actitudes enfocados al desempeño creativo e innovador. Asimismo, este tipo de aprendizaje requiere situar a los estudiantes en ambientes auténticos y cercanos a los quehaceres profesionales, por lo que es importante la utilización de metodologías activas aprendizaje ABP, elaboración de proyectos, simulaciones etc…

7. Mejorar la calidad del aprendizaje, ya que clarifica los objetivos y la forma de alcanzarlos

En nuestra facultad se recogen tres convocatorias de exámenes, la ordinaria de enero y junio, las extraordinarias de julio y convocatoria especial de diciembre y en las mismas realizamos exámenes en función de una serie de criterios. Si bien partimos de un sistema de evaluación continua a lo largo del proceso. Con una modalidad de examen mixto de examen en las convocatorias antes señaladas, que incluye prueba objetiva, tipo test, preguntas a desarrollo y casos prácticos. Todo ello integrado por una serie de actividades que se implementan con metodologías activas que pueden incluir sinergia metodológica como ABP, trabajo colaborativo, proyectos y portfolio digital, ya que todo ello, al igual que las pruebas van integradas en el Campus virtual por las herramientas que proporciona el mismo para evaluar también el aprendizaje a través de cuestionarios, entregas, e incluso actividades de gamificación síncronas y asíncronas.

Aspecto	Criterio de evaluación	Instrumento	Porcentaje
PEC: prueba de evaluación continua.	— Prueba de dominio de conocimientos teóricos/o resolución casos prácticos	Valoración objetiva del profesor en función de las respuestas.	↓
	— Elaboración de trabajos y prácticas propuestas en los Seminarios presenciales-ABP/ trabajo colaborativo	Valoración del comentario y respuestas del alumno en los trabajos. Valoración grupo-cohesión, habilidades, destrezas	↓
Total-evaluación continua	----	----	40%

Por ejemplo, en lo que concierne al Derecho romano contemplamos una evaluación continua y prácticas que supone un 40% de la nota. Para lo que se van realizando pruebas de dominio de conocimientos teóricos de las clases magistrales y elaboración de trabajos y resolución de casos prácticos; y una evaluación final conforme a las siguientes tablas que se observan a continuación.

La prueba/s de evaluación continua PEC sobre los resultados de aprendizaje y competencias adquiridas citadas al inicio del proyecto, esta ponderada con un 40% de la nota, teniendo carácter liberatorio de la parte del temario y, de conformidad con del Reglamento de evaluación de los resultados de aprendizaje de la ULPGC, las prácticas y PECS se guardan durante dos años siempre que no cambie el proyecto docente en lo que a las prácticas se refiere. En todo caso dicha prueba, la planteamos con base a tres modalidades (M1-M2-M3) que se comunican a los estudiantes antes de su realización con la antelación debida:

Modalidad-1. (M1). *Prueba con dos partes: test y caso práctico*

SISTEMA DE EVALUACIÓN	VERIFICACIÓN-COMPETENCIA
— **una primera tipo test con 10 preguntas** de elección múltiple con tres o cuatro alternativas de las cuales habrá que tener bien cinco para corregir la segunda parte.(0.25 cada pregunta contestada correctamente= total 2.5) no penalizan las mal contestadas.	— Permite evaluar los resultados de aprendizaje y su progreso ya que: — Identifica, comprende y conoce las principales instituciones públicas y privadas, su génesis e interconexión, así como los procedimientos de su actuación y las garantías previstas en ellos. — Analiza e interpreta textos jurídicos normativos y doctrinales de las diferentes ramas o campos del Derecho.
— **una segunda parte un supuesto práctico** relacionado con la teoría donde el alumno deberá resolver tres cuestiones con una puntuación de 0.5 cada una, total 1.5. La calificación de 0 en alguna de las tres partes supone el suspenso de la PEC.	— Capacidad para resolver un supuesto práctico e identificar y aplicar las fuentes jurídicas básicas, y saber identificar y aplicar todas las fuentes jurídicas de relevancia en una cuestión jurídica concreta. — Sabe identificar, analizar y comprender cuestiones jurídicas a partir de un conjunto complejo de hechos no estructurado jurídicamente, así como decidir si las circunstancias de hecho son suficientemente claras para una decisión fundada en derecho.

Modalidad-2. (M2). *Prueba con dos partes: pregunta corta y caso práctico*

SISTEMA DE EVALUACIÓN	VERIFICACIÓN-COMPETENCIA
— **cuatro preguntas cortas** de desarrollo a elegir tres (con un valor de 0.75 puntos cada una), si una de las contestadas carece de contenido jurídico o no se ajusta a la pregunta formulada la calificación será de 0 suspenso.	— Permite evaluar los resultados de aprendizaje y su progreso ya que: — Identifica, comprende y conoce las principales instituciones públicas y privadas, su génesis e interconexión, así como los procedimientos de su actuación y las garantías previstas en ellos. — Analiza e interpreta textos jurídicos normativos y doctrinales de las diferentes ramas o campos del Derecho.
— **un caso práctico** a desarrollo (valor 1.50 puntos). *la calificación de 0 en alguna parte supone suspenso de la evaluación continua.	— Capacidad para resolver un supuesto práctico e identificar y aplicar las fuentes jurídicas básicas, y saber identificar y aplicar todas las fuentes jurídicas de relevancia en una cuestión jurídica concreta. — Sabe identificar, analizar y comprender cuestiones jurídicas a partir de un conjunto complejo de hechos no estructurado jurídicamente, así como decidir si las circunstancias de hecho son suficientemente claras para una decisión fundada en derecho.

Modalidad 3.(M3). *practica colaborativa c-learning PEC- escrito y oral*

La evaluación continua se podrá realizar mediante tareas grupales mediante workshop y c-learning o trabajo colaborativo. En la misma se formularán por una parte dos preguntas teóricas sobre aspectos del programa que se desarrollaran por escrito con un valor de 0.5 que se desarrollan de forma individual y, posteriormente, un caso práctico para hacer de forma colaborativa y grupal sobre el cual se formularan dos preguntas a cada componente del grupo sobre el supuesto de hecho o cuestiones teóricas, con un valor de 1.5 por cada pregunta. Si uno de los miembros del grupo no es capaz de contestar con precisión jurídica la pregunta se va rotando al siguiente. La nota será común en todos los componentes salvo aquellos alumnos que al ser preguntados no contesten a dos de las preguntas formuladas.

Tabla resumen del baremo

SISTEMA DE EVALUACIÓN	VERIFICACIÓN-COMPETENCIA
0.5 por cada una total= 1 punto Si las respuestas son erróneas o con falta de contenido, la calificación será de 0 puntos.	1. Parte dos preguntas del programa de la asignatura. — Respuesta individual y por escrito. — Permite evaluar los resultados de aprendizaje y su progreso ya que: Identifica, comprende y conoce las principales instituciones públicas y privadas, su génesis e interconexión, así como los procedimientos de su actuación y las garantías previstas en ellos. — Analiza e interpreta textos jurídicos normativos y doctrinales de las diferentes ramas o campos del Derecho.
1 puntos por pregunta total= 3 puntos Si las respuestas son erróneas o con falta de contenido, la calificación será de 0 puntos y afectará a la calificación de aquellos que no han contestado de forma correcta y no al resto del grupo que puede superar la materia.	2. Parte- caso práctico a resolver de forma grupal y con preguntas orales. El profesor actúa con análisis del razonamiento jurídico y habilidades comunicativas. — Se les entregara a los alumnos un escenario jurídico a resolver entre los componentes del grupo sobre el cual se podrán formular cuestiones sobre el supuesto práctico o preguntas en relación con la teoría del programa de la asignatura. Se harán dos preguntas a cada miembro del grupo que se responden de forma oral, si uno de los miembros del grupo no sabe la respuesta rotará al siguiente. — Ello permite observar y evaluar los siguientes resultados de aprendizaje: — Capacidad para resolver un supuesto práctico e identificar y aplicar las fuentes jurídicas básicas, y saber identificar y aplicar todas las fuentes jurídicas de relevancia en una cuestión jurídica concreta. — Sabe identificar, analizar y comprender cuestiones jurídicas a partir de un conjunto complejo de hechos no estructurado jurídicamente, así como decidir si las circunstancias de hecho son suficientemente claras para una decisión fundada en derecho.
	Total 4 puntos (40) % evaluación

El examen final se realizará en las fechas de convocatoria oficial que fije el calendario del centro.

Los alumnos que tengan la Evaluación continua superada, harán un examen conforme a las siguientes modalidades propuesta por los profesores del área que se comunicará a los alumnos con treinta días de antelación:

1. Parte tipo test 8 preguntas	Valor=(0.25) c/u hay que tener al menos un punto, es decir cuatro bien. (total=2)
2. Parte dos preguntas cortas a elegir una.	Valor=1.5 punto
3. Un caso práctico	Valor= 2.5 puntos A1.Legitimación y acciones. (definir y explicar) 1 A2.Instituciones 0.5 A3.Solución razonada.1
Total	6 puntos que se suman a los puntos obtenidos en la evaluación continua M1, M2 o M3

Aquellos alumnos que no hayan superado la evaluación continua o no la hayan realizado, tendrán un examen de temario completo en base a la siguiente tabla, sobre 10 puntos

1. Parte- test	Test de 8 preguntas cuatro de los tres primeros bloques temáticos y cuatro del resto.	Puntuación 0.25 cada acierto no descuentan las mal contestadas. Hay que tener bien 4 preguntas para poder seguir corrigiendo el resto del examen de lo contrario la calificación es de 0 suspenso
2. Parte-pregunta desarrollo	3 preguntas teóricas a contestar 2	Puntuación 1.5 punto por pregunta. Pregunta en blanco o mal contestada o sin contenido específico supone la calificación de = 0 suspenso
3. Parte- casos	2 Casos prácticos. En cada uno habrá que resolver (apartados A): A1.Legitimación y acciones. (definir y explicar) A2.Instituciones A3.Solución razonada.	Puntuación 2.5 puntos cada caso (2.5x2). Distribuidos de la siguiente forma A 1.= 1 punto A 2.= 1 punto A 3.= 0.5 punto El no contestar los dos casos prácticos equivale a calificación de =0 suspenso
Total		10 puntos

Ahora bien, nuestro proceso evaluativo no se basa únicamente en pruebas objetivas sino que aglutina varios medios, técnicas e instrumentos que figuran en el cronograma como el que se adjunta a continuación y que incluye seminarios, tutorías y exposición, acción tutorial, como se observa en la tabla siguiente, a modo de ejemplo, correspondiente a la semana 9-12 de la asignatura de Derecho romano.

OBLIGACIONES 5 **(L.MAGISTRAL-23)** TEMA 11	OBLIGACIONES 6 **(L.MAGISTRAL-24)** TEMA 11	OBLIGACIONES 7 **(L.MAGISTRAL-25)** TEMA 12 FLIPPED CLASSROOM	2.TUTORIA **(ACCIÓN TUTORIAL GRUPAL O INDIVIDUAL)**	**9ª semana**
OBLIGACIONES 5 **(L.MAGISTRAL-26)** TEMA 12	9.SEMINARIO (CASOS - CONTRATOS) **GRUPOS DE TRABAJO Y TALLER CASOS PRÁCTICOS**	10.SEMINARIO (CASOS - CONTRATOS) **GRUPOS DE TRABAJO Y TALLER CASOS PRÁCTICOS**	11.SEMINARIO (CASOS - CONTRATOS) **GRUPOS DE TRABAJO Y TALLER CASOS PRÁCTICOS**	**10ª Semana**
PEC= PRUEBA DE EVALUACIÓN CONTINUA.	DERECHO DE FAMILIA 1 (L.MAGISTRAL-27) TEMA 13 FLIPPED CLASSROOM	DERECHO DE FAMILIA 2 (L.MAGISTRAL-28) TEMA 13 FLIPPED CLASSROOM	DERECHO DE FAMILIA 3 (L.MAGISTRAL-29) TEMA 14 FLIPPED CLASSROOM	**11ª semana**
12.**SEMINARIO** (CASOS - REALES) TALLER CASOS PRÁCTICOS EXPOSICIÓN TRABAJOS	3. TUTORIA **(ACCIÓN TUTORIAL GRUPAL O INDIVIDUAL)**	DERECHO DE SUCESIONES 1 (L.MAGISTRAL-30) TEMA 15-16 FLIPPED CLASSROOM	DERECHO DE SUCESIONES 2 (L.MAGISTRAL-31) TEMA 16	**12ª semana**

Es importante el diseño y la planificación ajustada a un cronograma real y donde el proceso sea secuencial y con actividades que permitan la evaluación de todos los procesos con las estrategias de aprendizaje innovadoras, en las que se puedan trabajar las competencias y habilidades, junto con la motivación. En cada bloque temático la evaluación deberá tener en cuenta:

1. La actitud y participación en clase, que será activa, con grupos de trabajo y elaboración de casos, resolución de ABP en grupo con rúbricas adecuadas como instrumento de evaluación.
2. La realización de pruebas de evaluación continua presenciales o mediante Moodle en el campus virtual, para verificar los conocimientos previstos de acuerdo a los objetivos planteados con cada tema, y que permitan la autoevaluación de los resultados. No solo se plantearan pruebas de ensayo o también tipo test, sino además la resolución de casos prácticos.
3. La autoevaluación del propio alumno de sus resultados de estudio y trabajo durante el curso.
4. Realización de trabajos monográficos y exégesis de fuentes.
5. Trabajos grupales colaborativos con entrega de portfolio de aprendizaje, virtual.

En conclusión, toda evaluación debe ser un punto de referencia en el profesor que imparte docencia porque los resultados obtenidos permiten constatar si lo que se ha planificado como estrategias docentes y modalidades organizativas para la consecución de competencias, son las adecuadas, y en su caso realizar propuestas de mejora en base a la retroalimentación y los datos obtenidos en le evaluación y calificación del proceso de aprendizaje.

3.2. EL USO INTENSIVO DE LAS TECNOLOGÍAS DE LA INFORMACIÓN Y DE LA COMUNICACIÓN (TIC) PARA LA DOCENCIA DEL DERECHO ROMANO: TENDENCIAS HORIZON REPORT

En la Universidad del presente siglo, las TIC constituyen un instrumento de apoyo importantísimo para la docencia, prueba de ello ha sido el uso de las mismas durante la Pandemia, lo que ha permitido transformar la docencia presencial en telemática u *on line*, y que los estudiantes pudieran continuar con otra modalidad de clases y exámenes. Un hecho real que ha supuesto el confinamiento respecto a los sistemas educativos ha sido el de demostrar que los cambios en educación son posibles, incluso cuando se trata de aquellos absolutamente radicales. Pero no es el cambio de evolución paulatina al que nos hemos enfrentado, sino uno totalmente disruptivo, que supuso pasar abruptamente de una docencia presencial a otra a distancia, sin tiempo para la adaptación[176].

---

[176] GARCÍA ARETIO, L. "COVID-19 y educación a distancia digital: preconfinamiento, confinamiento y posconfinamiento" en *RIED (Revista Iberoamericana de Educación a Distancia)*, 24(1) 2021, pp. 09-32. doi: *http://dx.doi.org/10.5944/ried.*24.1.28080 (consulta 22.12.2021)

Gracias a la disrupción digital y sus avances, se pueden lograr nuevos retos en el ámbito educativo. De hecho el RD 822/2021 de 28 de septiembre, por el que se establece la organización de las enseñanzas universitarias y del procedimiento de aseguramiento de su calidad, hace referencia de forma explícita, junto a las nuevas metodologías activas, al uso intensivo de las TIC: *"la docencia articulada en el uso intensivo de las tecnologías digitales de la información y la comunicación"*.

La reiterada demanda al cambio de paradigma en la metodología docente y universitaria, ha impulsado una mutación radical en la comprensión de la Universidad en general y las actividades docentes en particular, siendo necesaria en el Espacio Europeo de Educación Superior un sistema de aprendizaje permanente y para toda la vida (*long life learning* LLL[177]) que en base a las competencias establecidas permita el desarrollo de aptitudes y destrezas por el estudiante.

En nuestro caso, tomamos como referencia para todos los cursos, a fin de adaptarnos a las TIC en el EEES, el *informe horizon report* (IHR)[178], uno de los de mayor prestigio en el que encontramos, según la opinión de los expertos, aquellas TIC que tendrán un impacto significativo en el futuro de la enseñanza y el aprendizaje postsecundarios, con un enfoque en las nuevas, o para las que parece haber nuevos desarrollos. En el último, se destacan los siguientes seis ítems: inteligencia artificial (AI), modelos de cursos mixtos e híbridos, analítica del aprendizaje, micro-credenciales, recursos educativos abiertos (REA) y calidad en el aprendizaje en línea. Es evidente que este pronóstico que ha ido variando a lo largo de los años, y que nos ha servido para ir incorporando las TIC y estrategias como la gamificación, aprendizaje colaborativo en línea e incluso la realidad aumentada a través de los códigos QR, nos da una perspectiva a la cual tenemos que adaptar nuestro diseño y metodología, por los cambios a corto, medio y largo plazo; cuestión que se ha agudizado a consecuencia de la Pandemia.

---

177 Comunicado de Praga de 19 de Mayo de 2001 ya recogía esta necesidad: "*El aprendizaje de toda la vida es un elemento esencial del Área de Educación Superior Europea. En la Europa futura, construida sobre una sociedad y economía basadas en el conocimiento, las estrategias del aprendizaje de toda la vida son necesarias para encarar los desafíos de la competitividad y el uso de nuevas tecnologías y para mejorar la cohesión social, la igualdad de oportunidades y la calidad de vida*".

178 El más reciente es EDUCAUSE Horizon Report 2022: teaching and learning edition Inicialmente, era publicado por New Media Consortium, desde 2004, desde hace 3 años lo hace EDUCAUSE, es una organización global sin fines de lucro conformada por instituciones de educación superior estadounidenses e internacionales, corporaciones, organizaciones sin fines de lucro e instituciones de primaria y secundaria, con una comunidad de más de 100.000 personas ubicadas en todo el mundo. Este informe tiene como objetivo identificar las tendencias más relevantes que caracterizan el contexto de la educación superior. En relación al último informe puede verse el siguiente link: *https://library.educause.edu/-/media/files/library/2022/4/2022hrteachinglearning.pdf?la=en&hash=6F6B51DFF485A06DF6BDA8F88A0894EF9938D50B* (fecha de consulta 21.06.2022)

En dicho informe se destacan como tendencias más importantes: *Artificial Intelligence (AI), Blended and Hybrid Course Models, Learning Analytics, Microcredentialing, Open Educational Resources (OER), Quality Online Learning y Remote teaching.*

Además, recoge el término de micro-credenciales o microcréditos, como una posibilidad de ofrecer una educación corta, a la medida de las necesidades de las personas, ofreciendo flexibilidad y practicidad al proceso formativo, además de responder con precios asequibles, en coherencia con la disminución de recursos económicos para invertir en la propia educación. De otra parte, la preponderancia de nuevos modelos de formación resulta de la migración generalizada de la educación a modalidades de enseñanza remotas o en línea. La tecnología, hoy en día, no es una elección, es una herramienta de trabajo esencial para docentes y estudiantes, a pesar de que debemos de tener en cuenta los problemas que plantea la brecha digital que se debe erradicar.

Hay que mencionar además que dentro de los Objetivos de Desarrollo sostenible se establece la necesidad de "Garantizar una educación inclusiva, equitativa y de calidad y promover oportunidades de aprendizaje durante toda la vida para todos (ODS4"), cuestión que también quedó recogida en la Declaración de Qingdao de 2015[179], con el fin de aprovechar las oportunidades digitales y transformar la educación.

Para poder sortear la pandemia y otros problemas, como la guerra y cualquier otra vicisitud, los profesores y, en general los equipos académicos, tendrán que continuar explorando y reflexionando sobre las modalidades y metodologías apoyadas en las TIC; y fundamentarlas en nuevos modelos pedagógicos para proporcionar enseñanza de calidad, orientación social y emocional, así como apoyo y flexibilidad suficiente para adaptarse a una amplia gama de necesidades de los estudiantes de Derecho. Ellos, por su parte, tendrán que desarrollar nuevas habilidades para estar mejor preparados para el aprendizaje a distancia y para obtener los mejores resultados en su formación.

En conclusión, la innovación educativa deberá incorporar temas como la colaboración y la flexibilidad, y también abordar las diferencias y dificultades expuestas por la Covid19. Las ecologías de aprendizaje abierto y nuevas mezclas pedagógicas, se convertirán en aspectos obligados para las instituciones de educación superior. De igual manera, las instituciones se verán abocadas a tomar decisiones sobre adquisición de nuevas tecnologías para el aprendizaje, cada vez más intuitivas y sencillas para el usuario.

---

[179] En esta declaración se establece por ejemplo que: "*el aprendizaje en línea, incluso en forma de cursos masivos abiertos en línea (MOOC), tiene el potencial de crear nuevas vías de aprendizaje hacia la educación superior y el aprendizaje permanente. Por lo tanto, recomendamos que los gobiernos, las instituciones y otras partes interesadas sigan estudiando y aprovechando las oportunidades que ofrecen las innovaciones en materia de aprendizaje en línea. Recomendamos que se estudie el potencial de los "grandes datos" para mejorar el aprendizaje en línea con el fin de conocer el comportamiento de los estudiantes y mejorar el diseño y la organización de los cursos en línea. En este contexto, los gobiernos deben desarrollar políticas y sistemas para garantizar un uso seguro, apropiado y ético de los datos, incluyendo la protección de la privacidad y la confidencialidad de la información personal identificable de los estudiantes. Consideramos que la garantía de calidad y el reconocimiento son elementos cruciales e interrelacionados para mejorar la pertinencia y la credibilidad del aprendizaje en línea, y para apoyar el aprendizaje permanente y la progresión y la movilidad profesionales*".

3.2.1. Los entornos virtuales de aprendizaje y el *e-learning* en el siglo XXI

En el proceso de la incorporación del uso intensivo de las tecnologías de la información y de la comunicación en la Universidad debemos tener en cuenta la importancia que representa el nuevo marco relacional en el que se desarrolla la actividad docente de aprendizaje, los entornos virtuales de aprendizaje (EVA) o también conocidos con el nombre de Campus virtuales (CV). Se trata de un medio nuevo para el que debemos desarrollar nuestras estrategias, y en el que no podemos usar la misma dinámica y metodología docente en el marco relacional presencial (síncrono) que en el virtual (asíncrono). La fuente de irrupción actual de la tecnología en las metodologías educativas debe ser utilizada para el establecimiento de estrategias específicas para el desarrollo del aprendizaje en los nuevos marcos que se configuran en la Universidad del presente siglo. Dentro de los CV, sin lugar a dudas, una de las plataformas más utilizadas es *Moodle* que proporciona un conjunto poderoso de herramientas centradas en el estudiante y ambientes de aprendizaje colaborativo, que le dan poder, tanto a la enseñanza como al aprendizaje. Debido a que es Código Abierto, Moodle puede ser personalizado en cualquier forma deseada, para adecuarlo a necesidades individuales. Su configuración modular y diseño inter-operable, les permite a los desarrolladores el crear *plugins* e integrar aplicaciones externas para lograr funcionalidades específicas.

¿Pero qué grado de virtualidad es el que debemos buscar aprovechando las TIC?, hoy todas las Universidades han ido introduciendo elementos de virtualidad en su dinámica educativa, existen Universidades *on line* y otras presenciales, si bien, estas últimas, han ido incorporando también cursos y Grados on line en su estructura académica; y donde, a raíz del RD 822/2021, debe incorporarse también la modalidad híbrida.

En este sentido las TIC permiten un aprendizaje y auto-aprendizaje, donde el profesor asume el papel de facilitador, de forma que los estudiantes se conviertan en personas autónomas y competentes, para lo que se debe establecer el marco adecuado que promueva, con un diseño y planificación, aprendizajes autónomos significativos[180] en los cuales debemos tener en cuenta todo el potencial que proporciona el ecosistema tecnológico, por citar ejemplos:

— Webs específicas y blogs que contienen información se encuentra generalmente en formato html o xhtml puede proporcionar acceso a otras páginas web mediante enlaces de hipertexto.
— Moodle como plataforma virtual de aprendizaje que permite insertar elementos como *Webquest* (con *exelearning*), wikis, videos en *streaming*, cualquier objeto de aprendizaje, correo electrónico, mensajería instantánea, foros, chats, cuestionarios en línea, entregas de trabajo.

[180] SANCHEZ DOMINGO Mª B., "El valor de las nuevas tecnologías en la creación de nuevas titulaciones y másteres on-line", en *Uso de las TIC en la docencia del Derecho: aproximaciones docentes y metodológicas*, ed. Huygens, Barcelona, 2014, p.67-75; 71 ss.

- Cursos MOOC (*Massive Open Online Courses*) cursos masivos en abierto, son conocidas las plataformas, entre otras: *Udacity, Coursera, MiriadaX, EdX*.
- Apps de gamificación *socrative, kahoot, quizizz*.
- Inteligencia Artificial IA, por ejemplo, para el uso de *chatbots* y creación de software conversacional, como luego veremos.
- Podcast educativos, en los que podemos integrar lecciones, casos y debates en línea.
- Correo electrónico como medio tradicional que facilita el contacto con el profesor.
- Webconferencias o videodonferencias, sistema interactivo que permite a varios usuarios mantener una conversación virtual por medio de la transmisión en tiempo real de video, sonido y texto a través de Internet, estas se han generalizado durante la Pandemia y destacan de forma singular Teams, Googlemeet, o Zoom.
- Herramientas de debate *on line* ej. *Kialoedu*.
- *Youtube* y *Vimeo* con video clases para realizar *Flipped classroom*, que además se integran con herramientas de aprendizaje como *Edpuzzle* es una aplicación web para fines educativos dado que permite crear cuestionarios de evaluación del visionado o intercalar notas de audio.
- Uso de paneles de construcción colaborativa como *padle*t que ofrece la posibilidad de crear murales colaborativos a modo de *dashboard*.
- Redes sociales como instrumento de comunicación aprovechando todo su potencial, e incluso las futuras tendencias del metaverso con docencia a través de realidad virtual.
- Aulas 3D para *VR* y realizar experiencias docentes en mundo virtual inmersivo. Ej *mozilla-hub*.

Diseño aula VR a través de mundo inmersivo con spoke (*https://hubs.mozilla.com/spoke*)

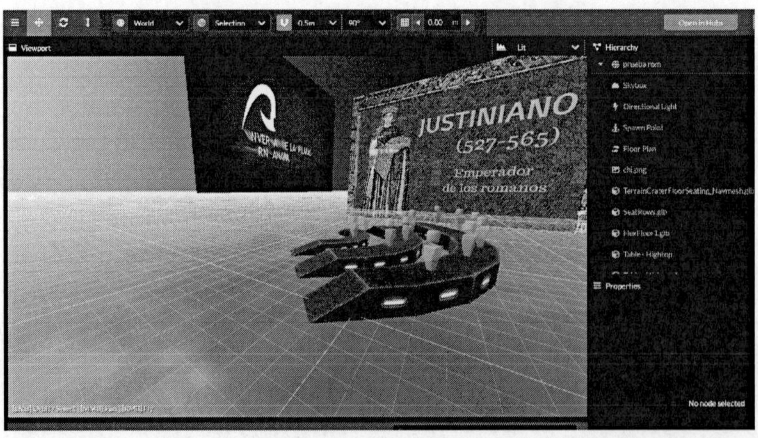

Ahora bien, como hemos puesto de manifiesto a lo largo de las metodologías, lo importante no es la herramienta TIC sino el diseño y la planificación que queramos realizar con la misma, de lo contrario se pueden producir interferencias en el proceso de enseñanza-aprendizaje. Por ello, a la hora de implementar nuestra docencia presencial, es necesario integrar diseño de actividades síncronas y asíncronas a través de las TIC que se suman como elemento crucial al uso de las nuevas estrategias metodológicas y modalidades organizativas. En este sentido, creemos que la Universidad actual avanza hacia un modelo híbrido que incorpore posibilidades sincrónicas y asincrónicas esto es, por un lado clases presenciales con estrategias docentes tradicionales e innovadoras, complementadas con las TIC en el Campus virtual o *LMS* (*learning Management System*), donde se puedan integrar no sólo repositorios de materiales didácticos multimedia interactivos o foros de discusión, sino inteligencia artificial que resuelva las *FAQ frequently asked questions* en tiempo real con los estudiantes, incorporación de videoblogs con IA, Realidad aumentada y virtual. La tecnología permite implementar y mejorar el proceso de enseñanza, y a su vez la comunicación entre profesores y alumnos, si bien no hay una receta perfecta para establecer un modelo de docencia síncrono o asíncrono perfecto, ya que todo ello depende del diseño que realice el equipo de profesores docentes, y que, en ningún caso, podrá constituir un obstáculo en el proceso de enseñanza-aprendizaje, sino todo lo contrario, una ayuda y un puente entre lo que hagamos dentro del aula y fuera de ella.

Las ventajas de la docencia con **modelo síncrono** son principalmente:

1. La mayor interacción con los estudiantes.
2. La retroalimentación es instantánea entre profesor y estudiantes.
3. Se produce un mayor compromiso en el aula (presencial o en su caso on line) y un proceso de aprendizaje dinámico.
4. Horario pautado y restringido
5. Comentarios del profesor en tiempo real.

Si bien los problemas pueden surgir en cuanto a la restricción del horario y, en el caso de clase *on line* presencial, los problemas técnicos de conexión.

Por su parte en el **modelo asíncrono**, que creemos que es el adecuado para metodología de clase inversa o *flipped classroom* y de trabajo colaborativo en el que:

1. Los estudiantes aprenden a su propio ritmo y en cualquier momento, aprendizaje ubicuo y flexible.
2. El profesor proporciona todos los materiales necesarios para el proceso de aprendizaje y el alumno puede acceder a ellos cuando lo desee.
3. El aprendizaje es más personalizado.
4. Las tareas automatizadas reducen el trabajo repetitivo y permite aprendizaje autónomo y reflexivo. El estudiante puede realizar autoevaluación de sus progresos.

En nuestro caso apostamos, por una combinación de modelos y una sinergia metodológica que, evidentemente, implica un trabajo importante de análisis, producción de materiales y secuenciación de tareas, y que se resume en el esquema que aparece en la siguiente página.

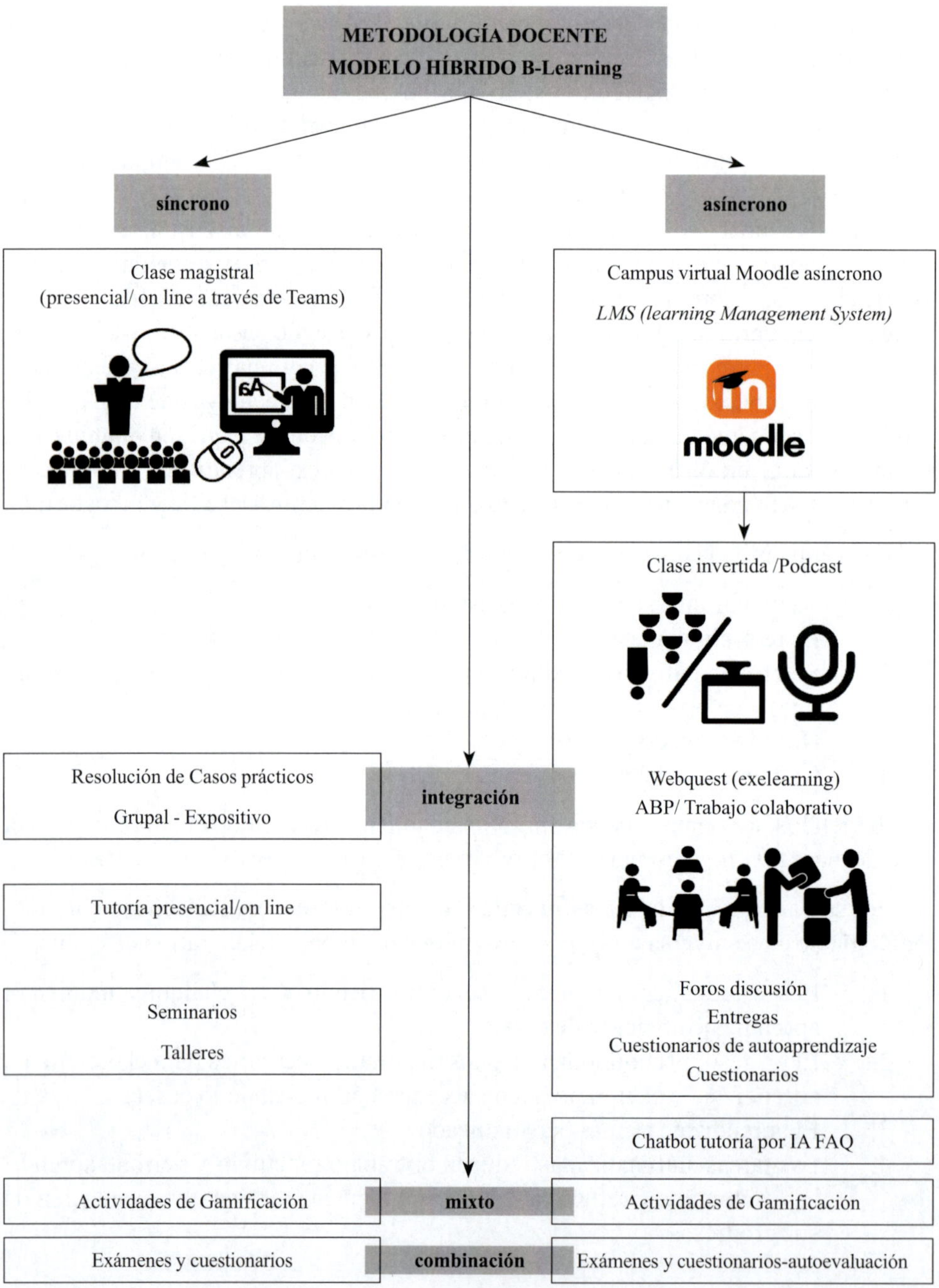

Según datos actualizados de la UNESCO, gobiernos de casi 200 países, decretaron durante la COVID-19 el cierre total o parcial de centros educativos[181]. Y esa relación de países no paró de aumentar. Según esta organización, cerca de 1600 millones de niños, adolescentes y jóvenes se vieron afectados a nivel mundial por esta circunstancia, lo que derivó también que más de 60 millones de docentes tuviéramos que hacer frente al cambio abrupto en el que se puso en juego la resiliencia de los docentes. Afortunadamente, el hecho de que la mayoría de las Universidades contáramos con plataformas digitales, como Moodle, en algunas fases del desarrollo de su docencia, generalmente como apoyo a la docencia presencial, como es nuestro caso, permitió superar el obstáculo del confinamiento. Razón por la cual, no cabe duda de que el aprendizaje a través de la red, y con las plataformas virtuales o EVA ha supuesto una revolución que se irá implementando y agudizando, en especial con el aprendizaje en línea que permite la creación de comunidades virtuales de aprendizaje, ya sea para actividades síncronas o asíncronas.

El aprendizaje en red o e-learning, también favorece e implementa a través de las TIC, la docencia presencial[182], nosotros partimos de este modelo mixto o híbrido llamado *blended learning o b-learning*, aprovechando todas las ventajas que proporciona la formación on line, la cual según Cabero[183]:

— Pone a disposición de los alumnos un amplio volumen de información, facilitando a su vez la actualización de la información y de los contenidos.
— Flexibiliza la información, independientemente del espacio y el tiempo en el cual se encuentren el profesor y el estudiante.
— Permite la deslocalización del conocimiento y facilita la autonomía del estudiante.
— Propicia una formación "*just in time* y *just for me*", individual y adaptativa.
— Ofrece diferentes herramientas de comunicación sincrónica y asincrónica para los estudiantes y para los profesores.
— Favorece una formación multimedia.
— Facilita una formación grupal y colaborativa, permitiendo ver la cohesión de grupo a través de las diferentes actividades realizadas por los foros, wikis colaborativas, entre otras.
— Favorece la interactividad en diferentes ámbitos: con la información, con el profesor y entre los alumnos.

---

181 Puede verse el mapa interactivo de los datos en el siguiente link: *https://www.worldbank.org/en/data/interactive/2020/03/24/world-bank-education-and-covid-19* (consulta 22.11.2021)

182 PÉREZ ÁLVAREZ P., *Innovación metodológica y Espacio Europeo…* op. cit. 71 como sostiene la a. "el reto para el profesorado es asumir este nuevo contexto cultural, para ello será necesaria una formación sistemática e institucionalizada a través de programas de formación destinados a facilitar al profesorado el aprendizaje de nuevas competencias".

183 CABERO J., "Bases pedagógicas del e-learning" *Revista de Universidad y Sociedad del Conocimiento* Vol. 3 – 1/Abril 2006,p. 1-10 link: *https://rusc.uoc.edu/rusc/es/index.php/rusc/article/download/v3n1-cabero/265-1182-2-PB.pdf* (fecha de consulta 22.12.2021)

— Facilita el uso de los materiales, los objetos de aprendizaje, en diferentes cursos.
— Permite que en los servidores pueda quedar registrada la actividad realizada por los estudiantes, lo cual nos permite establecer sistemas de verificación del aprendizaje y realizar las adaptaciones correspondientes.

Evidentemente, ello supone un esfuerzo del profesor para el manejo de todas las herramientas que proporciona el campus virtual para el diseño y planificación de la docencia en red; donde además la comunidad de aprendizaje que se pueda crear a través de estos espacios con los adecuados objetos de aprendizaje nos permite evaluar el proceso del mismo. Asimismo, precisa del manejo de competencias tecnológicas por parte del profesor y, naturalmente, de los estudiantes, que no siempre por el hecho de manejar algunos dispositivos, son capaces de manejar todas las herramientas, lo cual implica que el profesor pueda realizar pequeños talleres, por ejemplo para explicar bases de datos on line, de jurisprudencia de fuentes etc.; a lo que podemos agregar que también se requiere que los estudiantes tengan habilidades para el aprendizaje autónomo, cuestión que, en el primer curso del Grado en Derecho, no es nada fácil.

Hay que mencionar que un error que siempre hemos cometido con las nuevas tecnologías, y que ha llevado a que las mismas no desarrollen todas las posibilidades que presentan para la creación de nuevos entornos formativos, es el deseo de trasladar sobre ellas principios aplicados en la enseñanza presencial o de tecnologías más tradicionales[184]. En este sentido, las TIC, ya sea con los Campus Virtuales, y las aplicaciones informáticas y apps, son un complemento útil para nuestra docencia, y ello implica que el profesorado este preparado y formado en competencias digitales. En este sentido, debemos tener presente el Marco Común de Competencia Digital Docente (MCCDD)[185], que incide en la mejora de la práctica educativa y el desarrollo profesional continuo.

---

[184] CABERO J., "Bases pedagógicas del e-learning…, op. cit. p.4-5 es importante destacar según el a. que "*un enfoque metodológico, partiendo de criterios pedagógicos, se ha de basar en una adecuada combinación, en cada caso, de decisiones que tienen que ver con la tecnología que debe utilizarse, con la función pedagógica que el entorno cumplirá y con los aspectos de organización del proceso dentro de dicho entorno*".

[185] El Marco Común de Competencia Digital Docente se compone de 5 áreas competenciales y 21 competencias estructuradas en 6 niveles competenciales, de manejo. Cada una de estas competencias ofrece una descripción detallada, así como descriptores basados en términos de conocimientos, capacidades y actitudes. Este Marco es la base del portfolio de la Competencia Digital Docente, instrumento digital de INTEF (*Instituto Nacional de Tecnologías Educativas y Formación del Profesorado*) para la acreditación de dicha competencia, que establece cinco áreas que componen la Competencia Digital Docente: 1. Información y alfabetización informacional, 2. Comunicación y colaboración Área, 3. Creación de contenidos digitales, 4. Seguridad Área y 5. Resolución de problemas. El enlace al documento link: *http://aprende.intef.es/sites/default/files/2018-05/2017_1020_Marco-Com%C3%BAn-de-Competencia-Digital-Docente.pdf* (fecha de consulta:22.12.2021) Con posterioridad, en este campo, una ponencia técnica dependiente del *Grupo de Trabajo de Tecnologías del Aprendizaje* (GTTA), integrada por representantes de todas las Comunidades Autónomas y del Ministerio de Educación y

En definitiva, las TIC son un valor añadido, si bien las estrategias didácticas que apliquemos redundarán en la calidad de la acción educativa, y al respecto diversas son las posibilidades que se nos ofrecen la tecnología, desde aquellas que están referidas a la acción educativa individual, y por tanto centradas en el proceso autónomo de enseñanza-aprendizaje, hasta las que buscan el trabajo colaborativo entre los diferentes participantes, con las metodologías activas que hemos comentado, ABP, estudio de casos, aprendizaje por proyectos, gamificación etc., pero como ya hemos recalcado de forma reiterada la sinergia metodológica es la clave, el saber integrar lo tradicional con lo innovador, una apuesta del cambio pero sin que ello implique denostar la clase magistral.

Desde nuestro contexto, creemos que implementar y combinar[186] la docencia tradicional con las TIC en el ámbito de nuestra disciplina nos permite conectar con la generación Z, también conocida como *Zillennials,* comprende a aquellos nacidos en los últimos años de los 90's e inicio de los 2000 (1995-2000) hasta la actualidad, también llamados *I-Gens,* están más involucrados con las TIC. Por ello, en cualquier diseño o proyecto educativo, debemos tener en cuenta una mayor flexibilidad y personalización ante los diferentes ritmos y estilos de aprendizaje de los alumnos, y es que las TIC resultan beneficiosas para acomodar los procesos necesarios para asimilar y adquirir los distintos conocimientos, destrezas y competencias que nos propongamos en los objetivos de nuestras materias.

Formación Profesional, ha llevado a cabo una actualización del Marco de Referencia de la Competencia Digital Docente. La propuesta fue aprobada por el GTTA el 19 de enero de 2022 y elevada a la Conferencia Sectorial para que, si procede, también sea aprobada. En caso de ser aceptada, sustituirá al marco aprobado el 14 de mayo de 2020 por Acuerdo de la Conferencia Sectorial de Educación y publicado en la Resolución de 2 de julio de 2020, de la Dirección General de Evaluación y Cooperación Territorial. El acceso a esta modificación puede verse en el siguiente link: *https://intef.es/wp-content/uploads/2022/03/MRCDD_V06B_GTTA.pdf* (fecha de consulta 22.06.2022).Dicho marco, (MRCDD) mantiene la estructura del DigCompEdu en seis áreas, que son cada una de las categorías en las que se organizan las competencias digitales de los docentes dentro del marco y se centran en diferentes aspectos de las actividades profesionales de los docentes de las enseñanzas reguladas en la Ley Orgánica de Educación a lo largo de las distintas etapas de su desarrollo profesional, independientemente de la materia o de la etapa o tipo de enseñanza que imparta.

186 ZAMORA MANZANO, J. L-BELLO RODRÍGUEZ, S. "La videocreatividad, el M-Learning y los blogs como herramientas de innovación en el ámbito educativo universitario", en *Docrea*, Nº. 1, 2011, págs. 28-45. ZAMORA MANZANO, J. L.; "La modernización de la docencia por influencia de la sociedad de la Información y de las nuevas tecnologías: e-learning y Derecho Romano", en *RGDR*, Nº 10, 2008; BRAVO BOSCH, M. J.; "Las nuevas metodologías docentes en relación con el Derecho Romano", en *Univest 08*, *Congreso Internacional "El estudiante, eje del cambio en la Universidad*", Gerona, 2008, pp. 1-19; ZAMORA MANZANO, J. L. - BELLO RODRÍGUEZ, S.; *Las tecnologías emergentes y su impacto en la enseñanza y el aprendizaje del derecho romano*: e/blended-learning en el Espacio Europeo de Educación Superior EEES, *Actas del XIV Congreso Internacional de Tecnologías para la Educación y el Conocimiento: Hacia la Web 3.0* / coord. por Catalina María Alonso García, Domingo José Gallego Gil, 2009, *Idem.; Dispositivos móviles como herramienta de aprendizaje en el mundo del Derecho; en Buenas prácticas docentes del profesorado universitario* / coord. por Miguel Pérez Ferra; Josefa Rodríguez Pulido (aut.), 2017, págs. 139-152.

Así pues, estas herramientas también ayudan a reducir las diferencias que presentan los alumnos en el proceso de enseñanza-aprendizaje, ya que permiten una mayor personalización para atender a las características del grupo de clase, alumnos con necesidades especiales etc., y atender a las especificidades que se nos presenten, a fin de que todos puedan lograr los aprendizajes significativos.

Por consiguiente, las TIC permiten adaptarse a las capacidades del alumno, a su ritmo de aprendizaje y a sus conocimientos previos. A partir de ellos construirá su propio aprendizaje, por ejemplo, a través el LMS (*learning Management System*), es decir nuestro campus virtual, como sistema de gestión de aprendizaje en línea, integrando todas las herramientas digitales a nuestro alcance, con el fin de facilitar al estudiantado el proceso de aprendizaje fuera del aula, con todos los materiales multimedia y la información necesaria para alcanzar los diferentes objetivos.

Al utilizar el Campus virtual y el resto de las TIC, los estudiantes y profesores pueden comunicarse y compartir información, verificando todos los procesos enseñanza de manera que se puedan resolver cuestiones y dificultades que surjan, por ejemplo,a través del uso de los foros genéricos, de tutorías grupales, correo electrónico. E incluso verificar cómo se ha producido el aprendizaje y la asimilación de contenidos de una clase presencial con la realización de cuestionarios. Ello facilita la obervación de la cohesión del grupo de clase, la interacción, aspectos que han sido esenciales durante la Covid-19.

Finalmente, también las TIC, confieren la creación de comunidades de aprendizaje virtual, dirigidas a realizar y organizar el trabajo colaborativo y, a su vez, a convertir al estudiante en protagonista y responsable de su propio proceso de aprendizaje; es decir, el docente pasa a un segundo plano como facilitador, orientador y motivador, y el estudiante asume un rol más activo en la enseñanza, desarrollando competencias como la autonomía, el pensamiento crítico y las destrezas profesionales[187].

Por otro lado, en nuestra propuesta híbrida o de *b-learning*, partimos del uso de una serie de herramientas de comunicación que combinan la sinergia metodológica tradicional con las activas implementadas con el uso de las TIC.

A) Herramientas de comunicación:

En los Campus Virtuales, usados en todas las Universidades a nivel mundial y que han servido de instrumento necesario e imprescindible durante la pandemia, se integran herramientas que permiten realizar la interacción con el estudiante de forma asíncrona que permiten establecer hilos de comunicación a través principalmente de los:

- Foros de discusión que permite a los estudiantes tener discusiones asincrónicas, y que pueden ser usados durante un período prolongado de tiempo para plantear temas de debate, foro de preguntas y respuestas, e incluso

[187] BENITO, A,-CRUZ A., *Nuevas claves para la Docencia Universitaria*...p.106.

con formato de blog abierto en el que cualquiera puede iniciar un nuevo debate en cualquier momento y en el que los temas de discusión se muestran en una página con enlaces.

- Tablón de anuncios que ayuda a secuenciar y colgar información y recordatorios sobre pruebas, ejercicios y docencia.
- Calendario y agenda.
- Diálogos de tutoría privada que sirven para resolver cuestiones y dudas de forma personalizada.

Igualmente, de forma síncrona disponemos de varias herramientas que ayudan a la interacción en tiempo real con los estudiantes:

- Chat del propio Campus virtual
- Pizarra compartida
- *Teams, Big Blue Botton, Google meet, Zoom*, todas ellas son plataformas unificadas de comunicación y colaboración que combina chat persistente en el lugar de trabajo, reuniones de video, almacenamiento de archivos e integración de aplicaciones, permiten interactuar, levantar la mano para preguntar, mensajería instantánea y webconferencia. Una de las modalidades más usadas si bien ya se están observando los efectos del llamado *zoon fatigue*[188] por el uso continuado de este tipo de reuniones.

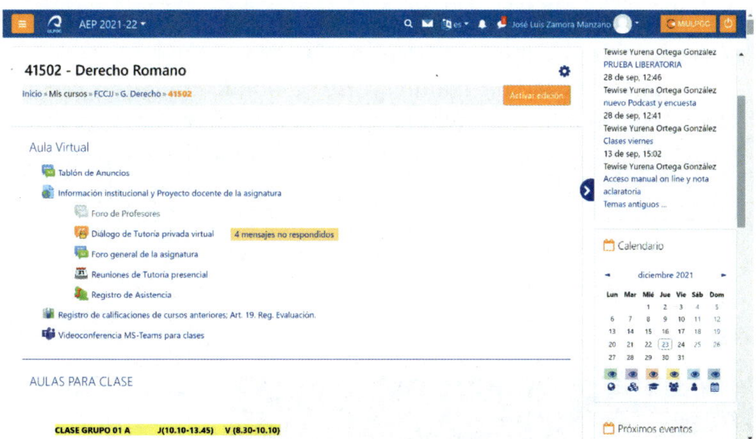

[188] Como se puede observar de un estudio de la Universidad de Stanford, «fatiga del zoom» por el excesivo número de webconferencias que hemos tenido por la situación de pandemia. Este fenómeno acuñado por el profesor Jeremy Bailenson no está exento de polémica y establece cuatro problemas: contacto visual intenso, el efecto espejo de vernos en la pantalla, la movilidad reducida de nuestro encuadre o ángulo y la mayor carga cognitiva. Si bien se aportan soluciones y sugiere cambios en su estudio, como evitar el modo de pantalla completa o reducir el tamaño de la pantalla, una de las más lógicas implica reducir el tiempo de exposición y, por tanto, apagar la cámara y dejar el micrófono. BAILENSON, J. N. Nonverbal Overload: A Theoretical Argument for the Causes of Zoom Fatigue.Technology, Mind, and Behavior, 2021, 2(1). *https://doi.org/10.1037/tmb0000030* En igual sentido: vid. *https://news.stanford.edu/2021/02/23/four-causes-zoom-fatigue-solutions/*.

B) Herramientas de contenidos multimedia, gestión académica, cuestionarios y entregas de trabajos

- *Webquest* integrada: dentro del entorno de autor podemos desarrollar diferentes tipos de contenido desde una Webquest realizada con Exelearning y que integramos en formato *Scorm (Sharable Content Object Reference Model*) en la Plataforma Moodle.

  La *Webquest* constituye una actividad reflexiva y estructurada, que plantea una tarea atractiva utilizando recursos disponibles en la red, seleccionados con anticipación por el profesorado, con el propósito de contribuir a la administración del tiempo que los estudiantes dedican al desarrollo de ésta. Esta actividad favorece la activación de los conocimientos previos de los alumnos, la interacción de estos con los contenidos a aprender, con su profesor y con sus compañeros de clase; es decir, estimula el aprendizaje en colaboración y motiva al alumno a hacer algo con la información que recupera de internet.
- Diseño de páginas: permite al docente crear una secuencia de páginas con contenido. Al final de cada página se puede incluir una pregunta, y en función de la respuesta del estudiante, reenviarle a una u otra página. De esta forma se puede crear un itinerario condicional con varias ramas. La Lección puede ser utilizada como una actividad o como un recurso de estudio.
- Video y *URL* a materiales multimedia específicos creados por el profesor en nuestro caso utilizamos *youtube* donde contamos con un canal de Derecho romano experimental y otro en Vimeo. Además, dichos videos también se enlazan mediante codificación QR para la resolución de casos.

Canal de youtube experimental integrado
en el Campus virtual y con QR a recursos impresos

- Gestión de grupos y usuarios que permite la distribución de los grupos de prácticas y añadir alumnos con necesidades especiales de cara a organizar grupos y cuestionarios de evaluación, o en su caso eventos.
- Gestión de cursos, secciones e integración en la que se van ordenando los materiales del programa a desarrollar.
- Cuestionarios de evaluación a través del banco de preguntas que permite programar exámenes, con los intentos, aciertos y que sirven para verificar el proceso de enseñanza-aprendizaje y de autoevaluación de los estudiantes. El tipo de preguntas pueden ser de opción múltiple, verdadero/falso, coincidencia, respuesta corta y respuesta numérica.
- Entrega de tareas. Permite a los estudiantes, subir documentos en prácticamente cualquier formato electrónico
- Elaboración de wikis de forma colaborativa con las que construir colectivamente el espacio con intervenciones de cada uno, reformar, agregar páginas, editar.

C) Nuevas propuestas TIC para el b y e-learning

Como ya hemos señalado con anterioridad, las TIC requieren un manejo y unas competencias digitales que suponen un esfuerzo por parte del docente. En este apartado, de forma sucinta vamos a comentar algunas de las novedades introducidas como recurso enlazado con URL o embebido con código html de actividades que han sido objeto de investigación y resultandos de innovación educativa en nuestra propuesta de docencia híbrida, y que conecta con las nuevas metodologías.

Gamificación síncrona y asíncrona a través del CV, esta metodología a la cual nos hemos referido, hemos tratado de buscar la motivación del estudiante y el aprendizaje colaborativo a través de actividades que se han ido desarrollando con diferentes aplicaciones, tales como: *kahoot, socrative, genially*, y que han sido objeto de análisis con anterioridad.

Chatbots: integración de sofware conversacional[189] con los llamados chatbots, esto es *bots,* que utilizan una Inteligencia artificial (IA), con la que podemos mantener, de forma fluida, una conversación con el estudiantado, y que utiliza procesamiento

[189] En nuestro caso, la experiencia se ha basado en integrar la herramienta collechat, vid. nuestra experiencia en ZAMORA MANZANO JL. - BELLO RODRÍGUEZ, S., ORTEGA GONZÁLEZ, T. et al. "Los chatbots como herramienta de apoyo a la enseñanza", en *Tecnologías educativas y estrategias didácticas* / coord. por Enrique Sánchez Rivas, UMA ed., Málaga, 2020, pp.682-692, en nuestro trabajo hemos comprobado que el empleo del *bot* ha facilitado una monitorización y el acompañamiento del estudiante las 24 horas, al poder interactuar en todo momento con él fuera de la Universidad, cuestión que permite determinar sus inquietudes y dificultades a la hora de realizar el estudio del temario, para ello, como hemos subrayado, la motivación fue esencial a través de los mensajes generados con la IA. También vid. FRANCESCO COLACE - MASSIMO DE SANTO, M et al., "Chatbot for E-Learning: A Case of Study", *en International* en *Journal of Mechanical Engineering and Robotics Research* Vol. 7, No. 5, september, 2018 p. 528-533.

de lenguaje natural. Un *chatbot* es programa web que simula de manera convincente, como lo haría un humano, un comportamiento en un entorno conversacional procesando texto en lenguaje natural e interactuando para generar respuestas inteligentes y relativas. En todo caso, la herramienta no pretende ser sustitutiva del docente, es un recurso más con muchas posibilidades como ya se ha demostrado en el ámbito empresarial y que creemos que en el ámbito educativo se irá implantando en una educación que tiende a ser más personalizada, ubicua e instantánea y que permite una mayor atención a la diversidad, de ahí que sea un instrumento relevante en el aprendizaje adaptativo, y que mejore el compromiso y la interacción entre el alumnado. Así se observa de la gráfica en la que se percibieron los resultados entre nuestros estudiantes que vieron muy positiva la implementación de las clases con esta tecnología.

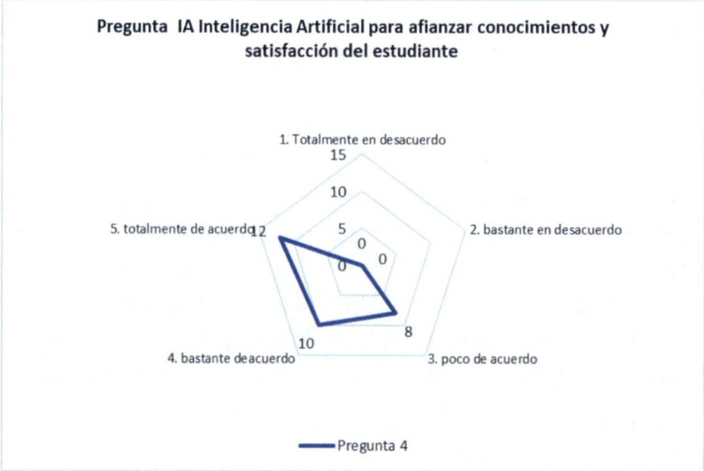

Podcast: en un contexto educativo, como bien sabemos, el empleo de las nuevas tecnologías en la enseñanza y aprendizaje de contenidos son cada día más ubicuas, lo cual favorece el acceso al conocimiento personalizado, individualizado y adaptado, ya que podemos acceder a los mismos en cualquier lugar y momento, contexto, situación personal, nivel, frecuencia etc. La realidad que enunciamos ha hecho que nos planteemos la introducción de los podcasts, como herramienta de enseñanza-aprendizaje en la universidad, por su versatilidad, porque favorece el aprendizaje individual, autónomo y adaptativo, y porque, entre otros objetivos, nos ha permitido:

— Evaluar el nivel de satisfacción de los estudiantes con la introducción de la herramienta.
— Personalizar el aprendizaje, ya que el estudiante puede escuchar el audio a su ritmo, extender el aprendizaje fuera del aula, y autoevaluarse. Es el llamado aprendizaje bajo demanda en cualquier lugar y espacio.
— Comparar el comportamiento académico y la autosuficiencia de los usuarios y no usuarios de los podcasts.
— Examinar los modos preferentes en el uso de éstos.

— Evaluar las razones del uso y no uso de los mismos.
— Verificar los lugares de acceso, para comprobar si permiten realizar otras actividades que eviten la exposición a la luz azul.
— Utilizar el Podcast para debates y entregas de proyectos de los estudiantes.
— Desarrollar la creatividad del estímulo auditivo y la comprensión, promover la participación, así como el desarrollo de competencias propias del grado como la mejora de la expresión oral, competencias digitales y sociales como la colaboración y el aprendizaje en entornos virtuales.

La utilización de los podcasts en el ámbito educativo se ha asociado a determinados efectos de carácter positivo como: una mayor atracción de los estudiantes a los contenidos propuestos en el proyecto docente de la asignatura de que se trate, o el fomento y/o desarrollo de la imaginación.

Los resultados de nuestra investigación preliminar[190] se referencian en la siguiente tabla siguiente en la que se aprecian los resultados de implementar la docencia con esta herramienta TIC.

[190] Sobre este estudio vid. ZAMORA MANZANO J.L- ORTEGA GONZÁLEZ T. "Innovación con las TIC y píldoras PEP (Proyectos Educativos a través de los Podcast) en Derecho: descansemos de las pantallas", en *Actas VIII Jornadas Iberoamericanas de Innovación Educativa en el Ámbito de las TIC y las TAC Las Palmas de Gran Canaria, 18 y 19 de noviembre de 2021,* ISBN 978-84-09-35708-6,Atetic ed, Las Palmas de Gran Canaria, 2021, p.25-29 donde se llegaron a una reflexiones preliminares en las que pudimos comprobar que la introducción de los podcast, goza de una notable aceptación por parte de los estudiantes, ya que éstos valoran positivamente el hecho de poder repasar conceptos mientras realizan otras actividades y sin tener que estar frente a una pantalla o un libro, la claridad de los contenidos expuestos y la duración de los mismos. Al mismo tiempo, el hecho de que realicen aportaciones o sugerencias, nos invita a seguir trabajando y mejorando en la elaboración y desarrollo de los mismos, para dotarlos de mayor calidad no solo en la producción, ya que no somos profesionales de la radio ni de la edición, sino también por lo que respecta a los contenidos propuestos, y sobre la posibilidad de que sean los alumnos los que experimenten en primera persona la elaboración de los podcast como trabajos evaluables dentro de la evaluación continua de la asignatura.

La integración se realizó en el campus virtual con el correspondiente cuestionario de validación ya verificado, con el fin de obtener una muestra amplia, y evaluar los resultados del uso del podcast.

Reflexionando ante estas vicisitudes, decidimos poner en marcha, como experiencia docente, el uso de los podcasts con el fin de poder aliviar los problemas que se derivan del abuso de las pantallas. De esta manera en el área de conocimiento se optó por la implementación y el uso docente de este recurso digital. Lo cual, como sabemos, requiere una planificación y un diseño exhaustivo. La pandemia nos ha obligado a ser más virtuales y ubicuos en el aprendizaje y, sin duda, a ello contribuye el diseño de píldoras y, en su caso, de REA, Recursos Educativos en Abiertos, que permitan una formación para toda la vida, es decir, fomentando el *long life learning, sin que ello suponga un* reduccionismo metodológico en las estrategias de enseñanza-aprendizaje.

Es verdad que han pasado 18 años desde que el periodista británico Ben Hammersley, en el año 2004, acuñase el neologismo podcasting a partir de la hibridación de los términos *broadcast* (emisión o retransmisión) y Pod (*portable device,* que surgió, especialmente, con los reproductores portátiles, en especial el *iPod* de Apple). Hoy asistimos a un renacer y eclosión imparable de los podcast que, a su vez, provoca la fragmentación de las audiencias, sirve en el ámbito docente de oportunidad ya que al ser archivos multimedia de audio, están concebidos para ser reproducidos y descargados en múltiples dispositivos, como teléfonos inteligentes, tabletas o reproductores de audio portátiles, lo que facilita su consumo en el lugar y tiempo decididos por el estudiante, con ello se consiguen dos objetivos: por un lado, lograr el aprendizaje *long life learning* y por otro un aprendizaje ubicuo, un aula sin muro, en el que éste objeto de aprendizaje realiza un puente formativo entre el aula y el exterior.

Desde el punto de vista de las ventajas del podcast educativo en el aula podemos subrayar, los podcasts permiten:

— Reforzar e implementar el aprendizaje más allá de la docencia presencial del aula.
— Potenciar la capacidad de escucha del alumnado, mejorando la concentración y comprensión a través de un formato sonoro adaptativo.
— Habilitar modelos educativos innovadores que estimulen al estudiante un aprendizaje ubicuo y potenciar el aula invertida con su uso.
— Vincular la clase al exterior ya que el podcast puede ser reproducido realizando cualquier actividad permitiendo al estudiante aprender a su ritmo.
— Estimular el pensamiento crítico al poderse utilizar como medio de investigación y difusión, incluso entre los propios estudiantes.
— Fomentar y desarrollar competencias sociales y el aprendizaje en red.

Respecto de las posibles desventajas, podemos destacar principalmente:

— La mala conexión y brecha digital.
— La comunicación unidireccional entre el *podcast* on line y el estudiante oyente.

— El uso y capacitación para grabar y manejar el software de grabación y distribución.
— La actualización de contenidos que pueden derivar, en el caso de nuestra disciplina jurídica, de cambios legislativos.

En la tabla siguiente tratamos de sintetizar algunos de los aspectos más importantes para la elaboración partiendo de la planificación y el diseño, la grabación y la difusión.

	Secuenciación, diseño y herramientas	
Planificación del podcast	Formato	Instruccional e informativo Complemento clase presencial Podcast desarrollado por los estudiantes ABP Entrevista
	Script o guion	Episodio-Temática Duración Introducción-Anécdota y noticia impactante Núcleo- materia Música-efectos
	Audiencia	Estudiantes curso Operadores jurídicos
Grabación y recursos	Aplicaciones y Software	Audacity Anchor- integración con spotify
	Música	Grabación propia-Launchpad Externa free music • *http://freemusicarchive.org/* • *http://dig.ccmixter.org/free_music*
	Portada y logo	Canvas, Genially
Difusión	Formato	MP3, WAV
	Plataformas	Anchor, Spotify, Spreacher Ivoox Subida CVA

Nuestra experiencia con los podcasts fue realizada a través de una herramienta muy conocida, se trata de *Audacity* por ser esta una aplicación informática multiplataforma de software libre que se puede usar para grabación y edición de audio, y que, en todo caso, es bastante intuitiva. A la hora de grabar, utilizamos como recursos la mesa de sonido multicanal, micrófonos, filtros antipop para mejorar la calidad de la voz, auriculares, ordenador portátil y Tablet, esta última para introducir efectos o sonidos, y música elaborada con aplicaciones como *Launchpad*, sin perjuicio que en determinados momentos recurrimos a música con licencia *Creative Commons*. Una vez grabado el episodio se procedió a su integración en la aplicación Anchor y de ahí se lanzó directamente a *Spotify*, bajo el nombre de «*RomCast*», Derecho romano, curiosidades de la historia, anécdotas y famosos.

Como instrumento de recogida de información se optó por un cuestionario validado con diez *items*[191] realizado a través de *google forms* debido a la accesibilidad y difusión del mismo, en los que pretendimos verificar la satisfacción entre los estudiantes sobre la percepción de los podcasts como implemento de las clases presenciales, la adecuación de los contenidos, los beneficios que éstos han proporcionado, y su motivación. Como implemento y utilización, las variables principales se centraron, entre otras en: su utilidad para el aprendizaje, la motivación, la información sobre los contenidos prácticos y teóricos, y si consideran atractivo su diseño.

Los resultados, como se infieren de las gráficas, fueron satisfactorios y nos han permitido verificar como existe una mayor actitud de implicación y de iniciativa de los alumnos, con el uso de los podcasts, estimulando la capacidad de escucha, la motivación y la potencialidad del mismo como puede deducirse de las gráficas de resultados que figuran a continuación.

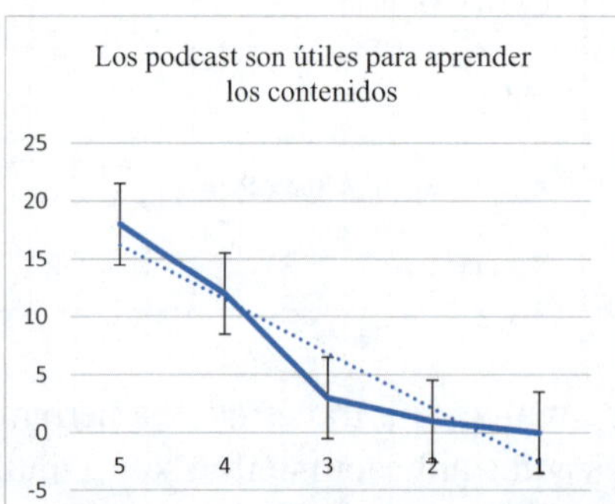

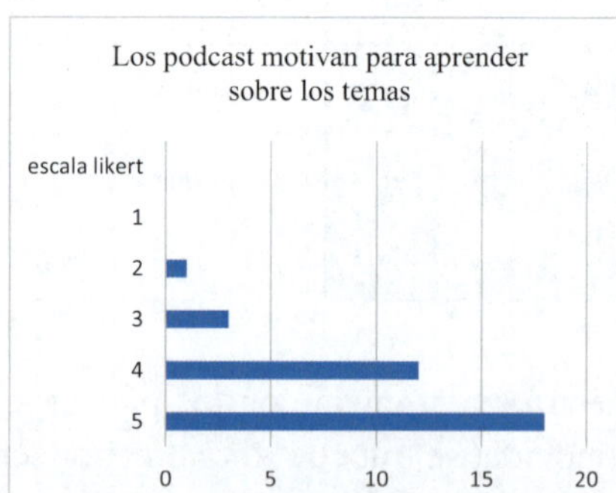

[191] ALARCÓN R., BENDAYAN R. y BLANCA Mª J. Cuestionario de satisfacción con podcast educativos, en *Escritos de psicología* vol. 10, n º 2, 2017, p.126-133. *https://scielo.isciii.es/pdf/ep/v10n2/informe4.pdf*

3.2.2. El ecosistema digital y los recursos en el ámbito del Derecho romano

Las TIC han posibilitado[192], como hemos ido comentando con anterioridad, una serie de profundos cambios en las estructuras sociales y económicas del mundo actual. La universidad está sirviéndose de este tsunami tecnológico para mejorar el acceso y la transmisión de conocimiento en el presente siglo. De esta forma se está fomentando el uso de los medios electrónicos a fin de obtener una educación de más calidad, versatilidad y difusión, y siempre teniendo presente el objetivo del *long life learning*.

Ya en el año 1997, Nicola Palazzolo reconocía el fenómeno en un primer estadio de las TIC por la importancia de las aplicaciones informáticas en el campo del Derecho romano sobre todo por el incremento del uso del ordenador y la proliferación de las bases de datos como BIA, FIURIS, DRANT. Asimismo, hacía hincapié en algunas reuniones científicas[193] que habían servido para poner de manifiesto la importancia entre la informática y el Derecho y en la creación de Centros especializados como el C.I.R (Centro interuniversitario per l´informatica Romanistica) creado en Catania en 1992 o el de reciente constitución el ITTIG[194] *L'Istituto di Teoria e Tecniche dell'Informazione Giuridica.*

[192] MURILLO VILLAR, A., La influencia de las nuevas tecnologías en el estudio del Derecho romano, en Estudios jurídicos sobre la sociedad de la información y nuevas tecnologías, con motivo del XX aniversario de la Facultad de Derecho, Burgos, 2005, p. 491 ss. Publicado también RGDR 5, Diciembre de 2005, p. 1-21, disponible en [web en línea] *www.iustel.com* [consulta 14.12.2021].p1-22. Resume algunas de las aplicaciones de las TIC en relación a las bases de datos y la aparición de revistas electrónicas y páginas web específicas de Derecho romano que nos cita el autor.

[193] Se comentan dos sesiones de importancia el IV Congreso Internacional del C.E.D, celebrado en la Corte Suprema de Casación del 16 al 21 de Mayo del 88 bajo el tema: "*Informatica e regolamentazioni giuridiche*" que el autor confronta con las actas de otro posterior donde se percibe una evolución; nos referimos al celebrado en Roma el 25 y 26 de Febrero de 1994 bajo la temática *"Strumenti elettronici per l´interpretazione delle fonti giuridiche romane"*, publicado en Informatica e diritto 2/95 p. 291-297.

[194] ITTIG [web en línea]: *http://www.ittig.cnr.it/* [Consulta Noviembre 25.12.2021] importante enlace sobre la temática del Derecho romano donde se establecen las líneas de investigación y relación del Derecho romano con las TIC en particular la aplicación de instrumentos telemáticos, digitalización de textos y bancos de datos de fuentes romanísticas. El profesor Nicola Palazzolo dirigió el L'Istituto di Teoria e Tecniche dell'Informazione Giuridica (ITTIG) desde 1996 al 2008), en la actualidad desde 2016 el director es Sebastiano Faro. El Instituto de Teoría y Técnicas de la Información Jurídica (ITTIG) fue creado, en ejecución de la reorganización del Consejo Nacional de Investigaciones, por decreto del Presidente del C.N.R. de 12 de octubre de 2001 y está en funcionamiento desde el 1 de junio de 2002. En 2009 se modificó la escritura de constitución con la disposición núm. 59 del presidente de la CNR. Se deriva de la fusión de dos organismos CNR preexistentes: el Instituto de Documentación Jurídica (IDG), con sede en Florencia, y el Centro de Estudios sobre Derecho Romano y Sistemas Jurídicos (CSDRSG), con sede en Roma. El ITTIG pertenece actualmente al Departamento de "Ciencias Humanas y Sociales, Patrimonio Cultural" (DSU). Si bien, se ha creado el Instituto de Informática Jurídica y Sistemas Judiciales (IGSG) con efecto a partir del 1 de junio de 2019, con su sede institucional en Florencia y oficinas secundarias en Bolonia y Roma.

En un primer momento, la aparición de las nuevas tecnologías permitió la creación y el desarrollo de bases de datos que han sido y son un gran apoyo en la investigación romanística[195].

Es evidente que los continuos cambios tecnológicos[196] y el desarrollo de recursos y nuevos programas y sistemas operativos informáticos (Windows 11, MacOS Mojave), cada vez más dinámicos en entornos y plataformas más intuitivos[197], demandará nuevas versiones en las bases de datos on line, si bien existen bases clásicas que constituyeron un apoyo en nuestra investigación diaria, las más conocidas fueron:

- DRANT[198] 1992, banco de datos de *Droits Antiques*, base de datos elaborada por el Centre de Documentation des Droits Antiques (CDDA).
- ROMTEXT[199] una base que ha quedado inserta posteriormente en una de las partes del BIA, en las FONTES.

---

195 PALAZZOLO, N., *Strumenti informatici e Lessicografici come ausilio per la traduzione del Digesto*, Atti del Convengo di Studi, Scientia iuris e linguaggio nel sistema giuridico romano, Sassari 22-23 noviembre 1996, Milano, 2001, p. 87 y ss.

196 La implantación, en su día, de la world wide web y los cds con formato de hipertexto para los bancos de datos fueron objeto de comentario de algunos romanistas que ya percibían un nuevo filón en la investigación y la docencia, VALENTINO, M, *Anche il diritto romano in rete*, Labeo 42, 1996, p.313 ss. BRIGUGLIO, F., *Navigare necesse est*, Labeo 44, 1998 p. 491 hacía referencia a ese primer florecimiento de medios tecnológicos que habían abierto nuevas posibilidades a los romanistas contemporáneos no solo con la creación de Cd-rom o discos compactos de memoria que contenían bases de datos o libros digitalizados, sino también la importancia que había adquirido Internet y las web-on line que afecta, como señala l.a.: *a la nuove posibilita di acquisire informazioni e di effettuare ricerche, che tali applicazioni tecnologiche consentono ai romanistici contemporanei.*

197 Los nuevos sistemas operativos con nuevos Interfaces Gráficos para la Visualización de Información (VIRI *Visual Information Retrieval Interface*) y su aplicación a las Bibliotecas Digitales y al World Wide Web demandan cambios cada vez más rápidos, y sobre todo bases de datos *on line.* El problema deriva de la comercialización de estos porque la gestión y actualización de páginas genera unos costes que demandará el pago por el servicio y el acceso, como ocurren en la actualidad. Ahora bien, esta *inferface* será superada sin lugar a duda ya que hoy las universidades punteras han comenzado a explotar nuevos métodos de visualización, con objeto de enriquecer los actuales programas educativos y visualización de las bases de datos, alzándose la Realidad Aumentada (RA) como una tecnología prometedora, de las existentes hoy en día. En términos técnicos la RA comprende una mezcolanza de gráficos por computador, visión artificial y multimedia, de forma que el usuario pueda perfeccionar su percepción del mundo real, mediante la anexión de información virtual. Para que la RA proporcione una visión comprensible del mundo circundante, los escenarios real y virtual han de sincronizarse, posicional y contextualmente; cuestiones que verán su mayor aplicación al metaverso y el uso de las redes sociales.

198 Creada por el centro de documentación de Droits Anticues 1995 tiene un CD-ROM. Ya no existe un enlace on line, si bien, como han ido proliferando bases de datos on line, muchas de ellas han tenido migraciones vid. *https://www.misha.fr/phun/bases-de-donnees* (consulta 25.12.2021)

199 Creado por J. Mener Institut für Römisches Recht, Universität Linz recoge en disquetes para los sistemas operativos MS-DOS, Macintosh en su contenido *Leges, Senatus Consulta, Gai Institutiones*, Fragmenta Vaticana, *Ulpiani Epitome, Collatio, Scholia Sinaitica, Breviarium Alaricianum* (con la *Interpretatio*), *Codex Theodosianus* (con la Interpretatio), *Iustiniani Institutiones*, *Codex Iustinianus* (parte latina), *Digestae Iustiniani*.vid. KLINGENBERG, *Die ROMTEXT-Datenbank*, en Informatica e

- BIA *Biblioteca Iuris Antiqui* [200] con sus dos ediciones 1994 que trabajaba en el sistema MS-DOS y su adaptación a entorno WINDOWS que se llevó a cabo con el BIA 2000 del año 2002. Esta ha quedado sustituida por una base on line, BIA-NET que se pone a disposición de los investigadores a través del enlace *https://bia.igsg.cnr.it*, como veremos más adelante, en el listado de herramientas lexicográficas y textuales on line.
- FIURIS[201] 1994, *Archivio elettronico per l'interpretazione dlel fonti giuridiche romane.*
- También debemos tener en cuenta otra *database* complementaria la BTL[202] *Biblioteca Teubneriana Latina* 1999, disponible on line *BTL Online*[203], y que ofrece acceso electrónico a todas las ediciones de textos latinos publicadas en la *Bibliotheca Teubneriana*, desde la antigüedad y la antigüedad tardía hasta los textos medievales y neolatinos. En total, se puede acceder electrónicamente a unos 13 millones de formas de palabras.
- En 1996 se creó una base de datos bautizada con el nombre de BIT-ROM[204] *Biblioteca Tascabile Romanistica* [205] que fue presentada a la comunidad

---

diritto, 1995, fasc. 2, p.223 ss anteriormente TAFARO, *«Rom Text»*, en INDEX. Quaderni camerti di studi romanistici 20 (1992) p. 307 ss.

[200] Fue una amplia base de datos que recogía en su Opera la bibliografía producida desde el año 1940 a 1998.Sobre un análisis de este banco de datos vid. LICANDRO, O-, SPANPINATO, D. *Biblioteca Iuris Antiqui, Bilancio e prospettive*, en Informatica e Diritto fasc 1, 97 p. 191-214. Se compone de tres módulos fundamentales: a) *Fontes*, con la versión electrónica del *Corpus Iuris Civilis*, el *Codex Theodosianus*, la *Collatio*, la *Consultatio*, los *Fragmenta Vaticana*, el comentario de Gayo y el *Epítome* del mismo autor, los *Fragmenta Augustodunensia*, las *Sententiae Pauli* con la *interpretatio visigotica*, el *Epítome* de Ulpiano, el *Edictum Theodorici*, la *Lex Romana Burgundiorum*, las *Constitutiones Sirmondianae* y las *Novellae* posteodosianas que forman parte del *Breviarium Alaricianum*; b) *Opera*, la parte propiamente de repertorio bibliográfico con información relativa al Derecho romano y a otros derechos de la Antigüedad desde 1950 a 1989; c) *Thesaurus*, con los términos claves a partir de los cuales poder hacer búsquedas en cualquiera de los otros dos.

[201] Dirigida por P. Catalana y F. Sitzia. Vid. Sobre su génesis CATALANO-SITZIA, *Archivio elettronico per l'interpretazione dlel fonti giuridiche romane,* Index Quaderni camerti di Studio romanistici 20, 1992, p.291 ss.

[202] Base de datos publicada en el verano de 1999 que contiene unas 600 obras de cerca de trescientos autores latinos, desde los orígenes hasta finales del siglo II d.C., con inclusión de autores posteriores como Ausonio, Macrobio y Amiano Marcelino. El archivo electrónico ha sido realizado transfiriendo a formato electrónico los textos de la edición de la *Bibliotheca Scriptorum Graecorum et Romanorum Teubneriana* publicada por la casa editorial Teubner de Stuttgart y Leipzig, usándose la última versión o la mejor en el caso de varias ediciones de una misma obra.

[203] Enlace en *https://www.degruyter.com/database/btl/html* [consulta 27.01.2022]

[204] MAGGIO L. *BIT-Rom, un archivio ipertestuale su disco ottico della letteratura giusromanistica*, Informatica e diritto, fasc.1/97, p.231-239.

[205] La *Biblioteca Tascabile Romanistica* (BIT-Rom) fue obra del grupo de trabajo de Nicola Palazzolo y el Centro Interuniversitario per l'Informatica Romanistica (C.I.R.). Con un comité de redacción inicial compuesto por Francesco Arcaria, Orazio Licandro, Lucio Maggio, Patrizia Sciuto Consulenza informatica: Daria Spampinato. Inicialmente se habían previsto la edición de 7 CD*: Trattati e manuali di Diritto pubblico e storia del diritto, Opere di storia delle fonti giuridiche romane, Trattati e mono-*

científica en la LII sesión de la *Société Fernand de Visscher pour L'Historie des Droits de l'Antiquité*, posteriormente cambió el nombre al actual BD-Rom 2004 *Biblioteca Digitale Romanistica*. En el volumen primero, dirigido por Palazzolo se encontraban digitalizados los manuales de Derecho público romano publicados entre 1839 y 1920[206], la finalidad perseguida es más que evidente, disponer de un importantísimo patrimonio bibliográfico de obras clásicas de acceso rápido con un potente motor de búsqueda de información que es, a fin de cuentas, lo que hoy en día se exige en una buena base de datos; el último CD publicado es el de 2006 vol. II *Studi sulle fonti giuridiche romane* también bajo la dirección científica del profesor Palazzolo que, como ya hemos indicado, es director del ITTIG desde donde se está centralizando todo lo relacionado con la especialización en la documentación del derecho y el lenguaje jurídico en relación con las nuevas TIC.

Ahora bien, este tipo de bases han constituido una primera modernización de nuestra disciplina marcada por el desarrollo de bases de datos de Derecho romano y su perfeccionamiento por el avance de los sistemas operativos y las mejoras con la integración de *interface* más dinámicas. Estos cambios han permitido, como veremos más adelante, la digitalización de manuales en soporte CD o DVD y conservar algunos de los incunables.

Un segundo estadio va referido a la proliferación de las bases *on line* fuera de los soportes CD-Rom y la aparición de portales específicos de Derecho romano que permiten: consultas *on line* de fuentes, acceso a bases de datos con o sin clave de acceso, publicación y consulta de revistas electrónicas de Derecho romano etc…, todo ello facilita nuestra investigación y la proyección en nuestra disciplina, permitiendo la consulta de las mismas desde cualquier dispositivo electrónico.

En relación a nuestra disciplina, Patricia Sciuto[207] escribía en la década de los noventa que Internet era el medio para comunicar de la manera más rápida posi-

---

grafie sul processo civile romano, Trattati e monografie sul diritto e processo criminale romano, Opere istituzionali di Diritto privato romano, Trattati e opere generali di diritto privato romano (I), Trattati e opere generali di Diritto privato romano (II).

[206] Esta base de datos está formada por libros digitalizados 15 publicaciones, 14 autores entre otros Abbot, Bouché, Karlowa, Mommsen, Willems, Rubino, Costa, Götlling…, permite manejar colecciones mediante la modalidad de catálogo (browsing) o búsqueda (searching), en la primera permite visulizar página a página y la segunda permite individualizar la obra por autor, título, editor y año de edición o también búsqueda semántica por voces asociadas a títulos, capítulos y parágrafos; fuentes citadas. Sobre esta database vid. MANNI, A., *Diritto romano in digitale: il progetto BD-Rom*, Index, 34, 2006, p. 729-733. Vid sobre el mismo también rencesión de GRIFÒ, G., *Biblioteca Digitale Romanistica. Archivio elettronico della letteratura romanistica*, SDHI, 72, 2006, p.554-557. Sobre el modo de empleo de la base de datos y su contenido. Vid. EUGENIO, F., "Biblioteca Digitale Romanistica. Una eficaz herramienta de investigación", RGDR, 4, Junio 2005, p.1-18.

[207] *Internet e diritto romano, Informatica e diritto*, fasc.1/97, p.249-257. Contiene citas a numerosos portales de Derecho romano.

ble el saber, y recibiendo información instantánea de datos, destacando la posibilidad de consultar desde casa catálogos de bibliotecas OPAC (*Online Public Access Catalogue*)[208].En la actualidad la web 3.0 o «web semántica», es una web más inteligente", lo que se manifiesta especialmente en buscadores que se encuentran más cerca de entender el lenguaje natural humano, especialmente gracias a la implementación de la Inteligencia Artificial IA. Otro cambio muy significativo se encuentra en la movilidad en su uso, ya que, en la actualidad, una gran parte del uso de Internet se realiza a través de dispositivos móviles, y herramientas como la nube que diversifican sus opciones de uso. Por ello, también podríamos denominar a la web 3.0 como la «web móvil» o la «web flexible». Si bien la Web evoluciona y la 4.0 con la incorporación de la IA, ya está presente. Es cierto que todo ello permite un mayor trabajo colaborativo y el intercambio más dinámico de información, lo que hoy en día se demanda para la formación del *b* y el *e-learning*[209]. Por ello, es obvio que las TIC proporcionan mucha utilidad al soporte digital o electrónico y la divulgación de los documentos, fuentes, libros etc…[210] permitiéndonos, sin lugar a dudas, una mayor utilidad y versatilidad a la hora de interactuar con los distintos programas de edición de textos.

Además, la evolución de la Web.4.0 o internet de las máquinas que entienden a los humanos y que aprenden cuanto más se usan (*machine learning*), se convierte hoy en la internet de los pequeños *bots*, de los agentes inteligentes que chatean cual humanos, de las casas inteligentes, de las *smart cities*, internet de los objetos etc… En definitiva, la comprensión del lenguaje natural y tecnologías *Speech to text* (de voz a texto y viceversa), un sistema de comunicación máquina a máquina (M2M) y un modelo de interacción con el usuario que afectará obviamente a los nuevos recursos digitales que se realicen en relación a nuestra disciplina, como ocurre con proyectos en Realidad Aumentada RA en los que se puede visitar la Roma antigua[211] como el proyecto *Rome Reborn*[212]. No podemos vaticinar todos los cambios que lle-

---

[208] Podemos citar como ejemplo la búsqueda en la biblioteca del *Instituto Lepold Wenger für Antike Rechtsgeshicthe und Papyrusforschung https://opac.ub.uni-muenchen.de/TouchPoint/start.do?View=sunrise&Language=de* [consulta 25.12.21]

[209] En relación a las aplicaciones de la tecnología en la enseñanza de nuestra materia Purpura hace años sostenía que:… *il futuro si presenta con l'opportunità di una teledidattica, sviluppata dal piano d'azione europeo di e-learning che consente, non solo di surrogare le tradizionali forme d'insegnamento (di effettuare lezioni con la possibilità della partecipazione di docenti e studenti esterni, di teleconferenze o seminari, di assistenza continua e interattiva), ma ancora di sperimentare nuove forme (come chat, forum, test automatici di autovalutazione per un'apprendimento graduale, simulazioni, laboratori ed esperimenti virtuali, che consentono, soprattutto nelle discipline cd. "scientifiche", notevoli risparmi delle attrezzature e dei costi dei materiali)*. PURPURA. P, "Le nuove tecnologie informatiche aplicate alla ricerca e allo studio del diritto romano e dei diritti dell´antichità*", en Rivista di Dirtitto Romano 1 (2001) p.1.*

[210] SALOMON SANCHO, L., "Nuevos medios de acceso a las fuentes del Derecho romano", *RGDR* 7, diciembre de 2006, p. 1-21.

[211] *https://www.youtube.com/watch?v=f8hqR2O8HiM* [consulta 25.12.2021]

[212] *https://www.romereborn.org/* [consulta 25.12.2021] si bien aparece migrada la web a *https://www.flyoverzone.com/*

vará consigo la nueva Web 4.0 y las ulteriores 5.0 de interacción sensorial, ni tampoco el metaverso que, sin duda, traerá nuevas experiencias virtuales.

Patricia Sciuto[213] ya afirmaba hace unos años que los romanistas hacían un uso escaso de la red, pero lo cierto es que hoy en día el panorama ha cambiado, cada vez más la tecnología se va imponiendo tanto en los métodos de investigación como en la docencia[214]. Una primera utilidad de la red, como comenta la autora, fue la de crear las *mailing list* y a ello contribuyó enormemente la página de Ernest Meztger[215] traducida al inglés y al alemán que también ha ayudado a la difusión de fuentes y a la creación de un *mailing list* de estudiosos de Derecho romano. En igual sentido surgió la iniciativa de crear un foro telemático de discusión sobre *ius romanum* del prof. Thomas Rüfner[216] cuya *site* esta traducida al latín, inglés, alemán e italiano; esta web invitaba a los romanistas a participar en la elaboración del *Corpus iuris civiles* en hipertexto con integración de fragmentos de la glosa de Accursio.

No pretendemos hacer una referencia de la existencia de cada una de los recursos, bases de datos y revistas *on line*[217] ya que excedería de nuestro cometido, pero si haremos una breve aproximación a algunas de las más significativas:

RGDR-Revista General de Derecho romano: esta revista se encuentra dentro del Portal Jurídico Iustel[218] que cuenta con más de cuatrocientas suscripciones en Europa y Latinoamérica. El portal jurídico está muy bien estructurado y diseñado, y contiene además un Buscador Universal[219] y una serie de *database*: la de Legislación, Jurisprudencia, o la importantísima Base de Conocimiento Jurídico donde encontramos más de cien temas sobre Derecho romano y también la de Bibliografía Jurídica

---

213 *Internet e Diritto romano*, op. cit, p. 251.

214 MURILLO VILLAR, A., *La influencia de las nuevas tecnologías en el estudio del Derecho romano*, op.cit. 498, en la nota 43 cita los links de la página Fundación Seminario Ursicino Alvarez de la Universidad Complutense.

215 *http://www.iuscivile.com* [Consulta 25.12.2021]. Entre otros aspectos destaca numerosos enlaces a páginas webs, bases de datos, proyectos de investigación y novedades relacionadas con nuestra materia.

216 *http://www.jura.uni-sb.de/Rechtsgeschichte/Ius.Romanum/* [Consulta 25.12.2021]. No obstante, la página contiene muchos enlaces rotos sin revisar ya que fueron creados en html en la web.2.0 y necesita de una profunda actualización.

217 BAGNALL, R.-HEATH.S, “Roman Studies and Digital Resources” en *JRS*, 108, 2018, p. 170-188, donde los a. analizan numerosos enlaces actualizados de Derecho romano.

218 *http://www.iustel.com*. Podríamos hacer un artículo comentando las utilidades del portal dada su buena estructura y actualización constante. El menú es de fácil manejo y contiene RSS para activar las alertas sobre: Conocer las novedades legislativas mediante la posibilidad de consulta inmediata del texto completo de todas las normas publicadas en las Disposiciones Generales de los boletines y diarios oficiales del Estado y las Comunidades Autónomas. Acceder a una selección diaria de la jurisprudencia más relevante y novedosa. Consultar las reseñas de las noticias de alcance jurídico publicadas en los diarios nacionales y las novedades de Iustel.

219 El Buscador Universal localiza información de las siguientes bases de datos: Compendio Legislativo, Repertorio Jurisprudencial, Base de Conocimiento Jurídico, Bibliografía Jurídica, Formularios Procesales, Revistas Generales de Derecho, Diario del Derecho, Libros editados en papel, incluyendo búsqueda dentro del propio texto de los libros.

que permite a los usuarios localizar rápidamente y de forma intuitiva, rellenando el campo del correspondiente formulario, obras, artículos y autores. Los campos que contienen permiten la búsqueda por Autor, Título, Sumario, Texto libre y la correspondiente referencia de la propia Iustel (RI).

En la sección de Revistas Generales[220], se encuentra la Revista General de Derecho Romano RGDR[221] que en la actualidad cuenta con treinta y siete números, y cuyo director es el profesor Antonio Fernández de Buján, y el subdirector D. Juan Miquel Alburquerque. La revista, con sello de calidad FECYT por resolución de 30 de julio de 2021, permite a los romanistas difundir sus estudios con mayor impacto a través de Internet como *mass media* y acceder a artículos, bibliografía, colecciones, monografías, enlaces y datos de interés e información académica en relación a Congresos y otros eventos científicos de Derecho romano. Por tanto, Iustel[222] es un paradigma de referencia dentro de las TIC al servicio de la difusión, tanto por sus bases de datos *on line*, en especial la de Conocimiento Jurídico como por las Revistas Generales que contienen y, en particular, la de Derecho romano.

---

[220] Otras revistas del portal Iustel son: la Revista General de Derecho administrativo, Revista General de Derecho Canónico y Eclesiástico del Estado, Revista General de Derecho del Trabajo y de la Seguridad Social, Revista General de Derecho Europeo, Revista General de Derecho Procesal, Revista General de Derecho Penal, *E-Legal History Review*, Revista General de Derecho Constitucional y Revista General de Derecho Público Comparado. En el propio portal jurídico se señala que: "Las Revistas Generales de Derecho de Iustel conforman la oferta más amplia y de mayor calidad de las publicaciones jurídicas periódicas. Ofrecen un conocimiento completo, riguroso, ordenado y actual de cada disciplina jurídica. En cada revista podrá encontrar secciones dedicadas a: Excelentes estudios científicos dirigidos y confeccionados por los más prestigiosos juristas. No deje de consultar los equipos rectores de cada una de las revistas. Interesantes comentarios y análisis jurisprudenciales, seleccionados siempre por su relevancia y actualidad. Comentarios precisos de las novedades legislativas nacionales e internacionales. Noticias y recensiones sobre la publicación de libros y artículos de revistas acerca de la materia con comentarios, en su caso, sobre su contenido para que el lector tenga un pulso real e independiente de lo más destacado de la producción científica. Cada revista contiene, además, secciones propias en función de las particularidades de su disciplina. Nuestras revistas están disponibles en Internet para que usted pueda acceder a ellas desde cualquier lugar y en cualquier momento: siempre a su alcance. El soporte online nos permite añadir contenidos que contribuyen a mejorar lo ya editado: usted obtendrá actualizaciones y mejoras constantes. Además, dispondrá de nuestros artículos en formato *pdf para su perfecta impresión en papel".

[221] *https://www.iustel.com/v2/revistas/detalle_revista.asp?numero=36&id=11[consulta* 25.12.2021]

[222] Además, el portal cuenta con un servicio de Alertas jurídicas sobre novedades dentro del Diario del derecho que cuenta además con sindicación de contenidos RSS, Formularios procesales, Legislación autonómica, Guía del Jurista e incluso Servicios de Consultoría Jurídica. Como se puede apreciar cada vez se va incrementando el número de servicios *on line* y de hecho el futuro de las TIC está ahí.

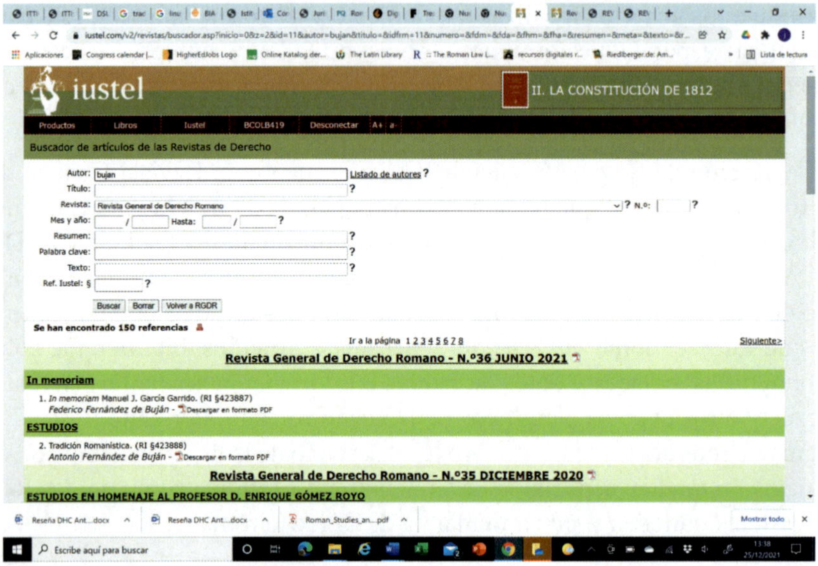

Finalmente, por lo que respecta a la RGDR de Iustel, debemos destacar algunos aspectos:

— Su periodicidad semestral, y fundada en 2004.
— Es la primera revista científica de Derecho romano *on line* que ve la luz en nuestro país.
— Está dirigida especialmente a los estudiosos del derecho romano, juristas de derecho positivo y operadores prácticos del derecho, historiadores, filólogos y filósofos.
— Tiene una pervivencia de 17 años y un ICDS de 4.7.
— Más del 75% de los artículos de la Revista General de Derecho Romano han sido exposiciones sobre los resultados de investigación completamente originales, tras superar un riguroso proceso de revisión anónima por pares.
— De vocación internacional, en su Consejo Editorial cuenta con especialistas pertenecientes a instituciones de investigación de diversos países.
— Y es editada por IUSTEL, editorial que ocupa una posición relevante entre las editoriales evaluadas en el ranking de prestigio SPI (*Scholarly Publishers Indicators*, 2018).
— Se incluye también en la prestigiosa base de datos *Regesta Imperii*. Esta base de datos es el referente en Medievalismo en el ámbito europeo. Elaborada por la *Akademie der Wissenschaften und der Literatur* alemana, aplica una serie de criterios editoriales y revisión por expertos.

GLOSSAE- European Journal of Legal History[223], constituye una revista de Historia del Derecho y Derecho romano, está dirigida por Aniceto Masferrer. La creación

[223] *https://www.glossae.eu/* [consulta 25.12.2021]

del Instituto y de la revista *GLOSSAE* estaba íntimamente relacionado con el ingreso de España en la Comunidad Europea, acaecido el 1 de enero de 1986. Coincidiendo con esta adhesión, Antonio Pérez Martín sintió la necesidad de prestar una mayor atención a la dimensión europea de la Historia del Derecho. Esta inquietud propició el nacimiento de esta nueva revista histórico-jurídica, que tenía por finalidad el estudio y la difusión científica del Derecho europeo en el marco del *ius commune*, lo que la diferenciaba de la mayoría de las publicaciones histórico-jurídicas españolas, en las que la óptica nacional es la dominante. La intención de promocionar y publicar estudios referidos a la Historia del Derecho europeo quedó patente desde el primer número de *GLOSSAE*. En concreto, en su prólogo de intenciones, se afirmaba que por Historia del Derecho europeo se ha de entender, tal y como reza de su página web: la cultura jurídica común a todos los pueblos de europea desde el siglo XI, en que aflora un renacimiento jurídico, particularmente en Bolonia, que posteriormente se irá extendiendo al resto de Europa, hasta el siglo XIX, en que esa cultura jurídica se codifica, constituyendo de ese modo la base de los derechos actualmente vigentes en los diferentes países de Europa e Hispanoamérica.

Debemos destacar que la revista esta indexada en *Scopus*, esta es una de las bases de datos más importantes junto con ISI web of Science, la plataforma tecnológica es desarrollada por Elsevier con cinco mil editores en ciento cuarenta países, en este caso en en SJR. SCImago Journal & Country Rank, aparece con una valoración de +3.5. Asimismo, también aparece en CARHUS Plus+, y en en MIAR (Matriz de Información para el Análisis de las Revistas).

RIDROM - Revista Internacional de Derecho Romano[224], que cuenta con 26 números en la actualidad y está dirigida por los profesores, Margarita Fuenteseca, Alfonso Murillo y Armando Torrent. Esta fue creada bajo los auspicios de la Asociación Iberoamericana de Derecho Romano y de la Universidad de Castilla-La Mancha, con el objetivo de difundir los resultados de la investigación en el ámbito del Derecho romano y su recepción. Nace con vocación de superar cualquier frontera geográfica y está abierta a cuantas personas e instituciones se propongan el mismo fin. Asimismo, difundirá las actividades de la Asociación Iberoamericana y cuantas noticias e informaciones sean de interés para la comunidad romanística.

Es una revista de acceso abierto y gratuito (Open Access Journal), y esta indexada en Miar, Resh, Circ, Erih+, entre otras.

[224] *http://www.ridrom.uclm.es/sumarios.htm* [consulta 25.12.21]

Otras revistas que debemos destacar figuran a continuación (enlaces verificados 2022)

Dike, Rivista del diritto Greco e ellenistico	*http://www.ledonline.it/dike/*
Gerion Revista de Historia Antigua ha sido aceptada para su indexación en el Directory of Open Access Journals (DOAJ)	*https://revistas.ucm.es/index.php/GERI/index*
Ius romanum	*https://iusromanum.eu/es/*
Revista di Diritto romano	*https://www.ledonline.it/rivistadirittoromano/*
Rida on line RIDA	*http://local.droit.ulg.ac.be/sa/rida/*
Rivista Internazionale di Sciencie Giuridice e Tradizione Romana	*http://www.dirittoestoria.it/*
Roman and legal tradition, A Journal of Ancient Medieval and Modern Civil Law	*http://www.romanlegaltradition.org/*
Tijdschrift voor Rechtsgeschiedenis	*https://brill.com/view/journals/lega/lega-overview.xml*
Tesserae Iuris	*http://www.universitas-studiorum.it/1/tesserae_iuris_3258857.html*
Anuario da Facultade de Dereito da Universidade da Coruña	*https://ruc.udc.es/dspace/handle/2183/1886*
Clio@Themis Revue électronique d'histoire du droit	*https://publications-prairial.fr/cliothemis/*
Journal of Law and History (original title Czasopismo Prawno-Historyczne is abbreviated into CPH a	*https://repozytorium.amu.edu.pl/handle/10593/1755*
Forum historiae iuris	*https://forhistiur.net/*
The Journal of Legal History	*https://www.tandfonline.com/toc/flgh20/current*
Revue historique de droit français et étranger	*https://www.dalloz-revues.fr/revues/Revue_historique_de_droit_francais_et_etranger-29.htm*
Historia et ius journal of medieval and modern legal history	*http://www.historiaetius.eu/*
Revista de estudios histórico-jurídicos	*https://www.scielo.cl/scielo.php?script=sci_serial&pid=0716-5455*
Ius Antiquum	*https://www.dirittoestoria.it/iusantiquum/index.htm*
Quaderni Lupiensi di Storia e Diritto	*https://www.quadernilupiensi.com/*
Zeitschrift der Savigny-Stiftung für Rechtsgeschichte	*https://www.digizeitschriften.de/dms/toc/?PID=PPN602167701*
Zeitschrif für Papyrologie und epigraphic	*http://www.uni-koeln.de/phil-fak/ifa/zpe/*
ELR - European Legal Roots	*https://europeanlegalroots.weebly.com/*

Cabe señalar que internet facilita el trabajo corporativo de grupos de investigación e informa de numerosos Proyectos y blogs relacionados con nuestra disciplina, entre otros:

1. el **Law-related Internet Project at the University of Saarbrücken**[225] del prof. Rüfner, que permitía obtener información y suscribirse a newsletter, todo ello con el fin de generar un foro de discusión de Derecho romano;
2. el **Proyecto Volterra**[226] cuya fase inicial concluyó en 2004 y fue desarrollado por *Department of History at University College London, the British Academy* y la *Arts and Humanities Research Board.* El proyecto versa sobre el *Law and Empire* desde el 193 a 455 d.C. y la web contiene una base de datos *on line* de los textos imperiales de dicho período;
3. el de la **Akademie der Wissenschaften und der Literatur**, en Mainz fundado con el objetivo de investigar todos los aspectos de la esclavitud en la antigüedad[227];
4. el **European Society for History of Law** permite a la comunidad, especialmente a los abogados, adquirir conocimientos sobre el contexto histórico importante para la práctica actual, así como los cambios futuros de algunos institutos jurídicos[228];
5. el **Iuscivile.com**, del prof. Ernest Metzger, donde puede encontrarse información de páginas y fuentes del Derecho romano[229];
6. **Rechtsgeschiedenis Blog**[230], del profesor Otto Vervaart, con análisis de noticias relacionadas con la historia jurídica y noticias desde la perspectiva de la historia jurídica, enlaces a fuentes romanas y medievales;
7. **Avalon Project**: Ancient Documents, de la Universidad de Yale, con documentos digitales relevantes para los campos del Derecho, Historia, Economía, Política, Diplomacia y Gobierno, con muchas referencias al Derecho romano[231];
8. **The project digilibLT**, se estableció oficialmente el 1 de marzo de 2010, gracias a los fondos otorgados por la 'Regione Piemonte' para apoyar la investigación en el área de Humanidades y Ciencias Sociales. El proyecto, concebido por Raffaella Tabacco, fue desarrollado y fundamentado por ella y Maurizio Lana. Su objetivo es producir un corpus digital de textos

---

225 *http://archiv.jura.uni-saarland.de/Rechtsgeschichte/Ius.Romanum/english.html* [consulta 25.12.2021].

226 *https://www.ucl.ac.uk/volterra* [consulta 25.12.2022]

227 *https://www.adwmainz.de/index.php?id=997* [consulta 25.12.2022]

228 *http://www.historyoflaw.eu/english/home.html* [consulta 25.12.2022]

229 *http://www.iuscivile.com/* [consulta 25.12.2022]

230 *https://www.rechtshistorie.nl/en/roman-law* [consulta 26.12.2021]. Incluye como novedad un link a otra página que contiene un catálogo prosopográfico del autor en relación a la temática infames romani en *https://poolcorpus.univ-jfc.fr/infames-romani*

231 *https://avalon.law.yale.edu/subject_menus/ancient.asp* [consulta 25.12.2021]

literarios latinos de la antigüedad tardía (del siglo II al V d.C.), poniéndolo a disposición de la comunidad científica[232].

9. **Perseus Digital Library**, desde que comenzó a planificarse en 1985, el Proyecto de Biblioteca Digital Perseus ha explorado lo que sucede cuando las bibliotecas se mueven en línea. Dos décadas después, a medida que surgen nuevas formas de publicación y millones de libros se convierten en digitales, esta cuestión es más apremiante que nunca. Perseus es un experimento práctico en el que exploramos las posibilidades y los retos de las colecciones digitales en un mundo en red, en la actualidad esta dirigida por Gregory Crane y contiene numerosas fuentes griegas y latinas[233];
10. el proyecto de **Prosopografía Digital de la República Romana** (DPRR) es el resultado de un proyecto de tres años, financiado por el AHRC, con sede en el Departamento de Clásicos y el Departamento de Humanidades Digitales del King's College de Londres, dirigido por el profesor Henrik Mouritsen y la Dra. Maggie Robb[234].

Igualmente, se destacan en la red numerosos portales en los que encontramos las fuentes literarias, jurídicas, epigráficas, que son un recurso importante de herramientas lexicográficas y textuales on line, para los investigadores, entre las que destacamos:

---

[232] *https://digiliblt.uniupo.it/index.php* [consulta 26.12.2021]

[233] *https://www.perseus.tufts.edu/hopper/* [consulta 25.12.2021]

[234] *https://romanrepublic.ac.uk/* [consulta 26.12.2021]

Amanuensis Permite hacer búsquedas dentro de la base de datos de fuentes latinas pertenecientes al Derecho Romano creada por la Universidad de Linz ("Romtext"). Dirigida por el prof Hofrat Dr. Josef Menner, propietario de los derechos de autor de Romtext	*http://www.riedlberger.de/amanuensis* (descarga software)
BIA Bibliotheca Iuris Antiqui Dirigida por Nicola Palazzolo Co-editor: Orazio Licandro	*https://bia.igsg.cnr.it/*
The latin library con fuentes literarias y jurídicas, la mayor colección de leyes romanas en Internet. Incluye una gran colección de leyes senatusconsulta y republicanas, la mayor parte del Corpus Iuris Civilis, el Codex Theodosiani, Ulpiani Regulae, Pauli Sententiae, y varias fuentes de la antigüedad tardía	*https://www.thelatinlibrary.com/*
Epigraphic Database Heidelberg contiene los textos de las inscripciones latinas y bilingües (es decir, latín-griego) del Imperio Romano. Los monumentos epigráficos se han recopilado y actualizado sobre la base de la investigación moderna	*https://edh.ub.uni-heidelberg.de/home?lang=en*
CIL Corpus Inscriptionum Latinarum	*https://cil.bbaw.de/en/homenavigation/the-cil/volumes*
Hispania Epigraphica	*http://eda-bea.es/pub/search_simple.php*
Papyri.info bajo el liderazgo de Roger Bagnall y con fondos de la Fundación Andrew W. Mellon y el National Endowment for the Humanities, en 2006/07, las Bibliotecas de la Universidad de Columbia desarrollaron especificaciones para un 'Navegador papirológico'.	*https://papyri.info/docs/resources*
Perseus digital library	*https://www.perseus.tufts.edu/hopper/*
Patrología Latina de Migne Patrologia Latina = Patrologiae cursus completus <serie latina>.	*https://patristica.net/latina/*
Thesaurus linguae Latinae es el diccionario definitivo del latín antiguo: el Thesaurus es el único léxico que incluye todos los textos latinos conservados desde los inicios hasta el año 600 d.C	*https://thesaurus.badw.de/das-projekt.html*
Otros enlaces de interés — **Cartografía y mapas** Orbis: *https://orbis.stanford.edu/* Digital Augusta Rome: *https://www.digitalaugustanrome.org/* — **Acceso a libros y recursos, así como artículos y páginas de investigadores** JSTOR is a digital library: *http://jstor.org* Internet Archive: *http://archive.org* HathiTrust *http://hathitrust.org*; Google Books *http://books.google.com* Academia.edu *https://academia.edu/* ResearchGate *https://researchgate.net/* Loebclassical library: *https://www.hup.harvard.edu/features/loeb/digital.html*	

Ahora bien, no pretendemos, ni mucho menos, analizar todas y cada una de las fuentes digitales que existen en relación a nuestra disciplina, pero sí, como hemos visto hacer una referencia a las de mayor importancia. Ello no está exento de problemática ya que en opinión de Bagnall y Heath[235] se deben tener en cuenta una serie de parámetros: la naturaleza de la publicación digital, su importancia y permanencia, la sostenibilidad, el reconocimiento de un acceso generalizado a la información como resultado esencial, los modos de interacción con los datos y la conectividad entre los recursos. A ello se une la constante expansión de los recursos digitales para el estudio de la ciencia y, en nuestro caso, para el estudio del mundo romano. Y es que como señalan los autores existen otros problemas como son el acceso, el uso de los datos, su descarga y reutilización por parte de los usuarios, cuestiones que afectan por ejemplo a licencias de *Creative Commons.* Creemos que el mundo digital no es opuesto al mundo de la investigación[236] del Derecho romano sino todo un instrumento tanto para los estudiantes que se acercan por primera vez a las fuentes como al profesor que trabaja e investiga con ellas. De hecho, podemos ver como algunas se crean para que los profesores podamos subir y compartir artículos con otros investigadores como Academia.edu o ResearchGate, eso ayuda mucho a la interacción entre profesores de todo el planeta y la posibilidad de descubrir artículos sobre una temática que sea objeto de investigación.

3.2.3. ¿Cuál será el futuro del aprendizaje?: Inteligencia Artificial y Metaversos en aprendizaje inmersivo

Es cierto que las TIC, en el ámbito Universitario, han ido desarrollándose a mayor velocidad a consecuencia de la Pandemia. En el presente siglo veremos grandes avances que nos ayuden a mejorar aspectos relacionados con la docencia con el uso de asistentes virtuales que sean capaces de realizar un procesamiento de datos, búsquedas con el *NPL*, *Natural Language Processing* y, naturalmente, la IA con el *Machine learning* que permitirá realizar mejores indexaciones y cruce de datos a través de los algoritmos. Ello permite tener chatbots que ayuden a nuestra tarea docente resolviendo por ejemplo FAQ, Frequently Asked Questions (Preguntas Frecuentes), por ello, con el uso de los mismos en la educación superior, es necesario mejorar la flexibilidad de las clases, así como la gestión del conocimiento en contextos de desarrollo mediante actividades tanto dentro como fuera del aula. El tiempo y la ayuda en el aula son dos temas importantes para discutir en el campo de la educación, y este es un buen ejemplo de un aula sin límites porque el alumno tendrá la oportunidad de recibir ayuda en tiempo real del asistente virtual generado por IA. Asimismo, el uso de esta tecnología permitirá crear plataformas de autoaprendizaje y los asistentes virtuales permitirán una mayor eficiencia en el uso de esta tecnología accesible a es-

---

[235] BAGNALL, R.-HEATH.S, *Roman Studies and Digital Resources*… pp.171-2.

[236] BOND S,-LONG, H., et al. "Digital" is not the opposite of "Humanities" en Chronicle of Higher Education Nov. 1, 2017 *https://www.chronicle.com/article/digital-is-not-the-opposite-of-humanities/* [consulta 26.12.2021]

tudiantes y profesores, de forma que los ecosistemas basados en IA podrán cambiar la educación superior en cuanto a:

1. Automatización de tareas administrativas docentes.
2. Softwares para brindar educación personalizada.
3. Detectar que temas necesitan más trabajo en clases.
4. Compañero y soporte de los estudiantes dentro y fuera del aula.
5. Información importante para avanzar en el curso.
6. Cambios en la búsqueda e interacción con la información.
7. Nuevo significado del rol y papel del docente.
8. Uso de datos de manera inteligente para enseñar y apoyar al estudiante.

En todo caso, cabe subrayar que la educación de calidad siempre requerirá la participación activa de profesores humanos, la IA promete mejorar la educación en todos los niveles, especialmente proporcionando personalización a escala. Los tutores inteligentes se están usando cada vez más para enseñar ciencia, matemáticas, lengua, y otras disciplinas. El procesamiento del lenguaje natural, el aprendizaje automático y el *crowdsourcing* han impulsado el aprendizaje en línea y han permitido a los docentes de la educación superior multiplicar el tamaño de sus aulas, así como se adecúan a las necesidades y estilos de aprendizaje de sus estudiantes[237].

A esto último, debemos añadir lo que deparará los mundos virtuales o metaversos, que son construcciones ficticias en las que los participantes interactúan a través de avatares creados por sí mismos tratando de reproducir la participación o vida real en un entorno de metáfora virtual sin las limitaciones espaciotemporales. En el pasado ha habido experiencias con *Second Life*[238] en algunas Universidades; sin embargo, es ahora, con el devenir de los ordenadores cuánticos y el avance tecnológico de las *bigtech*, donde surgen los metaversos un nuevo territorio de interacción humana y, por ende, una nueva herramienta para implementar la educación del presente siglo, por ello ahora es el momento de la segunda vida de esta tecnología que probablemente no tardemos mucho en utilizar en el aula[239]. Por ello, a modo de reflexión podemos

[237] LEÓN RODRÍGUEZ G.-VIÑA BRITO S.M., "La inteligencia artificial en la educación superior. Oportunidadesy amenazas" en *Innova Research Journal* 2017. Vol. 2, No.8.1 pp. 412-422; p.415-416.

[238] CHECA GARCÍA, F. "El uso de metaversos en el mundo educativo: Gestionando conocimiento en Second life", en Revista de Docencia Universitaria, Vol.8 (n.2) 147-159 ya destacaba el a. que "*desde 1994 con la aparición del lenguaje VRML (Virtual Reality Modeling Language) es posible la manipulación de los entornos virtuales y se han ido generando avances que han permitido mejoras en la investigación mediante la modelización, el desarrollo de aulas virtuales 3D y cambios en la percepción del sujeto, así como en los procesos de comunicación*". En igual sentido, a modo de ejemplo, puede verse. JARAMILLO MÚJICA J.A- MORALES AVELL L.F., et al. "Una experiencia en el uso de metaversos para la enseñanza de la física mecánica en estudiantes de ingeniería" en Revista Educación en Ingeniería, Vol. 12 Núm. 24 (2017) p.20-30, dónde se propone la idea de diseñar e implementar un entorno inmersivo 3D o metaverso, para incentivar el aprendizaje.

[239] Puede verse algunos videos en youtube sobre como será la educación con el uso de los metaversos: *https://www.youtube.com/watch?v=KLOcj5qvOio&t=31s* o también del fundador de Facebook, *https://www.youtube.com/watch?v=Uvufun6xer8* [fecha de consulta 28.12.2021]

señalar que el sector educativo debe romper esta barrera perceptiva de aislamiento para adaptar estas herramientas a entornos abiertos y colaborativos que sirvan de puente entre al aula y el exterior, esto es, un "aula sin muros".

Bien es verdad que no sabemos cuál será el recorrido de estos mundos inmersivos aplicados a la docencia, es posible que los Campus virtuales se implementen con esta tecnología «meta» y qué las clases presenciales tengan experiencias más dinámicas e inmersivas. O bien, no pase de una mera propuesta comercial por parte de las compañías tecnológicas que pueda caer en el olvido. Sea como fuere, lo importante es que nosotros, como docentes, debemos estar al corriente de las metodologías y de las TIC; y que dichos conocimientos, se impulsen a través de programas formativos del personal docente e investigador de las universidades, ya que el campo de la educación no puede obviar las bondades de estos complementos formativos que proporcionan las TIC. El ciberespacio se está viendo afectado por una expansión de estos ámbitos de convivencia digital con *RA* (Realidad aumentada) *RV* (realidad virtual), ya sea con dispositivos como *Oculus Rift* (Casco de realidad virtual) que nos permitan acceder a escritorios *Virtual Desktop* y pizarras virtuales y poder actuar con nuestros estudiantes. Por ello, es importante destacar desde el punto de vista educativo el uso del aprendizaje inmersivo a través de esta tecnología, donde las salas de reuniones para un doctorado, master e incluso las aulas virtuales en el ámbito educativo permitirán experiencias de trabajo y de aprendizajes activos y significativos. Por otro lado, la escalabilidad de la formación en la mayor parte de las etapas educativas, mediante realidad aumentada desplegada dentro de los metaversos, cuestión que ya es objeto de trabajo por muchas de las compañías tecnológicas como *Google, Microsoft o Apple*, será el mejor modo de trasladar la praxis a los estudiantes, al tiempo que ayudará a transformar el modelo educativo. Creemos que es una nueva experiencia que aportan las TIC, y por tanto, el aprendizaje en un entorno inmersivo, multiplicará la eficiencia del proceso y aumentará la concentración. Ello será posible, como hemos apuntado, con los nuevos dispositivos ópticos y sensoriales de *RA* o *RV* con 360.

Por ello, debemos realizar nuevos enfoques y orientaciones para desarrollar una actitud crítica hacia las nuevas tecnologías y su uso. Ahora más que nunca, el plantel docente tiene la oportunidad de fomentar entornos de aprendizaje que permitan al alumnado acceder a una educación en la Web 4.0 y venideras que los haga partícipes de su propio proceso de aprendizaje y favorezca, al mismo tiempo, su participación en las dimensiones social, económica, política y ciudadana. Solo así podrán resolver problemas que afectan al mundo mediante el uso de la tecnología y los recursos digitales con los que tan bien se manejan. Es cierto que la tendencia, desde nuestro punto de vista se centrará en tres modelos de docencia a los que ya alude el RD 822/2021 de la organización de las enseñanzas universitarias y del procedimiento de aseguramiento de su calidad, según el cual en su art. 14.7 establece: que los estudios de Grado podrán impartirse en modalidad docente presencial, en la híbrida (o semipresencial) y en la virtual (o no presencial).

El uso de las TIC evidentemente condiciona estos aspectos, ya que en el Anexo II del mismo Real Decreto, se alude como dentro del Modelo de memoria para la solicitud de verificación del plan de estudios, se debe incorporar como recursos de aprendizaje: *la disponibilidad de nuevas tecnologías –internet, campus virtual docente–, etc., son los adecuados para garantizar con calidad la adquisición de conocimientos o contenidos, competencias y habilidades o destrezas y el desarrollo de las actividades formativas planificadas, observando los criterios de accesibilidad universal y diseño para todas/os.*

Es verdad que el ecosistema digital disruptivo ayuda, pero no podemos olvidarnos de lo que implica la educación en sí misma desde el punto de vista de la instrucción y entrenamiento para la consecución de aprendizajes significativos y autónomos. Hoy se busca también la calidad, y ello no va en función de los resultados preestablecidos o de mediciones subjetivas con cuestionarios validados, ello implica también tener en cuenta también la perspectiva de los agentes implicados, su conducta y los procesos de enseñanza y aprendizaje en los que se encuentran inmersos. Lo que significa, entre otras cosas, conectar la cultura académica con la cultura de la calidad y a nadie se le escapa la ardua tarea ante la que nos estamos enfrentando y el largo camino que aún tenemos por recorrer[240].

Nosotros apostamos por usar todas las TIC que están a nuestro alcance, pero con un diseño y planificación adecuado, en un modelo híbrido, donde no cabe duda de que los entornos virtuales constituyen una gran ayuda en el aula. Si bien, debemos estar preparados y formados con las destrezas y competencias digitales necesarias, lo que implica la necesidad de contar con un equipo técnico de apoyo. El cambio tecnológico del presente siglo marcado por la COVID-19, nos está dando la oportunidad de repensar la educación en cualquier disciplina, no sólo la nuestra, ya que las nuevas tecnologías se pueden diseñar para desarrollar y facilitar el aprendizaje del Derecho romano, sin embargo, los sistemas de aprendizaje basado en ordenadores, la IA o los Metaversos, no van a poder sustituir la enseñanza presencial y humana en instituciones educativas. Somos defensores de la clase magistral, y de la innovación de lo clásico con el uso de metodologías activas donde las TIC tengan cabida, pero siempre deberemos saber secuenciar el aprendizaje y las herramientas a nuestro alcance para evitar interferencias en el proceso de aprendizaje. Por ello, es crucial una reflexión sobre la metodología a utilizar y dar respuesta a cuándo, cómo o de qué manera vamos a implementar nuestra docencia tradicional con la herramienta tecnológica adecuada. En definitiva, no se trata de una batalla entre tradición y tecnología, sino acomodar las bondades de las TIC a ese nuevo paradigma que rompe el *statu quo*, implicando un cambio en el proceso y el resultado.

---

[240] FONT RIBAS, A., "La soportable gravedad de la calidad", en *Revista de Educación y Derecho. Education and Law Review*, I Número Extraordinario - octubre 2021, pp. 10 ss.

Capítulo IV

Consideración final
CONCLUSIONES Epílogo
DERECHO ROMANO
DERECHO ROMANO
DERECHO ROMANO
Reflexión crítica Coda
Final
Final
DERECHO ROMANO
Coda
Final
Coda Final
Recapitulación
DERECHO ROMANO
CONCLUSIONES
DERECHO ROMANO
Final
CONCLUSIONES
DERECHO ROMANO
Reflexión crítica
Coda
Reflexión crítica
Final
Recapitulación
Final
Final
Coda
Epílogo
Consideración final
Reflexión crítica
Consideración final
Consideración final
Reflexión crítica
Epílogo
Final
DERECHO ROMANO
Recapitulación
Coda
Coda
Final
Coda
Reflexión crítica
Epílogo
Reflexión crítica
Final
Recapitulación
Coda
Final
Epílogo
Coda
Final
Reflexión crítica
Epílogo
Epílogo
Recapitulación Epílogo
CONCLUSIONES
Consideración final
Recapitulación
DERECHO ROMANO
Epílogo Recapitulación Coda
Reflexión crítica
DERECHO ROMANO Reflexión crítica
Epílogo
CONCLUSIONES
Consideración final
Consideración final
Recapitulación
DERECHO ROMANO
Coda
DERECHO ROMANO
Reflexión crítica
Reflexión crítica

Capítulo IV
CONCLUSIONES

Como hemos comentado a lo largo de esta obra, no pretendemos establecer un análisis pormenorizado de todas las herramientas TIC junto con las metodologías activas de mayor calado, sino más bien como poder innovar con las mismas, realizando una planificación, un diseño y una evaluación adecuada desde nuestras distintas experiencias a lo largo de los años. En ocasiones se asocia innovar con la introducción de tecnología en el aula: a través de pantallas, cañones de proyección, power points etc…, es obvio que son herramientas importantes y a las que debemos adaptarnos, sabiendo que a muchos en ocasiones les provoca desasosiego y tecnofobia. Sin embargo, la innovación es mucho más, incluye la educación y la planificación de un aprendizaje para la adquisición de competencias y destrezas, el saber motivar al estudiantado, siendo conscientes de los diferentes estilos de aprendizaje, e incluso teniendo presente la inteligencia emocional. Todo ello requiere cambios y explorar las bondades de las TIC, a pesar de que existen ciertas reticencias al cambio e incluso un miedo a lo desconocido, ya que la disrupción digital avanza a pasos agigantados. Pero debemos ser proactivos y optimistas con la transformación de la innovación de lo clásico en nuestra disciplina, por todo ello y como resumen a nuestra posición al respecto no podemos soslayar una serie de consideraciones finales.

I. El EEES ha servido de acicate para repensar la educación, si bien, ha supuesto un incremento en la percepción de carga de trabajo de los estudiantes y la necesidad de trabajar y crear un clima de aula oportuno para el desarrollo de competencias y destrezas, y la planificación y organización de los procesos de enseñanza-aprendizaje, lo que implica una mayor coordinación docente entre los sistemas de calificación y evaluación, lo que redunda en mejora integral y transversal de la sociedad en base a la generación de conocimiento, la innovación y el diálogo y la conexión con la sociedad. Si bien, debemos ser críticos con el reduccionismo que ha sufrido nuestra disciplina en los planes de estudio a pesar de ser crucial en la formación del jurista del siglo XXI.

Por otro lado, en todos los acuerdos que se han ido alcanzando tras la Declaración de Bolonia, hemos podido verificar que se insiste en la calidad y el *Long life learning*, siendo necesario avanzar hacia formas docentes más abiertas y flexibles, y hacia la implementación real y consolidada de modelos de aprendizaje personalizados y centrados en el estudiante que les permita alcanzar las competencias y habilidades necesarias para que se conviertan en ciudadanos activos, críticos y responsables, adaptadas a una Sociedad digital, y por ende, a las TIC.

A pesar de las incertidumbres que puedan producirse en la armonización del EEES, lo cierto es que, desde el punto de vista del docente, éste debe tener una formación en competencias digitales. En este sentido la misión de la Universidad debe estar en consonancia con los nuevos tiempos, que a su vez se encuadran con Objetivos de Desarrollo Sostenible (ODS), de forma particular, cabe subrayar el 4º donde se habla de «*Garantizar una educación inclusiva, equitativa y de calidad y promover oportunidades de aprendizaje durante toda la vida para todos.* Para ello es necesario, como hemos subrayado, un cambio en la que no sólo se transfiera el conocimiento, sino que se den las herramientas y la formación necesaria para que el docente sea capaz de adquirir nuevas habilidades y competencias que le permita, entre otras: una mejor comunicación y colaboración digital, el desarrollo de contenidos con las TIC adaptativos y el uso de analíticas y evidencias del aprendizaje, recursos que, sin lugar a dudas, mejoran la gestión del proceso de enseñanza en las tareas del profesorado. Si bien, esto último no está exento de dificultades ya que el tiempo que dedicamos al uso y aprendizaje de las TIC, ciertamente, afecta a nuestra labor como investigadores; y no podemos olvidar que docencia e investigación, tienen vasos comunicantes al ser ésta última la base de todo conocimiento.

II. En relación a la docencia y a la formación, no podemos olvidar que la educación es el camino para formar al ciudadano del presente siglo, y si bien puede producirse una contienda, a priori, entre tradición e innovación en la enseñanza del Derecho romano, lo cierto es que ambas deben servir de apoyo recíproco. Hemos podido constar que hay diferencias en cuanto a las modalidades organizativas y los métodos de enseñanza, donde además hemos tenido presente la transformación que implica la enseñanza presencial, y *on line*, síncrona y asíncrona, siendo esta última crucial durante la pandemia. Ello no supone, en ningún caso, denostar la clase magistral que, como hemos dicho, aporta magisterio y autoridad intelectual, ya que se puede implementar con las TIC siempre y cuando hagamos una planificación adecuada en su uso que no implique interferencia en el proceso, o en su caso, que se minusvalore o relegue a un segundo plano la clase magistral.

Como hemos ido comentando a lo largo de las modalidades organizativas: clase magistral, prácticas, seminarios, talleres y tutorías, en todos ellos hemos querido aportar nuestra visión con la adaptación de lo clásico a la tecnología, o dicho de otra innovando lo clásico, tratando de diluir las discrepancias entre métodos, buscando una sinergia adaptativa.

III. Por otro lado, como se ha señalado, el RD 822/2021 de 28 de septiembre, por el que se establece la organización de las enseñanzas universitarias y del procedimiento de aseguramiento de su calidad, bajo la rúbrica "Estructuras curriculares específicas y de innovación docente en las enseñanzas universitarias oficiales" alude en su art. 21 a metodologías activas que nosotros venimos aplicando en la ULPGC, en concreto se habla de: *docencia a través del aula invertida, el aprendizaje basado en el trabajo por proyectos o casos prácticos, el desarrollo del trabajo colaborativo y cooperativo, el aprendizaje basado en la capacidad de resolución de problemas, competencias multilingües, la docencia articulada en el uso intensivo de las tecnologías digitales de la información y la comunicación, y otras iniciativas que impulse la universidad o el centro.* Por este motivo, en nuestro análisis hemos abordado un estudio de las metodologías activas innovadoras y que son parte de una realidad y de adaptación de las formas tradicionales cuando se hace sinergia metodológica. Hemos corroborado que escogiendo cualquiera de las destrezas innovadoras: *flipped classroom*, aprendizaje basado en proyectos, *AC* aprendizaje colaborativo o cooperativo, *LBD*, *gamificación*, etc..., lo importante en sí misma no es la metodología, propiamente dicha, sino el diseño y, por tanto, saber en qué contexto, cuándo y de qué manera la vamos a incluir para que los estudiantes puedan alcanzar aprendizajes significativos, con mayor motivación intrínseca y extrínseca y logren superar una evaluación con éxito.

Como hemos visto, son muchas las variables que manejamos a la hora de usar las TIC y las metodologías activas, como el número de estudiantes, materia a explicar, objetivos, destrezas a desarrollar etc... eso hace que nos encontremos con numerosos escenarios en los cuales deberemos poner en marcha una planificación en la que debemos trabajar la comunicación, la retroalimentación, la asertividad, el refuerzo y la monitorización de los resultados. Paradójicamente, como hemos recalcado, asignaturas como la nuestra han sufrido las consecuencias ineludibles de las reformas de los planes de estudio, lo que han supuesto una reducción del número de horas y la adaptación de los cronogramas. Por ello la estrategia didáctica con las TIC que implementan la pedagogía clásica brindan una oportunidad para resolver por ejemplo aspectos de contenidos, ya que hemos visto como a través la *flipped classroom* podemos reservar la clase presencial para otro tipo de estrategias como las clases prácticas participativas que, además, se pueden implementar con gamificación y herramientas de medición del aprendizaje en tiempo real. Por todo ello, como hemos destacado, las TIC confieren la creación de comunidades de aprendizaje virtual, dirigidas a realizar y organizar el trabajo colaborativo y, a su vez, a convertir al estudiante en protagonista y responsable de su propio proceso de aprendizaje; es decir, el docente pasa a un segundo plano como facilitador, orientador y motivador.

IV. Al margen de las herramientas clásicas y de la importancia de los Campus virtuales, que se erigen en instrumento necesario para poder llevar a cabo la gestión de los contenidos multimedia, gestión académica, cuestionarios y entregas de trabajos, emulando, así, la experiencia educativa presencial. Debemos tener presente las nuevas propuestas que inciden en el uso intensivo de otras TIC y que irán imponiéndose de forma exponencial en el presente siglo. Así hemos visto la importancia que adquiere la IA, con los chatbots a través del software conversacional y que pueden ayudarnos en las FAQ, el renacer del podcast, con el que se trata de alcanzar un aprendizaje ubicuo y que permite personalizar el aprendizaje, ya que el estudiante puede escuchar el audio a su ritmo, extender el aprendizaje fuera del aula, y autoevaluarse.

En cualquier caso, en lo concerniente al Derecho romano y los recursos del ecosistema digital. Nuestra materia, como no podía ser de otra forma, ha ido adaptándose a los nuevos tiempos, primero con bases de datos en CD. Posteriormente bases de datos *on line* a través de webs, revistas, proyectos, simulaciones 3D etc. Si bien como también hemos apuntado, todos estos medios digitales están condicionados: a la naturaleza de la publicación digital, su importancia y permanencia en internet, lo que requiere un mantenimiento de la web, la sostenibilidad, el reconocimiento de un acceso generalizado a la información como resultado esencial, los modos de interacción con los datos y su conectividad.

Finalmente, nos preguntamos acerca del futuro del aprendizaje si la IA y el *machine learning*, junto con los metaversos y la tecnología inmersiva, se convertirán en herramientas imprescindibles a la hora mejorar la flexibilidad de las clases, así como la gestión del conocimiento en contextos de desarrollo mediante actividades tanto dentro como fuera del aula, especialmente a través de nuevas plataformas de autoaprendizaje, el uso de asistentes virtuales, lo que puede redundar en una mayor eficiencia y cambiar aspectos del diseño pedagógico gracias a la: automatización de tareas administrativas docentes, la educación dirigida y más personalizada, los cambios en la búsqueda e interacción con la información, la utilización de realidad inmersiva que permita simulación de casos y escenarios jurídicos ficticios en los que el estudiantado interactúa a través de avatares, tratando de reproducir la participación en juicios, simulando las partes intervinientes, y cualquier incidente o caso práctico que necesita del contexto adecuado.

V. Como reflexión final, si bien es cierto que el ecosistema digital disruptivo ayuda, no podemos olvidarnos de lo que implica la educación en sí misma desde el punto de vista de la instrucción y entrenamiento para la consecución de aprendizajes significativos y autónomos, y especialmente de nuestra labor docente, ya que no podemos dejar de humanizar la educación, no se trata de una batalla entre la tradición e innovación con las TIC, sino de llevar a cabo una planificación y secuenciación de la enseñanza reflexiva sin resistencia al cambio, apostando por metodologías y TIC que redunden en la calidad de la formación del presente siglo. Si bien, nos atrevemos a afirmar que muchos de los cambios que necesitan nuestra docencia en el ámbito jurídico no implican el uso de grandes tecnologías sino, más bien, transformaciones sustanciales y adaptaciones en las formas de gestión y en las dinámicas de relaciones sobre las que se fundamentan los procesos de enseñanza-aprendizaje.

Anexo

Dogmengeschichte
PRESENTACIÓN
Sinergia Metodológica
Citas APA/ CHICAGO
DERECHO ROMANO
HISTÓRICO-CRÍTICO
PRESENTACIÓN
Bibliografía
Citas APA/ CHICAGO
Dogmengeschichte
Bibliografía
TFG
Citas APA/ CHICAGO
FORMATO
Citas APA/ CHICAGO
TFG
FORMATO
PRESENTACIÓN
DERECHO ROMANO
Dogmengeschichte
TFG
Citas APA/ CHICAGO
HISTÓRICO-CRÍTICO
Bibliografía
Recursos TIC
ANEXO
DERECHO ROMANO
Recursos TIC
Bibliografía
Recursos TIC
ANEXO
HISTÓRICO-CRÍTICO
FORMATO
Dogmengeschichte
Recursos TIC
DERECHO ROMANO
Sinergia Metodológica
Citas APA/ CHICAGO
Bibliografía
FORMATO
ANEXO
ANEXO
TFG
Bibliografía
PRESENTACIÓN
Sinergia Metodológica
HISTÓRICO-CRÍTICO
TFG
TFG
Dogmengeschichte
Sinergia Metodológica
FORMATO
Sinergia Metodológica
HISTÓRICO-CRÍTICO
Recursos TIC
DERECHO ROMANO

Anexo
ALGUNAS CLAVES PARA LA DIRECCIÓN DE TRABAJOS DE FIN DE GRADO EN DERECHO ROMANO

INTRODUCCIÓN

A lo largo de nuestra experiencia académica, hemos dirigido diversos Trabajos de final de Grado que versan sobre materias propias del Derecho romano o de cualquier otra disciplina jurídica, que han puesto de manifiesto la necesidad de formar al estudiante en la investigación durante el desarrollo del Grado para poder enfrentarse a la realización del trabajo con garantías de éxito. Partiendo de la base de que no es tarea fácil introducir esta competencia, hemos pensado en escribir una guía breve y sencilla, donde damos algunas claves para afrontar el reto de redactar el Trabajo de Final de Grado con una cierta solvencia, sabiendo qué es, cómo se estructura, cómo o de qué manera se deben realizar las citas, dónde podemos acudir para consultar bibliografía y fuentes jurídicas, cómo introducir y cómo hacer una correcta reflexión final, entre otras cuestiones básicas que consideramos fundamentales.

Como se ha expuesto a lo largo del manual, el Plan Bolonia fomenta entre otros aspectos el trabajo autónomo del estudiantado, lo cual ha derivado en algunos casos, en la creencia de que los estudiantes saben o deberían saber determinados conceptos y que en consecuencia, no se expliquen, generando en los alumnos y alumnas una inseguridad que deriva en una cierta improvisación al desconocer cuáles son los objetivos que se persiguen con la realización del trabajo y cuáles deberían ser las habilidades y destrezas que deben demostrar al director o directores con el resultado final. Con la firme convicción de que el resultado de la investigación es el fruto de un proceso lleno de esfuerzo y vicisitudes, consideramos que es vital la figura del tutor como apoyo, como guía durante todo el proceso, solucionando problemas, recomendando, y si fuera necesario, reconduciendo. Su misión no consiste sólo en contribuir a que el estudiante logre enlazar el último eslabón de la cadena, sino también hacer esta experiencia agradable, nutritiva y útil para otros aspectos de su desarrollo académico, profesional e incluso personal.

I. ¿QUÉ ES EL TRABAJO DE FIN DE GRADO?

La definición teórica de Trabajo de Final de Grado (TFG) la podemos encontrar en la normativa de referencia ya analizada, y como no es nuestra intención realizar una exposición normativa para ofrecer una definición, entendemos siguiendo el espíritu de la legislación que un Trabajo de Final de Grado es:

> Un trabajo que persigue poner de manifiesto los objetivos alcanzados y las competencias propias de la titulación que se haya cursado, integrando el Plan de Estudios, que debe ser defendido ante un Tribunal calificador de forma oral o presentado por escrito, según el criterio establecido por la Universidad, y cuya superación es imprescindible para la obtención del Grado.

Una vez realizada una aproximación a la definición, lo siguiente que vamos a hacer es mencionar unos consejos que entendemos, por nuestra experiencia, que son de utilidad para la dirección de TFG:

1. **Decidir el tema** que se va a desarrollar. En este punto, el profesor recomendará al estudiante que aborde un tema o una materia específica, para centralizar y profundizar, ya que la generalidad ofrece una visión extensa sobre la que no se llega a realizar una investigación o no es posible abarcar en su totalidad debido a la limitación temporal para su realización y entrega. En ese sentido, cuando es el estudiante el que propone al tutor, es conveniente que éste recomiende el estudio de una temática que resulte de interés, que guste o apasione y que se le invite a realizar una valoración previa, un rastreo de información que permita al estudiante saber si ya ha sido objeto de estudio, si se puede documentar correctamente con recursos jurídicos, bibliográficos, literarios etc, ya que es bastante común que se fije un tema, y con el paso del tiempo, particularmente, en la recta final, se planteen dudas o se cuestione al profesorado sobre la posibilidad de elegir otra temática. Por ello, insistimos en la importancia de la elección de la materia, para poder determinar con posterioridad el tipo de investigación que se pretende realizar. Así, podemos aconsejar partir de un aspecto en concreto o de una institución jurídica y analizar su evolución hasta el derecho actual intentando buscar las conexiones existentes, semejanzas o divergencias, o bien, hacer un estudio del tema desde una perspectiva sincrónica, es decir, acotada o centrada en un momento temporal o un determinado periodo histórico, por ejemplo, "la prueba en el procedimiento cognitorio", o "la capacidad para testar de las personas con discapacidad en la República". En cualquier caso, el director o tutor debe guiar al estudiante y/o en su caso, realizar recomendaciones sobre el tema, la idea y la forma de enfocarlo, así como proporcionar las herramientas adecuadas para desarrollar sus habilidades y destrezas en el ejecución del trabajo.

2. **Seleccionar recursos** bibliográficos, fuentes jurídicas, literarias, epigráficas, es decir, material necesario para nutrir el trabajo de contenido y de referencias. Esta fase es junto a la anterior una parte muy importante del proceso de elaboración del trabajo. En el ámbito del Derecho romano, afortunadamente, contamos con numerosos recursos para realizar la investigación, ya sean de acceso abierto o a través de la biblioteca universitaria previa identificación, ya sean libros en formato papel o electrónico, artículos de revistas, bases de datos, repositorios, boletines oficiales, entre otros, debiendo evitar en todo caso, las llamadas fuentes terciarias, es decir, aquellas que a su vez proceden de otras fuentes (páginas web como Wikipedia, resúmenes, que adolecen de rigor científico). Por eso, es vital llamar la atención del alumno para que atienda determinados aspectos que aseguren la fiabilidad de la información que buscan o de la que ya disponen, tales como la procedencia, la autoría o el contenido, ya que es bastante común que el estudiante encuentre información o documentación de interés pero que no esté contrastada o incluso derogada. En ese sentido, es muy importante, recomendar acudir a la fuente legal, a la norma, que la lean, analicen, la estudien, para a partir de esa primera aproximación, empezar a desarrollar el trabajo, sin obviar el resto de los recursos que ofrecen fiabilidad o que estén correctamente citados o referenciados.

En este punto recomendamos anotar todas y cada una de las fuentes y recursos utilizados para la realización del trabajo, ya que al final del mismo se deben plasmar en un apartado denominado referencias bibliográficas siguiendo cualquiera de los estilos que mencionamos en un apartado más adelante.

Sobre los recursos disponibles para la investigación, en lo que concierne a nuestra disciplina, nos remitimos al epígrafe 3.2.2 (El ecosistema digital y los recursos en el ámbito del Derecho romano).

3. **Elaborar la estructura.** Sin perjuicio de que cada uno de los apartados que señalamos se pueden subdividir, debemos destacar que todo trabajo debe contar con los siguientes componentes:

— **Título:** es la puerta de entrada a nuestro trabajo y por tanto debe ser lo más representativo posible y captar la atención del lector.
— **Resumen:** o extracto del contenido del trabajo en el que se exponen en no más de 200 palabras, con carácter general, el inicio, los objetivos que se pretenden alcanzar o el contenido analizado, y finalmente, los resultados obtenidos o unas breves reflexiones. Asimismo, debe ir acompañado de unas palabras claves (entre 3-5 palabras), términos o ideas que son fundamentales en el estudio y que sirven no sólo para completar la información que nos ofrece el título sino también para identificar nuestro trabajo y favorecer, entre otros aspectos, la búsqueda a otros investigadores.
— **Índice:** El TFG debe contar con un índice en el que se refleje la estructura del trabajo, las partes en las que se ha dividido.

— **Introducción:** donde se sitúa al lector y se expone de manera sintética, sin profundizar, los objetivos y contenidos del trabajo, pudiendo exponer incluso alguno de los resultados principales o alguna de las conclusiones. Podemos decir que es como la carta de presentación del trabajo, donde se refleja el qué, el por qué, y la finalidad, por tanto, debemos tener muy claro la estructura y el contenido para orientar al alumnado pueda reflejarlo con claridad y coherencia. Si bien es cierto que muchos manuales proponen seguir la estructura paso a paso, nuestra experiencia nos lleva a recomendar al estudiante que la introducción la realice al final, porque es en ese momento cuando cuenta con las herramientas, la información y el trabajo necesario para realizar una visión panorámica del mismo y de la propia estructura.

— **Parte nuclear o cuerpo del trabajo**. En este parte, el estudiante debe reflejar todo el contenido o el objeto de la investigación. Tampoco existe una forma preestablecida ni determinada para ello, por lo que podemos proponer al estudiante que fragmente el trabajo en capítulos y a su vez en secciones o subsecciones. Es muy importante que en esta parte el docente explique los conceptos y las teorías fundamentales que enmarcaran la investigación del estudiante, y dividirla en apartados y subapartados, donde se expondrán las aportaciones realizadas por otros autores, y en su caso, un análisis o exégesis de las fuentes más relevantes. Por ejemplo, si se va a analizar la evolución de una institución jurídica y su estudio diacrónico, deberemos asesorar al estudiante sobre la fuente legal de partida, y orientándole sobre que literatura apoyar o reforzar su investigación, la evolución ulterior y fuentes del Derecho intermedio, las bases jurídicas actuales y, en su caso, la Jurisprudencia consolidada al respecto.

— **Conclusiones o reflexiones finales**, a modo de cierre, donde el estudiante de exponer las reflexiones que ha alcanzado durante el desarrollo del trabajo, donde manifiesta las vicisitudes, las propuestas de mejora si las hubiera, y donde puede realizar una confrontación de las fuentes jurídicas actuales con las analizadas en el ámbito del Derecho romano. Al igual que hicimos con la introducción, donde el estudiante debe presentar los objetivos, debemos recomendar escribir las conclusiones al finalizar el estudio, puesto que en ese apartado deben mostrar los resultados de la investigación o los argumentos que refuercen la postura que se defiende.

— **Apéndice o anexos.**

— **Bibliografía.** En este apartado se deben reflejar todos los recursos utilizados en la elaboración debidamente citados atendiendo a los estilos propuestos (normas APA o ISO).

Tabla que sintetiza el proceso de elaboración y defensa del TFG

<table>
<tr><td>
?</td><td>Temática
Status quaestionis
Estudio sincrónico
Estudio diacrónico</td><td>Institución jurídica y su proyección
Génesis y desarrollo
Regla y solución romana
Problema casuístico</td></tr>
<tr><td></td><td>Selección de recursos
Monografías
Capítulo de libros
Artículos</td><td>TIC y recursos electrónicos
Bases de datos, páginas webs
Ej. Bases de datos latinas
http://www.riedlberger.de/amanuensis
Biblioteca Iuris Antiqui:
https://bia.igsg.cnr.it
(vid. apartado de TIC y Derecho romano)</td></tr>
<tr><td></td><td>Elaborar estructura y redacción del TFG</td><td>Título- sintetiza la idea del trabajo
Resúmen y palabras claves
Índice
Introducción o Proemio
Parte nuclear – fundamento y exégesis de las fuentes principales
Conclusiones o reflexiones finales- esenciales para la defensa del trabajo
Apéndice o Anexos
Bibliografía (Citas de los recursos seleccionados APA/ISO)</td></tr>
<tr><td></td><td>Preparación Exposición del Trabajo
(Tribunal de TFG)</td><td>Estructura de la presentación no se anticipan las ideas principales
— Introducción y objetivos
— Fuentes utilizadas
— Exposición ajustada al tiempo
— Conclusiones
— Agradecimientos
Apoyo de medios audiovisuales con conceptos claves y de referencia.</td></tr>
</table>

II. FORMATO DE PRESENTACIÓN

En este apartado destacaremos algunos aspectos básicos para que el TFG goce de una buena presentación. Al margen de cuidar la ortografía o las reglas básicas de gramática, el estudiante debe prestar especial atención al estilo, a los aspectos tipográficos, a la configuración de la página y el texto, ya que todo ello favorece la legibilidad, la comprensión y resulta más atractiva su lectura.

1. Encabezado y pie de página: El TFG debe contar necesariamente con un pie de página, numerado, y de forma opcional, con un encabezado donde figure el nombre del autor y el título del trabajo.
2. Índice automático. Recomendamos realizar el índice automático para que no se produzcan a posteriori rupturas del formato. Los diversos procesadores de textos cuentan con tutoriales a los que podemos acudir para realizarlo.

3. Párrafos e interlineado: el cuerpo del trabajo debe presentar un formato adecuado y uniforme. Para ello, lo ideal es utilizar un mismo tipo de letra (las más comunes son Times New Roman o Arial), con un tamaño uniforme (generalmente en el cuerpo del texto doce y en las citas, el mismo formato de letra, pero tamaño diez, teniendo en cuenta en todo caso el estilo de cita si hacemos referencia a un libro, capítulo de libro, revista, página web). Respecto del interlineado, lo más común es utilizar un interlineado de un espacio y medio (1,5 líneas) para el texto principal, y un interlineado sencillo para las notas a pie de página. Asimismo, todo el cuerpo del texto se debe presentar justificado y la primera línea del párrafo debe presentar una sangría hacia la derecha.
4. Uso de la cursiva, negrita y subrayado: En nuestra disciplina, se suele emplear la cursiva cuando se transcriben textos legales o fragmentos de textos de otros autores, palabras o términos latinos. No se debe subrayar, y la negrita la emplearemos sólo para el título y los correspondientes apartados y subapartados.
5. Uso de tablas o figuras: Si vamos a incluir en nuestro trabajo tablas o figuras, debemos numerarlas e indicar el título según el estilo que hayamos utilizado. En el caso de estilo APA, el título de la imagen se coloca en la parte inferior, y si se trata de una tabla en la parte superior. En cualquier caso, si la hemos elaborado nosotros debemos indicar que es de elaboración propia, y si la autoría corresponde a un tercero, debemos indicar la fuente.

III. ¿CÓMO CITAR LAS FUENTES Y LAS REFERENCIAS BIBLIOGRÁFICAS?

Cuando elaboramos un trabajo académico o científico, debemos incluir una serie de referencias bibliográficas ya sea en el cuerpo del trabajo o al final a modo de índice de forma sistemática, y siguiendo una determinada estructura. Para ello existen diversos estilos de citas, por lo que destacaremos los más utilizados por nuestra disciplina: el estilo Chicago y las normas APA.

III.1. Estilo Chicago 17ª Edición

Como apuntamos con anterioridad, es uno de los estilos de citas más utilizados por las ramas de ciencias sociales, naturales y humanidades, y se caracteriza entre otros aspectos, por contar con dos subsistemas de referencia a la hora de realizar las citas, uno que se inserta en el cuerpo del texto, donde se refleja autor-fecha, y otro que las incluye en notas a pie de página. A continuación, realizaremos algunas notas más relevantes de este estilo que pueden consultar en *https://www.chicagomanualofstyle.org/home.html*

— *Citas autor-fecha*

Utiliza citas entre paréntesis para realizar una identificación breve de las fuentes mencionadas, las cuales se deben reflejar en el listado de referencias bibliográficas al final de nuestro trabajo. Es un sistema muy parecido al APA, ya que el autor (apellido) y la fecha se colocan en el texto entre paréntesis, pero con la diferencia que entre ambos no se establecen signos de puntuación. Ejemplo (Volterra 1986).

Asimismo, es importante tener en cuenta que deben insertarse en el texto siempre antes de un signo de puntuación. Dentro de la cita autor-fecha, debemos destacar varias cuestiones:

> La cláusula codicilar era una declaración añadida y espresa del testador hecha en testamento o codicilo (Volterra 1986), que disponía que, si el testamento no podía valer como tal, valía como codicilo.

a) Si la cita se refiere a **un autor** y se ofrece una información que haya sido expuesta por el mismo se debe citar entre paréntesis (Volterra 1986). Ahora bien, si se menciona al autor dentro de nuestra redacción, no se debe reiterar su nombre en la cita, sino que sencillamente se pone la fecha.

v. gr. En materia de sucesiones, siguiendo a Volterra (1986), podemos afirmar…

b) Si la cita se refiere a una obra con **varios autores,** si fueran dos deben utilizar los apellidos de ambos en las citas (Cerami y Petrucci 2010), si fueran tres se separan con una coma (Arangio Ruiz, Guarino, y Pugliese 1980), y si fueran más de tres se pone sólo el apellido del primero seguido de et al. (Amarelli et al. 2005).

c) Si los autores tienen el **mismo apellido**, se pueden diferenciar añadiendo la inicial del nombre o poniendo su nombre completo (Gómez F. 2018 y Gómez J. 2021).

d) Si la obra **no** tiene **autor** identificado, se utilizan las primeras palabras del título del trabajo (si es un artículo, capítulo de libro o web, en comillas; si se trata de libro o informe, en cursiva), seguido del año entre paréntesis).

e) Si se trata de una publicación que corresponde a una **institución** u organización, se pone el nombre completo de la institución seguido del año.

v. gr. Estrategia para los Derechos de la Infancia 2021-2024 (Consejo 2021).

f) Si se citan **varias obras** dentro de un mismo paréntesis se separan con punto y coma (Savigny 1850; Albanese 1979).

g) Cuando se trate de una **cita literal,** se debe indicar no sólo los apellidos y el año, sino que, separando con una coma, la página.

Por ejemplo, "El origen del instituto del colonato es discutido" (Volterra, 1986,114).

Ahora bien, si se va a citar una obra que tiene varios volúmenes, se debe proceder de la siguiente forma (Biondi,1954, 2: 105). En el caso de que la cita sea literal y sea larga, es decir, de más de 100 palabras, seis u ocho líneas en el texto, o varios párrafos, se pone sin comillas, a espacio sencillo, y con una sangría de 2,5 cm.

Como ha señalado Edoardo Volterra,

> *El conjunto de estos bienes fue llamado por los juristas peculium adventicium, distinguiéndolo del profecticium, castrense o cuasi castrense. Al paterfamilias no se le reconocía el usufructo legal si rechazaba el legado hereditario hecho al filiusfamilia, o si los bienes eran dejados en herencia a éste con la declaración expresa de querer beneficiarlo a él únicamente. (1986,105).*

h) En el caso de **leyes**, enunciar el nombre de la ley, dónde está publicada, página, día y año.

> v. gr. Ley 8/2021, de 2 de junio, por la que se reforma la legislación civil y procesal para el apoyo a las personas con discapacidad en el ejercicio de su capacidad jurídica. Publicado en: «BOE» núm. 132, de 03/06/2021.

— *Notas al pie*

a) Obra con **un solo autor:** Nombre Apellido, *Título del libro* (Lugar: Editorial, año), pp.

> V.gr: José Luis Zamora, *La administración penitenciaria en el derecho romano: gestión, tratamiento de los reclusos y mejora de la custodia carcelaria* (Madrid: Dykinson, 2015), pp 108-113.

b) Obra con **varios autores** o editores: Francesco Amarelli, Lucio di Giovanni, y Paolo Garbarino, *Storia del diritto romano e linee di diritto privato a cura di Schiavone.* (Torino: Giappichelli, 2005), pp. 290-357.

c) Obra **sin autor** o **con autor colectivo.** En el primer caso, debemos omitir el nombre del autor manteniendo el formato anterior. *Título.* (Lugar: Editorial, año), pp. Cuando se trate de autor colectivo, se citan a ambos conservando el mismo formato.

d) Cuando se trate de un **capítulo de libro**, hay que seguir la siguiente estructura: hosé Luis Zamora. "La administración romana en relación al urbanismo sostenible: transformación, obsolescencia y gentrificación", en *Hacia un Derecho Administrativo, Fiscal y Medioambiental Romano IV, Antonio Fernández de Buján (dir.)* (Madrid: Dykinson, 2021), 753-780.

e) Cuando se trate de un **artículo**, la cita al pie se realiza de la siguiente manera: José Luis Zamora, "La pervivencia de la regla romana *quod ex naufragio expulsum est usucapi non potest quoniam non est in derelicto, sed in depertitio* en el Derecho actual", *RGDR* 37, 2021: 1-31.

https://www.iustel.com//v2/revistas/detalle_revista.asp?id=11&z=5&popup=

f) Cuando se trate de **material no publicado**, como puede ser, una comunicación en un congreso, debemos indicar: Nombre Apellido. "Título del trabajo" (Comunicación presentada en el Nombre del Congreso, lugar, fecha).

> v.gr: José Luis Zamora Manzano. "Unmanned aerial system (Uas or drones) and data protection: some reflections on recerational drones and their impacto n privacy and human rights". (Comunicación presentada en el VI International Conference on Human Rights: Artificial Inteligence and the future of Human Rights, Polonia, 11 de junio 2021).

g) En el caso de que la cita sea una **tesis** doctoral, se debe proceder de la siguiente manera: Nombre Apellido. "Título de la tesis" (Tesis doctoral, universidad, año), xx, url si estuviera disponible.

> v.gr. Tewise Ortega González. "Algunas consideraciones sobre el *naufragium* y salvamento marítimo: de Roma al derecho moderno" (Tesis doctoral, Universidad de Las Palmas de Gran Canaria, 2016), 124, *http://hdl.handle.net/10553/17968*

h) Páginas **web**: "Búsqueda entre comillas", fecha de consulta y enlace.

> v.gr "collationes", 04/05/2022. *http://patristica.net/*

i) Cuando se trate de leyes, la forma de citar es idéntica a la que describimos con carácter previo, es decir, enunciamos el nombre de la ley, en dónde está publicada, página, día y año.

j) Si se cita varias veces a un mismo autor, la primera vez se sigue el formato según las indicaciones descritas, y el resto de ocasiones se puede optar por una versión abreviada donde se indique el apellido del autor, seguido del título acortado se fuera de más de cuatro palabras, y la página. V.gr. Zamora, *La administración romana*, 205.

Como se indicó al inicio, sin perjuicio de poner las citas en el cuerpo del texto, el estudiante debe referenciarlas en un apartado final del trabajo que suele denominarse "Bibliografía" o "Referencias bibliográficas", siguiendo el siguiente formato:

— *Bibliografía*

a) **Libros:**

- Con un autor: Nombre Apellido, *Título del libro*. Lugar: Editorial, año.
- Varios autores: Nombre Apellido y Nombre Apellido. *Título del libro*. Lugar: Editorial, año.
- Sin autor o autor colectivo: en el primer caso, *Título del trabajo*. Lugar: Editorial, año. Si es obra colectiva o publicada por organismo: Organismo. *Título del trabajo*. Lugar: Editorial, año.

b) **Capítulos de libro:** Apellido, Nombre. "Título del capítulo." En *Título del trabajo,* editado por Nombre Apellido, xx-xx. Lugar: editorial, año.

c) **Artículos:** Apellido, Nombre. "Título del trabajo". Nombre de la revista vol, nº, (año): xx-xx.

d) **Tesis:** Apellido, Nombre. "Título de la tesis" (Tesis doctoral, universidad, año), xx, url si estuviera disponible.

e) **Páginas web:** Apellido, Nombre. "Título de la web o sección que hemos citado", Nombre de la web, fecha de consulta y url de acceso.

f) **Leyes:** nombre de la ley, dónde está publicada, página, día y año.

> (Ley 8/2021, de 2 de junio, por la que se reforma la legislación civil y procesal para el apoyo a las personas con discapacidad en el ejercicio de su capacidad jurídica. Publicado en: «BOE» núm. 132, de 03/06/2021).

g) **Material no publicado:** La forma de citar es la misma que hemos indicado con carácter previo cuando hablamos de notas al pie.

III.2. Normas APA 7ª edición

Las normas APA son unas normas de estilo fijadas por la *American Psychological Association*, para la realización con carácter general de trabajos de las ramas de ciencias sociales y de la psicología, con el objetivo de unificar la forma de presentación de trabajos en dichas disciplinas. Al igual que hicimos con el estilo Chicago, mencionaremos los aspectos más relevantes o utilizados en los trabajos de nuestra disciplina jurídica, pudiendo acudir a la siguiente web para mayor información: *https://www.apastyle.org*

— *Citas*

En relación con las citas, conviene destacar que a diferencia del anterior estilo donde se podían realizar en el cuerpo del texto o a pie de página, en el estilo APA las citas sólo se realizan en el texto, siendo la regla general, citar el apellido del autor y el año de la publicación de la obra, separando las menciones con una coma.

a) Una obra con un **solo autor** o editor: Como se indican en el cuerpo del texto, justo cuando se inserta una información, la forma de citar es poner entre paréntesis el apellido del autor y el año separados por comas. P. ej: (Zamora, 2015). Ahora bien, si no sólo se ofrece la información, sino que se indica en la redacción el nombre del autor, lo único que se pone entre paréntesis es la fecha. P.ej: como apunto el profesor Zamora en su obra sobre el *portorium* (2009), nos encontramos con impuesto que grava…

b) Una obra con **varios autores**: En este caso, lo relevante es que se cite de manera diferente cuando se trata de dos autores, ya que, en ese caso, se mencionan sus apellidos y la fecha, Amarelli y Garbarino, (2005). Si se trata de más de dos, pero menos de cuatro, deben tener en cuenta que si se trata de la primera cita, la forma es idéntica a la descrita con anterioridad. Ahora bien, en el caso de sucesivas, no se citan a todos los autores sino al primero, debiendo poner et. al seguido del año entre paréntesis. P.ej: Amarelli et al. (2005).

Cuando sean más de cinco, utilizaremos directamente la versión abreviada et al. desde la primera cita.

c) **Sin autor o con autor colectivo:** Como se indicó en el estilo anterior, en ocasiones se debe citar a un autor del que no existen referencias o bien, tratarse de una información procedente de una institución. En este último caso, la forma de citar sería, abrir un paréntesis, poner el nombre completo de la institución/organización, seguida del año y separada por una coma.

> V.gr: (Consejo de Europa, 2021).

Si se desconoce la autoría, se deben poner las primeras palabras del título del trabajo entre comillas si se trata de un artículo, capítulo de libro o web, o en cursiva, si se trata de un libro, periódico o informe, seguido del año separado por una coma.

> v.gr: *La vida del Lazarillo de Tormes, y de sus fortunas y* adversidades (Anónimo, 1554).

d) Material **no publicado:** como puede ser, una comunicación en un congreso, se siguen las mismas normas indicadas hasta el momento, con la diferencia de que en el listado de referencias se debe realizar mención expresa a que se trata de un material no publicado.

e) **Leyes:** En el caso de Leyes, debemos indicar el nombre de la ley en cursiva, y entre paréntesis, el lugar donde está publicado, el número y la fecha, separadas por comas. V.gr:

> Ley 8/2021, de 2 de junio, *por la que se reforma la legislación civil y procesal para el apoyo a las personas con discapacidad en el ejercicio de su capacidad jurídica.* (Boletín Oficial del Estado, 132, de 3 de junio de 2021).

f) Al margen de los descritos con anterioridad, es oportuno señalar que:

- Si se citan varias obras dentro de un mismo paréntesis, debemos separarlas con punto y coma. P.ej. (Savigny,1850; Albanese, 1979).
- En caso de introducir citas literales, hay que señalar la página. V.gr: "El origen del instituto del colonato es discutido" (Volterra, 1986, p.114).
- Si la cita literal tiene más de 40 palabras, la cita se sitúa en el texto separada del párrafo, en otro formato, margen de 1 cm y con un interlineado menor que el del cuerpo del texto. Como ha señalado Edoardo Volterra (1986):

> El conjunto de estos bienes fue llamado por los juristas peculium *adventicium,* distinguiéndolo del *profecticium*, castrense o cuasi castrense. Al paterfamilias no se le reconocía el usufructo legal si rechazaba el legado hereditario hecho al *filiusfamilia*, o si los bienes eran dejados en herencia a éste con la declaración expresa de querer beneficiarlo a él únicamente. (p.105).

— *Listas de referencias o bibliografía*

Libros:

- Con un **autor o varios:** Apellido, iniciales. (año). *Título del libro*. Lugar: editorial.
- **Sin autor o autor colectivo**: Anónimo. (año). *Título del trabajo*. Lugar: editorial. En caso de autor colectivo, Organismo. (año). *Título del trabajo*. Lugar: editorial.
- **Capítulos de libro:** Apellido, iniciales. (año). Título del capítulo. *Título de la obra en la que se ubica,* (pp.xx-xx). Lugar: editorial.

g) **Artículos:** Apellido, iniciales. (año). Título del artículo*, Título de la revista,* vol (número), xx-xx.

h) **Tesis:** Apellido, iniciales. (año). *Título de la tesis,* (Tesis doctoral). Recuperado de la url.

i) **Páginas web:** Apellido, iniciales. (año). *Título de la web*. Recuperado el (poner fecha sin paréntesis) de la url (indicar la misma).

j) **Leyes:** nombre de la ley, dónde está publicada, página, día y año.

> (Ley 8/2021, de 2 de junio, por la que se reforma la legislación civil y procesal para el apoyo a las personas con discapacidad en el ejercicio de su capacidad jurídica. Publicado en: «BOE» núm. 132, de 03/06/2021).

k) **Material no publicado:** La forma de citar es la misma que hemos indicado con carácter previo cuando hablamos de notas al pie.

IV.BREVE REFERENCIA A LOS MÉTODOS DE INVESTIGACIÓN

Por lo que respecta a los métodos de investigación, debemos adoptar un procedimiento por el cual se llegue si no a la seguridad, a la verosimilitud o certeza de la realidad que se investiga. Para ello podemos seguir un proceso de acercamiento vertebrado en:

- La detección del problema objeto de estudio, aspectos desconocidos en la temática, problemática y líneas de actuación.
- Búsqueda de fuentes jurídicas y extrajurídicas relacionadas con el tema de investigación.
- Evaluación de los datos, la validez de la fuente y su transcendencia.
- Propuesta de explicación e hipótesis en relación a los resultados obtenidos y verificados.

Todo ello requiere un método fiable que permita llegar al conocimiento a través de las fuentes que son nuestro principal instrumento de investigación. En el siguiente cuadro, se resumen los métodos de investigación en el estudio del Derecho romano y la propuesta metodológica que implica una sinergia de varios. Es importante que el estudio se realice *in se* y *per se*, pretendiendo lograr una perfecta reconstrucción de las fuentes históricas que permita un mejor conocimiento de la experiencia jurídica y, en su caso, verificar las concordancias que se producen entre el Derecho romano y el Derecho vigente, a la hora de resolver las distintas cuestiones que se plantean, ya que nuestra materia se configura como el punto de entronque o eslabón de la evolución del pensamiento jurídico. En todo caso, somos partidarios de la utilización de varios métodos con la prudencia y el rigor científico para alcanzar resultados óptimos en nuestras investigaciones, por ello, una sabia sinergia de estos puede ser la clave para evitar un conocimiento parcial por la adopción de un único método aislado.

MÉTODOS DE INVESTIGACIÓN	
Dogmatico	Pretende construir principios jurídicos y dogmas a partir de la abstracción del estudio de las fuentes. Problema desfase entre la conceptualización moderna y el mundo jurídico romano.
Naturalístico	Trata de aplicar al mundo jurídico la evolución natural de las instituciones, a modo de organismos vivos y sus ciclos de evolución.
Marxista	Interpretación marxista de la historia, desde una perspectiva ideológica. Analiza las relaciones de producción y el materialismo histórico como método- estudios del fenómeno de la esclavitud.
comparatista	Realiza un estudio comparado de la Antigüedad, verificando concomitancias y diferencias entre los diferentes ordenamientos de un periodo. Posibles recepciones de derechos extranjeros y evolución horizontal y vertical de una institución jurídica.
Dogmengeschichte	Estudio de una institución del Derecho romano al Derecho vigente. Este método pone de manifiesto la aportación de nuestra disciplina a los ordenamientos civilísticos continentales, ya que constituye un punto de unión con el Derecho Europeo e Iberoamericano, principalmente.
Método histórico-crítico	Estudio histórico con crítica textual de las fuentes. *Textstufenforschung*- interpolaciones o alteraciones de los textos clásicos. Se intenta una reconstrucción original del texto.
Sinergia metodológica	Estudio de la experiencia del Derecho romano en su contexto histórico, con un análisis ponderado de las fuentes con el método HISTÓRICO-CRÍTICO, con las tendencias correctoras de la hipercrítica textual que han ayudado a una progresiva afirmación sobre este método en la reconstrucción del ordenamiento jurídico romano. Sin embargo, debemos tener presente, junto a este: la *Dogmengeschichte*, ya que el romanista, aunque estudia un derecho histórico, no deja de ser jurista; y es que no se puede separar tajantemente historia y dogmática en la construcción científica del Derecho, ambas son dos visiones necesarias para el conocimiento jurídico.

V.RECURSOS MULTIMEDIA Y PÁGINAS WEB

BIA, *Biblioteca iuris antiqui: sistema informàtico integratto sui diritti dell'Antichità*, bajo la dirección científica de N. PALAZZOLO, Catania, 1994. 2ª ed. del CD-ROM, 2000. Consta de tres secciones: un banco de datos bibliográfico (*Opera*) otro de fuentes (*Fontes*) y un tercero que contiene un extenso vocabulario de términos de disciplinas relativas a los Derechos de la antigüedad (*Thesaurus*).

DRANT, *Droits Antiques*, CD-ROM, a cargo del Centre de Documentation des Droits Antiques, Paris, 1999.

FIURIS, *Archivio elettronico per l'interpretazione delle fonti giuridiche romane*, CD-ROM, coord. por P. Catalana y F. Sitzia, CNR-Università di Roma "La Sapienza", 1994.

GBD, *Gnomon Bibliographical Database*, (München 1996) realizado por la Kathosliche Universität Eichstätt bajo la dirección del Jürgen Malitz, es un CD-Rom que contiene un potente motor de búsqueda sobre publicaciones de revistas en base al autor, título, año con una conexión entre los campos y un *thesaurus* que contiene todos los términos utilizados para la indicación de los documentos. (Se puede acceder de forma limitada a recursos del mismo on line a través de *http://www.lex.unict.it/cir/cdrom/bia2/bia2.htm*).

MAGGIO, BIT-ROM, un archivio ipertestuale su disco ottico della letteratura giusromanistica, en *Informatica e diritto,* 1997, fasc. 1, p. 231 ss.

Il CD-ROM, *Droit Romain, e il insegnamento del diritto romano assitito da computer, SDHI*, 65, 1999.

MALALAS, J.; *Chronographia.* (Indexado también como JUAN MALALAS). Una magnífica traslación de las Crónicas de MALALAS, en inglés, realizada por la *Australian Association for Byzantine Studies*, fue publicada en 1986 por la Universidad de Melbourne, puede visitarse en internet, en la página: *http://es.calameo.com/read/000675905f2f4bf509d49* [consulta 04.02.22]

MANSI; *Coll. Concil. Ioannes Dominicus MANSI*, *Sacrorum Conciliorum nova et amplissima collectio*, Tomos I-XIII Florencia 1759-1767, Tomos XIV-XXXI Venecia 1769-1798. (*Reimpresión anastatica cum supplementis et additionibus*, 60 Tomos, París 1899-1927. Accesible en la Web: *http://patristica.net/mansi* [consulta 04.02.22]

MAZZOLA, *Thesaurus iuris antiqui*. Uno strumento per la ricerca bibliografica sui diritti dell'Antichità, en *Informatica e diritto*, 1997, fasc. 1, p. 215 ss.

MIGNE*; PG o Patrologia Greca = Patrologiae cursus completus <serie graeca>*. Ed.

J. P. MIGNE, 161 Tomos, París 1857-1866, (Indices tomo 162, París 1928). Link:*http://www.documentacatholicaomnia.eu/25_20_25-_Rerum_Conspectus_Pro_Auctoribus_Ordinatus.html* [consulta 04.02.22]

MIGNE*; PL o Patrologia Latina = Patrologiae cursus completus <serie latina>*. Ed. J.

P. MIGNE, 217, París 1844-1864, (Tomos (Indices tomos 218-221). Link: *http://www.documentacatholicaomnia.eu/1815-1875,_Migne,_Patrologia_Latina_01._Rerum_Conspectus_Pro_Tomis_Ordinatus,_MLT.html* [consulta 04.02.22]

PALAZZOLO, *Indici delle fonti automatizzati e recerca romanistica*, en *IURA*, 41, 1990, p. 102 ss.

PG; Patrologia Greca = Patrologiae cursus completus <serie graeca>. Ed. J. P.

MIGNE, 161 Tomos, París 1857-1866, (Indices tomo 162, París 1928). *http://graeca.patristica.net/* link: *http://www.documentacatholicaomnia.eu/25_20_25-_Rerum_Conspectus_Pro_Auctoribus_Ordinatus.html* [consulta 04.02.22]

PL; Patrologia Latina = Patrologiae cursus completus <serie latina>. Ed. J. P.

MIGNE, 217, París 1844-1864, (Tomos (Indices tomos 218-221). Accesible en Internet, URL:

http://www.documentacatholicaomnia.eu/1815-1875,_Migne,_Patrologia_Latina_01._Rerum_Conspectus_Pro_Tomis_Ordinatus,_MLT.html y entre otras también en: *http://latina.patristica.net/*

Revista di diritto romano disponible en la red.

VIGNERON, BORN, *Droit Romain. Didacticiel d'apprentissage et d'auto-evaluation por ordinateurs compatibles MacOSTM*, CD-ROM, Faculté de Droit, Université de Liège-Sart-Tilman, 1996.

— CD-Rom, *Questions de dret romá*, de la Universida Oberta de Catalunya (supervisado por prof. Miquel).

— CD-Rom, *Droit Romain*. Didacticiel d´apprentisage et d´auto-évaluation elaborado por los profesores Vigneron y Born, de la Universidad de Liége, 2ª ed. 2000.

— CD-Rom, Responsa. Casos prácticos de Derecho romano planteados y resueltos en hipertexto, Manuel Jesús García Garrido, 9 ed. Ed. (varias) Académicas SA.36170-2002.

— CD-Rom TLL *Thesaurus linguae latinae*, con un potente motor de búsqueda de fuentes literarias, creado por el Consortium for latin lexicography, dirigido por Patrick Sinclair.V. *http://www.oasis-open.org/cover/tllHome.html*.

— CD-Rom TLG *Thesaurus linguae greca* edª 2000, contiene mas de 76 millones de vocablos en su base de datos, puede probarse a traves de on line en *http://ptolemy.tlg.uci.edu/~tlg/*.

Enlaces a páginas WEB / URL: [consulta 04.06.22]

Enlaces a páginas web de proyectos y blogs [consulta 04.06.2022]

http://archiv.jura.uni-saarland.de/Rechtsgeschichte/Ius.Romanum/english.html

https://www.ucl.ac.uk/volterra

https://www.adwmainz.de/index.php?id=997

http://www.historyoflaw.eu/english/home.html

http://www.iuscivile.com/

https://www.rechtshistorie.nl/en/roman-law

https://poolcorpus.univ-jfc.fr/infames-romani

https://avalon.law.yale.edu/subject_menus/ancient.asp

Revistas on line [consulta 04.06.2022]

Anuario da Facultade de Dereito da Universidade da Coruña:*https://ruc.udc.es/dspace/handle/2183/1886*

Clio@Themis:Revue électronique d'histoire du droit:*https://publications-prairial.fr/cliothemis/*

Dike, Rivista del diritto Greco e ellenistico:*http://www.ledonline.it/dike/*

ELR - European Legal Roots: *https://europeanlegalroots.weebly.com/*

Forum historiae iuris: *https://forhistiur.net/*

Gerion Revista de Historia Antigua ha sido aceptada para su indexación en el Directory of Open Access Journals (DOAJ): *https://revistas.ucm.es/index.php/GERI/index*

Glossae *https://www.glossae.eu/*

Historia et ius journal of medieval and modern legal history: *http://www.historiaetius.eu/ https://www.dalloz-revues.fr/revues/Revue_historique_de_droit_francais_et_etranger-29.htm*

Ius Antiquum: *https://www.dirittoestoria.it/iusantiquum/index.htm*

Ius romanum: *https://iusromanum.eu/es/*

Iustel *www.iustel.com*

Journal of Law and History (original title Czasopismo Prawno-Historyczne is abbreviated into CPH:*https://repozytorium.amu.edu.pl/handle/10593/1755*

Quaderni Lupiensi di Storia e Diritto:*https://www.quadernilupiensi.com/*

Revista de estudios histórico-jurídicos: *https://www.scielo.cl/scielo.php?script=sci_serial&pid=0716-5455*

Revista di Diritto romano: *https://www.ledonline.it/rivistadirittoromano/*

Revue historique de droit français et étranger

Rida on line RIDA: *http://local.droit.ulg.ac.be/sa/rida/*

Ridrom: *http://www.ridrom.uclm.es*

Rivista Internazionale di Sciencie Giuridice e Tradizione Romana: *http://www.dirittoestoria.it/*

Roman and legal tradition, A Journal of Ancient Medieval and Modern Civil Law:*http://www.romanlegaltradition.org/*

Tesserae Iuris: *http://www.universitas-studiorum.it/1/tesserae_iuris_3258857.html*

The Journal of Legal History: *https://www.tandfonline.com/toc/flgh20/current*

Tijdschrift voor Rechtsgeschiedenis: *https://brill.com/view/journals/lega/lega-overview.xml*

Zeitschrif für Papyrologie und epigraphic: *http://www.uni-koeln.de/phil-fak/ifa/zpe/*

Zeitschrift der Savigny-Stiftung für Rechtsgeschichte: *https://www.digizeitschriften.de/dms/toc/?PID=PPN602167701*

Fuentes y otros enlaces de interés [consulta 04.06.2022]

Amanuensis	*http://www.riedlberger.de/amanuensis*
BIA Bibliotheca Iuris Antiqui Dirigida por Nicola Palazzolo Co-editor: Orazio Licandro	*https://bia.igsg.cnr.it/*
The latin library	*https://www.thelatinlibrary.com/*
Epigraphic Database Heidelberg	*https://edh.ub.uni-heidelberg.de/home?lang=en*
CIL Corpus Inscriptionum Latinarum	*https://cil.bbaw.de/en/homenavigation/the-cil/volumes*
Hispania Epigraphica	*http://eda-bea.es/pub/search_simple.php*
Papyri.info	*https://papyri.info/docs/resources*
Perseus digital library	*https://www.perseus.tufts.edu/hopper/*
Patrología Latina de Migne Patrologia Latina = Patrologiae cursus completus <serie latina>.	*https://patristica.net/latina/*
Thesaurus linguae Latinae	*https://thesaurus.badw.de/das-projekt.html*
Acceso a libros y recursos, así como artículos y páginas de investigadores JSTOR is a digital library: *http://jstor.org* Internet Archive: *http://archive.org* HathiTrust *http://hathitrust.org*; Google Books *http://books.google.com* Academia.edu *https://academia.edu/* ResearchGate *https://researchgate.net/* Loebclassical library: *https://www.hup.harvard.edu/features/loeb/digital.html*	

BIBLIOGRAFÍA

AGUDO RUÍZ A., *La enseñanza del derecho en Roma*, Universidad de la Rioja, 1999.

ÁLVAREZ SUAREZ U., "Horizonte actual del Derecho Romano". Estudios Matritenses de Derecho Romano. Consejo Superior de Investigaciones Científicas, Instituto "Francisco de Vitoria". Madrid, 1944, p.432 ss. Publicado en AHDE 1944, p. 787-793.

ARIAS J.M., "Clases prácticas", en Metodologías de enseñanza y aprendizaje para el desarrollo de competencias. Orientaciones para el profesorado universitario ante el Espacio Europeo de Educación superior, (Coord. M. Díaz), Alianza, Madrid, 2009, p.96.

ARONSON, E.- PATNOE, S. *The Jigsaw Classroom. Building Cooperation in the Classroom.* United Status, Longman (second edition), London, 1997.

BENITO, A.-CRUZ A., *Nuevas claves para la Docencia Universitaria en el Espacio Europeo de Educación Superior,* Narcea ed, Madrid, 2006.

BERGMANN J., SAMS A., *Flip Your Classroom: Reach Every Student in Every Class Every Day*, Washington, ISTE, 2012.

BIRÓ, G."Didactics 2.0: A Pedagogical Analysis Of Gamification Theory From A Comparative Perspective With A Spec" *Procedia - Social and Behavioral Sciences Nº* 141, 2014, pp. 148-151.

BOND S.-LONG, H., et al. "Digital" is not the opposite of "Humanities" en Chronicle of Higher Education Nov. 1, 2017.

BRAVO BOSCH, M. J.; "Las nuevas metodologías docentes en relación con el Derecho Romano", en *Univest 08*, *Congreso Internacional "El estudiante, eje del cambio en la Universidad*", Gerona, 2008, pp.1-19.

BRAZUELLO GRUND F., GALLEGO GIL, D. *Mobile Learning. Los dispositivos móviles como recurso educativo*, Mad, Sevilla, 2011.

BRAZUELO GRUNZ F.- ZAMORA MANZANO J.L. "Competencias digitales docentes para el desarrollo de la intercreatividad de las redes y *flipped classroom* con tecnologías móviles", *Actas II Jornadas Iberoamericanas de Innovación educativa en el ámbito de las TIC*, Las Palmas de Gran Canaria, 2015, p.71-76.

BRIGUGLIO, F., *Navigare necesse est*, Labeo 44, 1998, p. 491 ss.

CABERO J., "Bases pedagógicas del e-learning" *Revista de Universidad y Sociedad del Conocimiento* Vol. 3 – 1/ Abril, 2006, p.1-10.

CABERO J. - GISBERT M, *La formación en internet, Guía para el diseño de materiales didácticos*, Mad. Sevilla, 2005.

CAMACHO EVANGELISTA, *Juristas romanos, y práctica jurisprudencial,* Granada, 1986.

CASTEJÓN J.- Marta CAPLLONCH M. et al., "Técnicas e instrumentos de evaluación formativa y compartida para la docencia universitaria", en (Víctor Manuel López Pastor (coord.)), *Evaluación formativa y compartida en educación superior*, Narcea, Madrid, 2009, p. 65-91.

CATALANO-SITZIA, *Archivio elettronico per l'interpretazione dlel fonti giuridiche romane,* Index Quaderni camerti di Studio romanistici 20, 1992, p. 291-306.

CHECA GARCÍA, F. "El uso de metaversos en el mundo educativo: Gestionando conocimiento en Second life", en *Revista de Docencia Universitaria*, Vol.8 (n.2), 2010, p.147-159.

CLARKE S., DARYL J. PEEL et al. escapED: A Framework for Creating Educational Escape Rooms and Interactive Games For Higher/Further Education, en *International Journal of Serious Games*, Volume 4, Issue 3, September, 2017, p. 73-86.

CORTIZO PÉREZ J.-CARRERO GARCÍA F., et al. "Gamificación y docencia: lo que la Universidad tiene que aprender de los videojuegos", VIII Jornadas Internacionales de Innovación Universitaria, Retos y oportunidades del desarrollo de los nuevos títulos en educación superior, 2011, p.1-8.

DÍAZ BARRIGA F.- DE LA CRUZ FLORES G., "Rubricas en la evaluación de competencias y aprendizaje complejo. Alcances y restricciones en educación superior" *en la evaluación de competencias en la educación superior*, Eduforma, Mad, Sevilla, 2011, p. 13-37.

DOMINGO OSLE R. *Principios de Derecho Global 1000 reglas y aforismos jurídicos comentados*, Pamplona, 2006.

D'ORS X., *Posiciones programáticas para el estudio del Derecho Romano*, Santiago de Compostela, 1979.

DUART J.-GIL, M. et al., *La universidad en la sociedad red. Usos de internet en la Educación superior*, Barcelona, 2008.

ESCUTIA ROMERO R.- PAMPLONA ROCHE S., "Gamificación en la asignatura de Derecho romano: un estudio de caso" *Actas del IV Congreso Internacional sobre Aprendizaje, innovación y Competitividad CINAIC 2017* (coord. por María Luisa Sein-Echaluce Lacleta et al.), Zaragoza, 2017, p. 434-439.

FERNÁNDEZ BARREIRO-MONTERO, R, CARCÍA CAMIÑAS, *Ejercicios y casos de derecho romano* (3ed), Andavira, A Coruña, 2008.

FERNÁNDEZ DE BUJÁN A.,
— "Ciencia jurídica europea y Derecho comunitario: *Ius romanum. Ius commune. Common law. Civil law*", en *GLOSSAE. European Journal of Legal History* 13, 2016, p. 275-306.
— "Sistematización y reconstrucción dogmática del Derecho Administrativo romano", en *Revista General de Derecho Romano* RGDR 30, 2018.
— "Ser universitario", *El Cronista* del Estado Social y Democrático de Derecho, diciembre 2020, Iustel, Madrid, 2020, p. 72-77.

FERNÁNDEZ DE BUJÁN F.,
— *La reforma de los estudios de Derecho. El nuevo plan de estudios: su valoración y análisis histórico y comparado*. Dykinson. Madrid, 1992.
— "Misión, función y fin de la Universidad. Una tricotomía compatible" en *Revista de la Facultad de Derecho de la UNED*, 2 1993, p. 43-58.
— "La Universidad y la Excelencia Académica*", RGDR* 6, 2006.

FERNÁNDEZ DE BUJÁN A.-ALBURQUERQUE J.M. (Coord.), *Manual de casos prácticos de derecho romano*, Dykinson, Madrid, 2018.

FERNÁNDEZ MARCH, A., "Metodologías activas para la formación de competencias", *Educatio siglo XXI*, 24, 2006, p.53 ss.

FONT RIBAS, A., "La soportable gravedad de la calidad", en *Revista de Educación y Derecho. Education and Law Review*, I Número Extraordinario - octubre 2021, p.1-24.

FONT, A.-ORTUÑO PÉREZ, M.ª E., et al.,

— "Las competencias genéricas en el Grado de Derecho y su evaluación", en *Revista de Educación y Derecho. Education and Law Review* 6, 2012, pp.1-23.

— "El portafolio digital: una herramienta para la reflexión", *en Buenas prácticas docentes en el uso de las TIC en el ámbito del derecho* (coord. por Agustí Cerrillo i Martínez, Ana María Delgado García), 2013, pp.125-140.

FRANCESCO COLACE, - MASSIMO DE SANTO, M et al., "Chatbot for E-Learning: A Case of Study", *en International Journal of Mechanical Engineering and Robotics Research* Vol. 7, No. 5, september, 2018, pp. 528-533.

GARCÍA ARETIO, L. "COVID-19 y educación a distancia digital: preconfinamiento, confinamiento y posconfinamiento" en *RIED (Revista Iberoamericana de Educación a Distancia)*, 24(1) 2021, pp. 9-32.

GARCÍA BARRERA A., "El aula inversa: cambiando la respuesta a las necesidades de los estudiantes", en la *Educación del futuro, Revista asociación inspectores de educación* nº19, 2013, p. 1-8.

GARCÍA GARRIDO M.- EUGENIO DÍAZ F., *Estudio de Derecho y formación de juristas*, Dykinson, Madrid, 1988.

GARCÍA MANJÓN J.V.- PÉREZ LÓPEZ C., "Espacio Europeo de Educación Superior, competencias profesionales y empleabilidad", en *Revista Iberoamericana de Educación* ISSN: 1681-5653 n.º 46/9 – 10 de septiembre de 2008, pp. 1-15.

GÓMEZ ROYO, E., *Casos prácticos de derecho romano*, Tirant, Valencia, 1999.

GOÑI ZABALA J.Mª., *El espacio europeo de educación superior, un reto para la Universidad, Competencias, tareas y evaluación, los ejes del currículum universitario*, Octaedro, Barcelona, 2005.

GUERRERO LEBRÓN M.-B. BERNARDO PERIÑÁN GÓMEZ, B., "El Derecho romano ante el crédito europeo: una propuesta de aplicación", en *Revista General de Derecho romano*, RGDR 4, 2005.

GUIJARRO E.- BABILONI E. et al. "Aplicación del puzzle de aronson para trabajar el aprendizaje colaborativo y el desarrollo de competencias genéricas de los estudiantes", en *2nd International Conference on Innovation, Documentation and Teaching Technologies INNODOCT,* Valencia, 2014, pp. 496-505.

HAMODI, C.- LÓPEZ PASTOR V.M. et al., "Medios, técnicas e instrumentos de evaluación formativa y compartida del aprendizaje en educación superior" en *Perfiles Educativos* vol. XXXVII, núm. 147, 2015, pp. 146-161.

HUIZINGA, J., *Homo Ludens,* Alianza, Madrid, 2012.

IGNACIO POZO J. - PÉREZ ECHEVARRIA M., "Aprender para comprender y resolver problemas", en Psicología del aprendizaje universitario: la formación en competencias, Madrid, 2009, pp. 31-53.

LATORRE A., *Universidad y sociedad*, Barcelona, 1964.

LEÓN RODRÍGUEZ G.-VIÑA BRITO S.M., "La inteligencia artificial en la educación superior. Oportunidadesy amenazas" en *Innova Research Journal* 2017, pp.412-422.

LÓPEZ RENDO C.- AZAUSTRE M J.-RODRÍGUEZ DÍAZ E., "Simulación de juicios, bases de datos y gamificación en Derecho romano", *RIDROM,* abril 2021, 575-638.

LOPEZ RENDO C.-AZUSTRE M.J. et al. "Instrumentos de innovación docente en la enseñanza-aprendizaje del Derecho romano", en *Revista Internacional de Derecho romano, RIDROM*, octubre, 2019, pp. 454-491.

LOZANO CORBÍ E., *Roma y su gran aportación al mundo*, Mira ediciones, Zaragoza, 1993.

MANNI, A., *Diritto romano in digitale: il progetto BD-Rom*, Index, 34, 2006.

MARTÍN GONZÁLEZ M.-PÉREZ ESPARRELLS C. "El papel de las competencias en el EEES: un instrumento para fomentar la empleabilidad de los titulados universitarios" en *Revista del Ministerio de Empleo y Seguridad Social*. 106, 2013, pp. 127-164.

MARTÍNEZ GARCÍA A., SÁNCHEZ VERA M., *Aspectos técnicos del diseño de podcast, en Podcast educativo, Aplicaciones y orientaciones del m-learning para la enseñanza*, Madrid, 2010.

MARTÍN-QUERALT, C.- BATLLE- RODRÍGUEZ, J. "La ludificació en joc: la percepció dels estudiants sobre un escape room educatiu a l'aula d'espanyol com a llengua estrangera". En *REIRE Revista d'Innovació I Recerca En Educació*, 2021, pp. 1-19.

MARTÍNEZ LÓPEZ F.J, *La utilización de internet en el contexto universitario, Educar en red: Internet como recurso para la educación* (dir. Aguaded-Cabero), Málaga, 2002.

MASON R.- RENNIE F., *E-learning and social Networking Handbook. Resources for Higher Education,* Nueva York, 2008 (reimpr 2009).

MATARRANZ GARCÍA M., "El Espacio Europeo de Educación Superior y su sello de calidad" en *Revista Española de Educación Comparada*, núm. 37 (enero-junio 2021), pp. 153-173.

M. VALLE J., "La Armonización de la Educación Superior Europea.En el Espacio Europeo de Educación Superior", en *Revista de la Asociación de Inspectores de Educación de España* nº 10- mayo, 2009, pp. 1-19.

MIGUEL DIAZ, M., "Métodos y modalidades de enseñanza en la Educación Superior" en *Metodologías de enseñanza y aprendizaje para el desarrollo de competencias. Orientaciones para el profesorado universitario ante el Espacio Europeo de Educación Superior* (Coord. Miguel Díaz), Alianza, Madrid, 2009, p. 17-26.

MIQUEL J., *Quaestiones, Docencia del Derecho Romano a través del casuismo romano*. Barcelona,1985.

MONTERO CURIEL M., *El Proceso de Bolonia y las nuevas competencias*, Tejuelo, 9 2010.

MOURA, A. -LOURIDO SANTOS, I. "Escape room in education: Gamify learning to engage students and learn maths and languages" en *Experiences and perceptions of pedagogical practices with game-based learning & gamification.* Centro de Investigação em Educação, CIED Universidade do Minho, 2019, pp. 179-193.

MÚJICA J.A- MORALES AVELL L.F., et al. "Una experiencia en el uso de metaversos para la enseñanza de la física mecánica en estudiantes de ingeniería" en Revista Educación en Ingeniería, Vol. 12 Núm. 24, 2017, pp. 20-30.

MURILLO VILLAR A.

— "La Influencia de las nuevas tecnologías en el estudio del Derecho romano", *RGDR* 5, 2005.

— *Para qué sirve el Derecho romano? Razones que justifican su docencia e investigación en el silgo XXI*, Andavira ed., Santiago de Compostela, 2018.

OBARRIO MORENO, J.A, *Manual práctico de Derecho romano*, Dykinson, Madrid, 2010.

BARRIO MORENO J.A. y PIQUER MARÍ J.M., *Repensar la Universidad. Reflexión histórica de un problema actual*, Dykinson, Madrid, 2015.

ORDÁS A., *Gamificación en bibliotecas el juego como inspiración*, Ed. Uoc, Barcelona. 2018.

ORTEGA CARRILLO DE ALBORNOZ., *Práctica jurídica según el Derecho Romano* Granada, 1991.

ORTEGA y GASSET, J., *Misión de la Universidad.* En Obras Completas[6], Tomo IV (1929- 1933), Revista de Occidente, Madrid, 1966.

ORTUÑO PÉREZ M.J.,
— "La enseñanza del Derecho Romano a través de problemas", *Revista de educación y Derecho. Education and Law Review*, Número 4. Abril - septiembre 2011, pp. 1-18.
— "El uso del portafolio digital para la enseñanza-aprendizaje y para la evaluación académica en el ámbito del Derecho", en *X Congreso de las Academias Jurídicas de Iberoamérica: Madrid (España) 22, 23 y 24 de noviembre de 2018,* Antonio Fernández de Buján (dir.), Vol. 1, Madrid, 2019, pp. 311-320.

PALACIO J.G., *Sistemas con contenido audiovisual y multimedia para el desarrollo de entornos E- learning 2.0., Nuevas tendencias de e-learning y actividades didácticas innovadoras*, Madrid, Cef-Coyve, Madrid, 2010.

PALAZZOLO, N., *Strumenti informatici e Lessicografici come ausilio per la traduzione del Digesto,* Atti del Convengo di Studi, Scientia iuris e linguaggio nel sistema giuridico romano, Sassari 22-23 noviembre 1996, Milano, 2001, p.87.

PANERO R.,
— *La experiencia jurídica de Roma: su proyección en el umbral del siglo XXI*, Valencia, 1998.
— *El Derecho Romano y la formación del jurista*, PPU, Barcelona, 1988.

PÉREZ ÁLVAREZ, M.P., *Innovación metodológica y Espacio Europeo de Educación Superior. Experiencias docentes en el ámbito del Derecho*, Dykinson, Madrid, 2011

PÉREZ BOULLOSA A., "Tutorías" en *Metodologías de Enseñanza y Aprendizaje para el Desarrollo de competencias* (Coord. Miguel Díaz), Alianza Editorial, Madrid, 2006, pp. 313-335.

PIQUER MARÍ J.M., "Lo que queda de la Universidad de Ortega y Gasset" en *Reflexiones de la Universidad en el siglo XXI*, (Coord. Obarrio Moreno *et al.*,) Dykinson, Madrid, 2020.

RIESCO GONZÁLEZ M.," El enfoque por competencias en el EEES y sus implicaciones en la enseñanza y el aprendizaje" en Tendencias Pedagógicas 13, 2008, pp. 79-105.

RODRÍGUEZ VALDÉS, *Casos prácticos y cuestionarios de Derecho Romano*, Madrid, 1999.

RUÉ, J., FONT, A., CEBRIÁN, G. "El ABP, un enfoque estratégico para la formación en Educación Superior. Aportaciones de un análisis de la formación en Derecho". *Revista de Docencia Universitaria.* Vol. 9, 2011, pp. 25-45.

SÁNCHEZ DOMINGO Mª B., SÁNCHEZ DOMINGO Mª B., "El valor de las nuevas tecnologías en la creación de nuevas titulaciones y másteres on-line", en Uso de las TIC en la docencia del Derecho: aproximaciones docentes y metodológicas, (Coord. Delgado García) ed. Huygens, Barcelona, 2014 p.67-75.

SALAZAR REVUELTA M., "De la enseñanza superior a la enseñanza del Derecho romano en el marco de la sociedad romana (S. III a.C. - S. VI d.C.)", en REJIE*,* 22 nº extraordinario-febrero, 2020, pp. 10-37.

SALOMÓN SANCHO, L., "Nuevos medios de acceso a las fuentes del Derecho romano*",* *RGDR* 7, diciembre de 2006, pp. 1-21.

SERBIN PITTINKSKY, M. *La Universidad conectada. Perspectivas del impacto de internet en la Educación superior*, Málaga, 2006.

SOLANO FERNÁNDEZ I., *Podcast educativo. Aplicaciones y orientaciones del m-learning para la enseñanza*, Sevilla, 2010.

TEJADA FERNÁNDEZ J.- RUÍZ BUENO C., "Evaluación de las competencias profesionales en Educación Superior: Retos e implicaciones", Educación XX1. 19.1, 2016, pp. 17-38.

TORRENT, A., *Problemas romanísticos de aplicación forense*, Zaragoza, 1993.

TRAVER MARTÍ J.A.- GARCÍA LÓPEZ R., "La técnica puzzle de Aronson como herramienta para desarrollar la competencia "compromiso ético" y la solidaridad en la enseñanza universitaria", Revista Iberoamericana de Educación n.º 40/4 – 10 noviembre, 2006, pp. 1-9.

VALENTINO, M, *Anche il diritto romano in rete*, Labeo 42, 1996.

VALIÑO., *Prácticas de Derecho Romano,* Valencia, 1998.

ZAMORA MANZANO J.L,

— "La modernización de la docencia por influencia de la sociedad de la Información y de las nuevas tecnologías: e-learning y Derecho Romano", en *RGDR*, Nº 10, 2008.
— *Compendio de Derecho comercial romano*, Dykinson, Madrid, 2017.
— "La enseñanza en el siglo XXI: una reflexión sobre las metodologías en la Universidad", en Reflexiones sobre la misión de la Universidad en el siglo XXI, (Coord. Obarrio-Bosh-Zamora et al.), Dykinson Madrid, 2020, pp.281-292.

ZAMORA MANZANO J.L.- BELLO RODRÍGUEZ S.,

— "Las tecnologías emergentes y su impacto en la enseñanza y el aprendizaje en Derecho romano: *e/blended-learning* en EEES", en *Hacia la WEB 3.0*, Anaya-Uned, Madrid, 2009.
— *Las tecnologías emergentes y su impacto en la enseñanza y el aprendizaje del derecho romano*: e/blended-learning en el Espacio Europeo de Educación Superior EEES, *Actas del XIV Congreso Internacional de Tecnologías para la Educación y el Conocimiento: Hacia la Web 3.0* / coord. por Catalina María Alonso García, Domingo José Gallego Gil, 2009.
— "Una experiencia de enseñanza aprendizaje en el Derecho romano mediante el uso del e-portfolio", *CD E-learning 2.0 enseñar y aprender en la sociedad del conocimiento*, Servicio de Publicaciones UPV, Bilbao, 2010.
— "La videocreatividad, el M-Learning y los blogs como herramientas de innovación en el ámbito educativo universitario", en *Docrea*, Nº. 1, 2011, p. 28-35.
— *Recursos didácticos y estrategias Tic en el ámbito de la docencia del Derecho*, en Actas I Jornadas Iberoamericanas de Innovación Educativa en el ámbito de las TIC, Las Palmas, 2014, pp. 379-388.
— "Dispositivos móviles como herramienta de aprendizaje en el mundo del Derecho" en *Buenas prácticas docentes del profesorado universitario* (Pérez Ferra- Rodríguez Pulido Coord.) Octaedro, Barcelona, 2017, pp. 139-152.
— "Una propuesta de diseño instruccional en el ámbito jurídico: ludificación y motivación en el aula", en *Diversidad educativa, armonización de competencias y transferencia en el desarrollo profesional,* CD-rom, 1-12. Anaya-Uned, Madrid, 2018.
— "Social Networking en los procesos de aprendizaje colaborativo en la docencia universitaria" en *Experiencias de intercreatividad de las redes y flipped classroom, Tecnologías y diversidad como base para la función docente*, Anaya-UNED, Madrid, 2015, pp. 1-14.
— *Vademecum de Derecho romano*, Dykinson, Madrid, 2020.

ZAMORA MANZANO JL. -BELLO RODRÍGUEZ, S., ORTEGA GONZÁLEZ, T. et al. "Los chatbots como herramienta de apoyo a la enseñanza", en *Tecnologías educativas y estrategias didácticas* / coord. por Enrique Sánchez Rivas, UMA ed., Málaga, 2020, pp. 682-692.

ZAMORA MANZANO J.L- ORTEGA GONZÁLEZ T. "Innovación con las TIC y píldoras PEP (Proyectos Educativos a través de los Podcast) en Derecho: descansemos de las pantallas", en *Actas VIII Jornadas Iberoamericanas de Innovación Educativa en el Ámbito de las TIC y las TAC,* Las Palmas de Gran Canaria, 18 y 19 de noviembre de 2021, pp. 25-29.

MONOGRAFÍAS DE DERECHO ROMANO Y CULTURA CLÁSICA

Director: Antonio Fernández de Buján
Catedrático de Derecho Romano de la Universidad Autónoma de Madrid
Académico de Número de la Real Academia de Jurisprudencia y Legislación de España

---

DERECHO ADMINISTRATIVO Y FISCAL ROMANO

- La protección jurídica de los recursos naturales y la tutela del interés general en el derecho medioambiental romano (2022). *Salvador Ruiz Pino. Prólogo de Antonio Fernández de Buján y Fernández*
- Estudios de Derecho Administrativo Romano (2022). *Mª Lourdes Martínez de Marentin Llamas. Prólogo de Antonio Fernández de Buján y Fernández*
- Hacia un derecho administrativo, fiscal y medioambiental romano IV. Volumen I. Derecho Administrativo y Derecho Medioambiental (2021). *VV.AA. [Antonio Fernández de Buján y Fernández (Director). Raquel Escutia Romero y Gabriel Gerez Kraemer (Coeditores)]*
- Hacia un derecho administrativo, fiscal y medioambiental romano IV. Volumen II. Derecho Fiscal y Miscelánea (2021). *VV.AA. [Antonio Fernández de Buján y Fernández (Director). Raquel Escutia Romero y Gabriel Gerez Kraemer (Coeditores)]*
- Hacia una urbanidad no tan nueva: Los precedentes del planeamiento sostenible en los grandes Códigos Teodosiano y Justinianeo (2021). *Belén Malavé Osuna. Prólogo de Antonio Fernández de Buján y Fernández*
- Instituciones políticas municipales durante el reinado de Justiniano I (527-565): un estudio histórico-jurídico (2021). *Álex Corona Encinas. Prólogo de Francisco Javier Andrés Santos*
- Contribuciones al estudio del Derecho romano (2021). *Antonio Fernández de Buján*
- Temas de derecho administrativo romano comparado (2021). *Andrea Trisciuoglio. Prólogo de Antonio Fernández de Buján*
- La industria del sexo en la época romana: categorización social de la prostituta, medidas fiscales y control de la administración (2019). *Jose Luis Zamora Manzano. Prólogo de Juan Antonio Obarrio Moreno*
- Ciudad tardorromana, élites locales y patrimonio inmobiliario: Un análisis jurídico a la luz del Código Teodosiano (2018). *Belén Malavé Osuna. Prólogo de Antonio Fernández de Buján*
- Estudios de derecho fiscal romano (2016). *Alfonso Agudo Ruiz. Prólogo de Antonio Fernández de Buján*
- El derecho minero romano ante la Ilustración hispanoamericana (2016). *Francisco José Tejada Hernández. Prólogo de Luis Rodríguez Ennes*
- Hacia un derecho administrativo, fiscal y medioambiental romano III (2016). *VV.AA. [Antonio Fernández de Buján y Andrea Triciuoglio (Directores). Gabriel Gerez Kraemer (Editor)]*
- La administración penitenciaria en el Derecho Romano: Gestión, tratamiento de los reclusos y mejora de la custodia carcelaria (2015). *José Luis Zamora Manzano*
- Los municipios de Italia y de España. Ley general y Ley modelo (2014). *Maria das Graças Pinto de Britto*

- Hacia un Derecho Administrativo y Fiscal Romano II (2013). *Fernández de Buján, Antonio (director) y Gerez Kraemer, Gabriel (editor)*
- Ordenamiento financiero de la antigua Grecia y el período helenístico (2013). *Sáinz de Bujanda, Fernando. Prólogo de Javier Sáinz Moreno e Introducción de Antonio Fernández de Buján*
- La Hacienda Pública en el Bajo Imperio Romano. Años 284 a 476 d. C. (2012). *Aparicio Pérez, Antonio*
- Urbanismo y Derecho en el Imperio de Justiniano. 527-565 d.C. (2012). *Rodríguez López, Rosalía*
- La regulación jurídico-administrativa del juego en el derecho romano y su proyección en el derecho moderno (2011). *Zamora Manzano, José Luis*
- Hacia un Derecho Administrativo y Fiscal Romano (2011). *Fernández de Buján, Antonio / Gerez Kraemer, Gabriel / Malavé Osuna, Belén (co-editores). Prólogo de Antonio Fernández de Buján*
- Algunos aspectos sobre el régimen fiscal aduanero en el Derecho romano. Reglamentación jurídica del portorium, control de mercancías y comiso por fraude fiscal (2009). *Zamora Manzano, José Luis*
- El derecho de aguas en Roma (2008). *Gerez Kraemer, Gabriel M. Prólogo de Antonio Fernández de Buján*
- Régimen jurídico del domicilio en Derecho Romano (2008). *López Huguet, Mª. Luisa. Prólogo de Antonio Fernández de Buján*
- Régimen jurídico de las fundaciones en Derecho Romano (2007). *Blanch Nougués, José María*
- Abogacía y ciudadanía: biografía de la abogacía ibérica (2007). *Barcia Lago, Modesto*
- El estatuto jurídico del empleado público en Derecho Romano (2007). *Varela Gil, Carlos. Prólogo de Antonio Fernández de Buján*
- Régimen jurídico financiero de las obras públicas en el derecho romano tardío : los modelos privado y público de financiación (2007). *Malavé Osuna, Belén. Prólogo de Antonio Fernández de Buján*
- Régimen jurídico de las vías públicas en Derecho Romano (2007). *Ponte, Vanesa. Prólogo de Antonio Fernández de Buján*
- Tabulae Publicae. Archivos municipales y documentación financiera en las ciudades de la Bética (2005). *Rodríguez Neila, Juan Francisco*
- Gallaecia: Romanización y ordenación del territorio (2004). *Rodríguez Ennes, Luis. Prólogo de Antonio Fernández de Buján*

- La actividad económica en el derecho romano. Análisis contable (2003). *Giménez Barriocanal, Fernando. Prólogo de Antonio Fernández de Buján*
- La protección o defensa del uso colectivo de las cosas de dominio público. Especial referencia a los interdictos de publicis locis (loca, itinere, viae, flumina, ripae) (2002 / Reimpresión 2010). *Alburquerque, Juan Miguel. Prólogo de Antonio Fernández de Buján*
- Régimen jurídico de la prestación de servicios públicos en derecho romano (2002). *Pendón Meléndez, Esther. Prólogo de Antonio Fernández de Buján*
- Régimen jurídico de las concesiones administrativas en el derecho roma- no (1996). *Castán Pérez-Gómez, Santiago. Prólogo de Antonio Fernández de Buján*

Derecho Público y Privado Romano

- Del concepto pauliano vis ac potestas in capite libero, D. 26.1.1 pr, al actual Título IX, Capítulo I del Código Civil (2022). *Laura Sanz Martín*
- El exilio en el *corpus iuris civilis* (2022). *Juan Antonio Bueno Delgado. Prólogo de Antonio Fernández de Buján*
- La frontera septentrional del Imperio romano durante la segunda mitad del «largo» siglo VI: política exterior y relaciones internacionales (2021). *Aitor Fernández Delgado. Prólogo de Juan Antonio Bueno Delgado*
- Las máximas "*Mater semper certa est*" y "*conceptus pro iam nato habetur*": su evolución hasta el derecho actual (2021). *María Etelvina de las Casas León. Prólogo de Antonio Fernández de Buján*
- Camino desde la servidumbre. Escritos sobre la servidumbre en la Antigüedad, su derrota y la amenaza de su retorno (2021). *Jakob Fortunat Stagl. Prólogo de Antonio Fernández de Buján*
- Matrimonio, prohibiciones matrimoniales y concubinato en Derecho Romano (2021). *Alejandro Tofiño Padrino*
- La apelación civil en la legislación de Justiniano (2020). *Alfonso Agudo Ruiz*
- Confinamiento y Exilio en la Antigüedad Tardía (2020). *Margarita Vallejo Girvés y Juan Antonio Bueno Delgado (Editores)*
- El Derecho, creación de Roma. Meditaciones Universitarias de un Académico (2020). *Federico Fernández de Buján*
- Métodos alternativos de resolución de conflictos en Derecho Romano. Especial referencia a la mediación (2019). *Gema Vallejo Pérez*
- Efectos extintivos de la confusión en las relaciones jurídicas en Derecho Romano (2018). *Carmen Jiménez Salcedo. Prólogo de Antonio Fernández de Buján*
- Consideraciones sobre la *merces, in pecunia numerata*, en la *locatio-conductio operarum*: Del Derecho Romano al contrato de trabajo (2018). *Beatriz García Fueyo. Prólogo de Antonio Fernández de Buján*
- El edicto justinianeo de los "Tres Capítulos" en el marco de la disputa cristológica sobre la doble naturaleza de Cristo (2018). *Juan Antonio Bueno Delgado*
- A evolução da protecção do arrendatário. O direito à permanência nas dependências locadas, desde o direito romano clássico (2018). *David Magalhães*
- La *superficies* en derecho romano (2017). *Ana Zaera García*
- *Nec inmerito paterfamilias dicitur.* El *paterfamilias* en el pensamiento de Lactancio (2017). *Carmen Macarena Palomo Pinel*
- Mujeres y símbolos en la Roma republicana. Análisis jurídico-histórico de Lucrecia y Cornelia (2017). *María José Bravo Bosch*
- La forma estipulatoria. Una aproximación al estudio del lenguaje directo en el Digesto (2017). *Nuria Coch Roura*
- La deuda histórica del arbitraje moderno (2017). *Antonio Fernández de Buján*
- La empresa pública en forma privada. Antecedentes romanos y un apunte histórico en la legislación de régimen local preconstitucional en España (2017). *Mª Eugenia Ortuño Pérez*
- Limitaciones a la libertad domiciliaria en derecho romano (2016). *Mª Luisa López Huguet. Prólogo de Antonio Fernández de Buján*

- *Exceptio utilis* en el procedimiento formulario del derecho romano (2016). *Carmen Gómez Buendía*
- Contribuciones al derecho romano de sucesiones y donaciones (2016). *M ª Eugenia Ortuño Pérez. Prólogo de Antonio Fernández de Buján*
- Usufructo de la pecunia. Aplicación a los fondos de inversión desde la Ley de Jurisdicción Voluntaria (2015). *Sonia M.A. Mollá Nebot*
- La restricción del lujo en la Roma republicana. El lujo indumentario (2015). *F. Javier Casinos Mora*
- La legislación religiosa en la compilación justinianea (2014). *Juan Antonio Bueno Delgado. Prólogo de Antonio Fernández de Buján*
- La cautio usufructuaria en derecho romano. Análisis jurisprudencial (2014). *Ana Mohino Manrique*
- La consensualidad contractual en derecho romano y el Código civil (2014). *Federico Fernández de Buján*
- Derecho de empresas en la Roma clásica (2014). *Guillermo Suárez Blázquez*
- La posición jurídica de la mujer en Roma (2014). *Gabriel Buigues Oliver*
- Ius hominum causa constitutum - Un derecho a medida del hombre (2014). *Sebastiano Tafaro // José Miguel Piquer Marí (traductor)*
- Mulier. Algunas historias e Instituciones de Derecho Romano (2013). *Rosalía Rodríguez López y Mª José Bravo Bosch (Editoras)*
- Digesto. Una auténtica obra legislativa (2013). Ana Martín Minguijón
- La *auctoritas* romana (2013). *Ana Isabel Clemente Fernández*
- El Padre Feijoo y el derecho de su tiempo: Una visión premonitoria de problemas candentes en la actualidad (2013). *Rodríguez Ennes, Luis*
- Las interrogationes in iure (2013). *Pendón Meléndez, Esther*
- Conspectus Constitutionum Diocletiani (2013). *Díaz Bautista, Antonio (coord.)*
- Las costas en el proceso civil romano (2013). *Agudo Ruiz, Alfonso*
- De la consignación en Derecho Romano a su proyección en el Derecho Civil (2013). *Martínez de Morentin Llamas, Mª Lourdes. Prólogo de Antonio Fernández de Buján*
- La vertiente iuspublicista de la institución adoptiva en derecho romano y su proyección en el derecho español (2013). *Ruiz Pino, Salvador. Prólogo de Juan Miguel Alburquerque*
- El valor del silencio en las fuentes literarias antiguas (2012). *Martínez Vela, José Antonio. Prólogo de Antonio Fernández de Buján*
- Las fuentes del derecho romano (2012). *Metro, Antonino. Traducción y comentario crítico realizado por María José Bravo*
- Concordia dicendi et exaudiendi. Claves del derecho romano para la interpretación jurídica moderna (2011). *Sainz-Ezquerra Foces, José María*
- La legítima defensa en el Derecho romano con referencia a la dogmática moderna (2011). *Domínguez López, Esther*
- Régimen jurídico de la tácita reconducción en derecho romano y su proyección en derecho actual (2011). *Martínez Vela, José Antonio*
- El binomio procesal. Derecho de acción. Derecho de defensa. Desde la concepción clásica romana hasta la actualidad (2011). *Calaza López, Sonia*
- La concurrencia de responsabilidad civil contractual y extracontractual en el contrato de arrendamiento. Del Derecho Romano al Derecho Civil histórico valenciano (2011). *Lázaro Guillamón, Carmen*

- La pluralidad hipotecaria. Excepciones al principio de prioridad temporal en Derecho Romano y en Derecho Civil españo (2010). *Bernard Segarra, Lucía*
- Las pruebas no racionales en Roma. Ab urbe condita hasta finales de la República (2010). *Piquer Marí, José Miguel*
- Estudios sobre Diocleciano (2010). *Díaz Bautista, Antonio (coord.)*
- Iudex Unus. Responsabilidad judicial e Iniuria Iudicis (2010). *Mollá Nebot, Sonia M.A.*
- La prestación de alimentos en derecho romano y su proyección en el derecho actual (2010). *Alburquerque, Juan Miguel. Prólogo de Antonio Fernández de Buján*
- Pacto de Melhor comprador: configuração no direito romano (in diem addictio) e projeções no direito actual (2010). *Bissoto Queiroz de Moraes, Bernardo. Dirección del Prof. Dr. D. Antonio Fernández de Buján*
- Origen de los poderes del paterfamilias. El pater familias y la patria potestas (2009). *Amunátegui Perelló, Carlos Felipe. Prólogo de Juan Miquél González*
- Magistrados, Jueces y Árbitros en Roma. Competencia civil y evolución (2009). *Robles, Juan Ramón*
- Sistema contractual romano 3ª edición (2008). *Fernández de Buján, Federico. Incluye CD-Rom*
- El largo camino de los hispani hacia la ciudadanía (2008). *Bravo Bosch, María José. Prólogo de Antonio Fernández de Buján*
- El huerto en la Roma antigua: : su problemática urbanística y agraria (2008). *Rodríguez López, Rosalía*
- Procedimiento concursal. La posición jurídica del bonorum emptor (2008). *Soza, Ma. Ángeles. Prólogo de Francisco Cuena*
- La eficacia real en las transacciones del comercio de esclavos (2008). *Mohino Manrique, Ana*
- La injuria verbal colectiva (2007). *Bravo Bosch, María José. Prólogo de Luis Rodríguez-Ennes*
- La responsabilidad objetiva en el transporte marítimo y terrestre en Roma: estudio sobre el receptum nautarum, cauponum et stabulariorum: entre la utilitas contrahentium y el desarrollo comercial (2007). *Salazar Revuelta, María. Prólogo de Antonio Fernández de Buján*
- Régimen jurídico de las presunciones (2007). *Martínez de Moretin Llamas, Mª Lourdes*
- De iure uerrino: el derecho, el aderezo culinario y el augurio de los nombres (2007). *García-Hernández, Benjamín*
- Instituciones políticas y sociales de Roma: Monarquía y República (2007). *Viñas, Antonio*
- Terminología, definiciones y ritos de las nupcias romanas. La trascendencia de su simbología en el matrimonio moderno (2007). *Ortega Carrillo de Albornoz, Antonio*
- De hereditatis petitione. Estudios sobre el significado y contenido de la herencia y su reclamación en derech romano (2006). *Casinos Mora, F. Javier*
- Pactos en el contrato de compraventa en interés del vendedor (2006). *Mohino Manrique, Ana. Prólogo de Federico Fernández de Buján*
- De inutilibus stipulationibus (2006). *Casas León, Mª Etelvina de las. Prólogo de María Victoria Rodríguez Sansón*
- La vacante en los legados. A propósito de la Ley Única de Caducis Tollendi (C. 6,51) (2006). *Ortín García, Carmen*

- La argumentación retórica en Juvencio Celso (2005). *Parra Martín, Mª. Dolores*
- La injuria indirecta en Derecho romano (2005). *Guerrero Lebrón, Macarena*
- Régimen jurídico del tesoro en derecho romano (2005). *Agudo Ruiz, Alfonso. Prólogo de Antonio Fernández de Buján*
- De la filosofía personalista al ius personalismo (2005). *Viñas, Antonio*
- Pignus gordianum (2004). *Bueno Delgado, Juan Antonio*
- Teoría del derecho y experiencia jurídica romana (2002). *Viñas, Antonio*
- El proceso contra Jesús (2002). *AA.VV. Coordinadores: Amarelli y Lucrezi. Trad.: Antonio Fernández de Buján. Introducción: Federico Fernández de Buján. Prólogo: Francisco Paolo Casavola*
- Sine vitio nancisci possessionem. La adquisición de la posesión de los legados en el Derecho Romano Clásico (2003). *Salomón, Lourdes*
- La revocación de la donatio mortis causa en el derecho romano clásico (2003). *Tort-Martorell Llabrés, Carmen*
- Del trabajo como hecho social al contrato de trabajo como realidad normativa: Un apunte histórico-romanístico (1997). *Aleman Paez, Francisco/Castán Pérez-Gómez, Santiago. Prólogo de Antonio Fernández de Buján*
- El edicto de los magistrados en el lenguaje de la jurisprudencia romana. Un estudio de Derecho Romano (1998). *Blanch Nougues, Juan Manuel*
- La intransmisibilidad de las acciones penales en derecho romano (1997). *Blanch Nougues, José Mª. Prólogo de Antonio Fernández de Buján*

METODOLOGÍA DOCENTE. CASUISMO JURISPRUDENCIAL. FUENTES DE CONOCIMIENTO

- Innovación en la enseñanza del Derecho Romano con las TIC del siglo XXI (2022). *José Luis Zamora Manzano y Tewise Ortega González*
- Jurisprudencia y metodología romana (2022). *M. A. Sonia Mollá Nebot*
- Materiales para un curso de expresión jurídica oral y escrita (con la ayuda de la retórica clásica) (2021). *Juan Manuel Blanch Nougués / Ángela Pérez García*
- Reflexiones sobre la misión de la Universidad en el siglo XXI (2020). *Mª José Bravo Bosch / Juan Alfredo Obarrio Moreno / José Miguel Piquer Marí / José Luis Zamora Manzano (coords.)*
- Manual de casos prácticos de Derecho Romano (2018). *Antonio Fernández de Buján / Juan Miguel Albuerquerque (dirs.). Rosalía Rodríguez López / Juan Alfredo Obarrio Moreno (coords.)*
- Locuciones latinas y razonamiento jurídico. Una revisión a la luz del derecho romano y del derecho actual (2017). *Juan Manuel Blanch Nougués*
- Repensar la universidad. Reflexión histórica de un problema actual (2015). *Juan Alfredo Obarrio Moreno y José Miguel Piquer Marí*
- Gayo y el aprendizaje del Derecho Romano. Materiales didácticos para la adquisición de razonamiento jurídico. I. Personas y cosas (2012). *Rodríguez López, Rosalía / López-Muñoz, Manuel (eds.). Prólogo de Antonio Fernández de Buján*
- Innovación metodológica y Espacio Europeo de Educación Superior. Experiencias docentes en el ámbito del derecho (2011). *Pérez Álvarez, María del Pilar*

Sección Ius Commune

- La formación del derecho foral valenciano. Contribución al estudio de las tradiciones jurídicas hispánicas en el marco del ius commune (2012). *Masferrer, Aniceto / Obarrio Moreno, Juan Alfredo*
- Interdictum uti possidetis in regno valentiae (2011). *Obarrio Moreno, Juan Alfredo*
- Estudios de tradición romanística. Tutela et curatela (2011). *Obarrio Moreno, Juan Alfredo*
- El proceso por contumacia. Origen, pervivencia y recepción (2009). *Obarrio Moreno, Juan Alfredo*
- La preterición en el ámbito del ius commune: los comentarios de Tomás Cerdán de Tallada al fuero Declaran. Estudio, traducción y transcripción (2009). *Obarrio Moreno, Juan Alfredo*
- Testamentorum sollemnia iuris romani medii aevi memoria (2009). *Obarrio Moreno, Juan Alfredo*

Sección Cultura Clásica. Derecho y Literatura

- En defensa de la cultura grecolatina (*paideia versus utilitas*) (2023). *Obarrio Moreno, Juan Alfredo*
- Las fortificaciones de la ciudad de León desde la antigüedad al año 1000. Contexto histórico, arqueológico y jurídico (2020). *Fernandéz Ordás, Rocío A.*
- La arena viscosa del Foro. El mundo de la justicia ante el espejo de la sátira (2020). *Barcia Lago, Modesto*
- El mundo jurídico en Franz Kafka. El proceso (2019). *Obarrio Moreno, Juan Alfredo / Heras Vives, Luis de las*
- Un estudio sobre la Antigüedad: la apología de Sócrates (2018). *Obarrio Moreno, Juan Alfredo*
- 'Iura et Humanitas. Diálogos entre el Derecho y la Literatura (2017). *Obarrio Moreno, Juan Alfredo*
- 'Nomos ágraphos - Nomos éngraphos' Estudios de Derecho griego y romano (2015). *Alvarado Planas, Javier / Hernández de la Fuente, David / López Melero, Raquel / Rodríguez González, Ana María*

Sección Romanas, Visigodas y Bizantinas

- Mujeres en los difíciles tiempos del Imperio Romano de Occidente (2022). *Rodríguez López, Rosalía. Prólogo de José Antonio Espejo Zamora*
- Mujeres de la Hispania romana. Una mirada al patrimonio (2020). *Valmaña Ochaíta, Alicia / Bravo Bosch, Mª José / Rodríguez López, Rosalía (Coeditoras). Prólogo de Francesco Musumeci*
- El depósito como cauce negocial de la mujer romana (2019). *Llácer Bosbach, Ana María*
- Disposiciones legales sobre edificaciones privadas. Estudio particular sobre la mujer propietaria (2019). *Sonia Mollá Nebot*

- Estudios sobre la mujer y derecho en la antigüedad (2019). *Mollá Nebot, M.A. Sonia / Llanos Pitarch, José María (Editores)*
- La mujer en la literatura y en la jurisprudencia. De Roma a la actualidad (2019). *Mollá Nebot, M.A. Sonia / Llanos Pitarch, José María (Editores)*
- La violencia contra las mujeres en la antigua Roma). *Rodríguez López, Rosalía*

GRACIAS POR CONFIAR EN NUESTRAS PUBLICACIONES

Al comprar este libro le damos la posibilidad de consultar gratuitamente la versión ebook.

Cómo acceder al ebook:

- **Acceda a nuestra página web,** sección Acceso ebook (www.dykinson.com/acceso_ebook)
- **Rellene el formulario** que encontrará facilitando, el código de acceso que le facilitamos a continuación así como los datos con los que quiere acceder al libro en el futuro (correo electrónico y contraseña de acceso).
- Si ya es **cliente registrado**, deberá acceder con su **correo electrónico y contraseña habitual**.
- Una vez registrado, **acceda a la sección Mis e-books de su cuenta de cliente**, donde encontrará la versión electrónica de esta obra ya desbloqueada para su uso.
- Para acceder al libro en el futuro, ya sólo es necesario que se identifique en nuestra web con su correo electrónico y su contraseña, y que se dirija a la sección Mis ebooks de su cuenta de cliente.

CÓDIGO DE ACCESO

DYK068213

Rasque para ver el código

Nota importante: Sólo está permitido el uso individual y privado de este código de acceso. Está prohibida la puesta a disposición de esta obra a una comunidad de usuarios.